Stellpflug

Die Besteuerung von Kapitalgesellschaften und ihren Anteilseignern

GABLER EDITION WISSENSCHAFT

Die Besteuerung der Kapitalgesellschaften und ihrer Anteilseigner: Eine investitionstheoretische Analyse

Von dem Fachbereich Wirtschaftswissenschaften der Universität Hannover
zur Erlangung des akademischen Grades eines

Doktors der Staatswissenschaften
- Doctor rerum politicarum -

genehmigte Dissertation

von Diplom-Ökonom Thomas Stellpflug
geboren am 01. April 1968 in Opladen, jetzt Leverkusen

2001

Erstgutachter : Professor U. Schreiber
Zweitgutachter : Professor St. Homburg
Tag der Promotion : 01. Juni 2001

Abstract

Die Auswirkungen der Körperschaftsbesteuerung auf die Investitionsentscheidungen von Kapitalgesellschaften werden in den Steuerwissenschaften seit langem diskutiert. Die Arbeit greift diese Fragestellung auf und versucht, die in der betriebswirtschaftlichen und in der finanzwissenschaftlichen Literatur geführten Diskussionen zu verknüpfen. Dies geschieht, indem die Körperschaftsbesteuerung in das allgemeine Investitionskalkül einbezogen wird.

Die Analyse zeigt, daß die Vorteilhaftigkeit von Investitionsentscheidungen zunächst von den Finanzierungsrestriktionen abhängig ist, denen sich die Kapitalgesellschaft ausgesetzt sieht. Bedeutung erlangen des weiteren die steuerlichen Vorschriften, die für mögliche Kapitalgeber der Unternehmung anzuwenden sind. Schließlich werden auch die Regeln zur Ermittlung der steuerlichen Bemessungsgrundlagen im Entscheidungskalkül abgebildet.

The economic effects of corporate income taxation are discussed intensively among economists. The results derived in this discussion depend heavily on the model used to explain the impact of corporate income taxation on investment decisions of corporations. The assumption about the marginal source of finance is crucial for the determination of potential distortions.

The aim of this book is to describe the relationship between corporate income taxation and different assumptions about financial restrictions in the corporate sector. Attention is also paid to tax evasion and the determination of tax bases and cash distributions. The analysis uses cost of capital expressions, which result from present value calculations of potential investors.

Schlagworte

Körperschaftsbesteuerung
Steuerwirkungen
Investitionsentscheidungen

corporate income taxation
investment decisions
cost of capital

Thomas Stellpflug

Die Besteuerung von Kapitalgesellschaften und ihren Anteilseignern

Eine investitionstheoretische Analyse

Mit einem Geleitwort
von Prof. Dr. Ulrich Schreiber

Springer Fachmedien Wiesbaden GmbH

Die Deutsche Bibliothek - CIP-Einheitsaufnahme

Stellpflug, Thomas:
Die Besteuerung von Kapitalgesellschaften und ihren Anteilseignern : eine investitionstheoretische Analyse / Thomas Stellpflug. Mit einem Geleitw. von Ulrich Schreiber.
- 1. Aufl.. - Wiesbaden : Dt. Univ.-Verl. ; Wiesbaden : Gabler, 2001
(Gabler Edition Wissenschaft)
Zugl.: Hannover, Univ., Diss., 2001
ISBN 978-3-8244-7450-9

1. Auflage September 2001

Ursprünglich erschienen bei Betriebswirtschaftlicher Verlag Dr. Th. Gabler GmbH, Wiesbaden, un
Deutscher Universitäts-Verlag GmbH, Wiesbaden 2001

Lektorat: Ute Wrasmann / Nicole Schweitzer

duv@bertelsmann.de
www.gabler.de
www.duv.de

Gedruckt auf säurefreiem und chlorfrei gebleichtem Papier.

ISBN 978-3-8244-7450-9
DOI 10.1007/978-3-663-07926-2

ISBN 978-3-663-07926-2 (eBook)

Geleitwort

Die international gebräuchlichen Körperschaftsteuersysteme sind sehr unterschiedlich. Sie reichen vom klassischen System der Körperschaftsteuer, das eine zweifache Belastung der Ausschüttung mit Körperschaftsteuer und Einkommensteuer zur Folge hat, bis hin zum System der Vollanrechnung der auf Ausschüttungen lastenden Körperschaftsteuer, das eine einfache Belastung der Ausschüttung mit Einkommensteuer sichert. Im Zuge der Steuerreform des Jahres 2000 hat Deutschland das Anrechnungssystem der Körperschaftsteuer aufgegeben und das Halbeinkünfteverfahren eingeführt. Dieses System ähnelt der klassischen Körperschaftsteuer, sieht aber eine Vergünstigung bei der Einkommensteuer auf Ausschüttungen vor.

Aus ökonomischer Sicht interessieren die Konsequenzen eines Körperschaftsteuersystems für die Investitionsentscheidung. Mindestrenditen sind ein Maß für die von Investitionen der Kapitalgesellschaften zu erzielenden Erfolge vor Steuern. Der Vergleich dieser Renditen mit der Kapitalmarktrendite gibt Auskunft über die Wirkungen der Besteuerung. Herr Stellpflug bedient sich dieses auf dem Kapitalwert beruhenden Konzepts, um in einem ersten Schritt die Auswirkungen der Systeme der Körperschaftsteuer auf unterschiedlich finanzierte Investitionen im Inland und im Ausland zu analysieren; dabei wird zunächst angenommen, dass von der steuerlichen Gewinnermittlung keine verzerrenden Wirkungen ausgehen. In einem zweiten Schritt wird dann der Einfluss der steuerlichen Gewinnermittlung und der (sonst meist vernachlässigten) Ausschüttungsregelung auf die Mindestrendite untersucht; denn die Ausschüttungsregelung bestimmt den zeitlichen Anfall der persönlichen Steuern und nimmt deswegen Einfluss auf die Mindestrendite.

Die Arbeit stellt einen wichtigen Beitrag zur ökonomischen Analyse der Körperschaftsteuer dar. Wer sich für die vielfältigen Wirkungen interessiert, die vom Steuerrecht der Kapitalgesellschaften auf Investitionsentscheidungen ausgehen, wird dieses Buch mit Gewinn lesen.

Ulrich Schreiber

Vorwort

Im Rahmen der steuerpolitischen Diskussion sind regelmäßig Aussagen über die Höhe der Steuerbelastung von Unternehmen zu vernehmen. In der ökonomischen Theorie wird hingegen die These vertreten, daß Schlußfolgerungen aus unternehmensbezogenen Steuerbelastungsgrößen nicht möglich sind. Hier gelten Steuern als Einschränkung der Konsummöglichkeiten von Wirtschaftssubjekten. Steuerzahlungen der Unternehmen sind aus einer solchen Perspektive immer Vorauszahlungen auf die persönliche Steuer der Individuen, die Anspruch auf die Erfolge der Unternehmung haben. Die folgende Analyse beruht auf dieser grundlegenden Annahme. Sie soll aufzeigen, in welchem Ausmaß Aussagen über die Höhe der Steuerbelastung von Investitionen, die mit Hilfe von Kapitalgesellschaften durchgeführt werden, von den jeweiligen Rahmenbedingungen des Steuerrechts und der wirtschaftlichen Situation des betrachteten Unternehmens abhängig sind.

Die vorliegende Schrift wurde im Sommersemester 2001 vom Fachbereich Wirtschaftswissenschaften der Universität Hannover als Dissertation angenommen. Sie entstand während meiner Tätigkeit als Wissenschaftlicher Mitarbeiter am Institut für Unternehmensbesteuerung und Wirtschaftsprüfung der Universität Hannover.

Für die Unterstützung und Hilfestellung, die ich in dieser Zeit erfahren durfte, möchte ich mich an dieser Stelle herzlich bedanken. Mein ganz besonderer Dank gilt Herrn Professor Ulrich Schreiber für die umfassende Ausbildung an seinem Lehrstuhl, die mir auch vielfältige Inhalte jenseits des Fachgebietes vermittelte. Für ihre Beteiligung am Promotionsverfahren bedanke ich mich herzlich bei Herrn Professor Knut Gerlach und Herrn Professor Stefan Homburg. Schließlich danke ich meinen ehemaligen Kolleginnen und Kollegen für die sehr gute Zusammenarbeit. Besonders bedanken möchte ich mich hier bei Matthias Rogall für die kritische Durchsicht und anregende Diskussion des Entwurfs der Arbeit.

Thomas Stellpflug

Inhaltsverzeichnis

Abbildungsverzeichnis

Symbolverzeichnis

A	Barwert der Steuerersparnis aus negativen Bemessungsgrundlagenkomponenten
AHK	Anschaffungsauszahlung
BMG	Steuerliche Bemessungsgrundlage
BWA	Barwert der auf dem Steuerrecht beruhenden Periodisierungsbeträge
$BWAV$	Barwert der steuerlichen Periodisierungsbeträge nach der Veräußerung
$BWAW$	Barwert der steuerlichen Periodisierungsbeträge im Wiederanlagekalkül
BWD	Barwert der Kapitalrückzahlungsanteile
$BWDR$	Barwert der Kapitalrückzahlungsanteile der Wiederanlagezahlungsreihen
$BWDV$	Barwert der Kapitalrückzahlungen nach der Veräußerung
BWH	Barwert der zur Ausschüttungsbemessung verrechneten Periodisierungsbeträge
BWJ	Barwert der Zinszahlungen für das Fremdkapital
BW^{KiS}	Barwert der Entgelte für den zusätzlichen Konsumwunsch/ Konsumverzicht
BW^{KS}	Konsumbarwert
BWP	Barwert der Periodisierungsbeträge
BWT	Barwert einer am Investitionshorizont T ausgezahlten Geldeinheit
BWV	Barwert einer im Veräußerungszeitpunkt V ausgezahlten Geldeinheit
BWX	Barwert der mit x bezeichneten Größe
BWZ	Barwert der Zahlungen an die Anteilseigner nach Anteilseignerbesteuerung
BWZ^{U}	Barwert der Zahlungen an die Anteilseigner vor Anteilseignerbesteuerung
C	Auszahlungen im Leistungsbereich
D	Dividendenzahlung
D^{s}	Dividende nach Anteilseignerbesteuerung
E	Ertragswert
E^{is}	Mit dem Zinssatz i_s ermittelter Ertragswert der Zahlungsreihe vor Steuern
EK	Eigenkapitalbestand
EK^{-}	Eigenkapitalauszahlung
EK^{+}	Eigenkapitaleinzahlung
E^{s}	Ertragswert nach Steuern
EWA	Ertragswertabschreibung
F	Hilfsvariable
EK	Fremdkapitalbestand

FK^-	Fremdkapitaltilgung
FK^+	Fremdkapitalaufnahme
G	Hilfsvariable
GR	Gewinnrücklage
I	Investitionsauszahlung
J	Fremdkapitalzinsen
K	Zusätzlicher Konsumwunsch/ Konsumverzicht
KB	Noch nicht zurückgewonnener Betrag der Investitionsauszahlung
KW	Kapitalwert
KW^s	Kapitalwert nach Steuern
NZ	Zahlungsüberschuß nach Abzug der Steuerzahlung (Nettozahlungsüberschuß)
NZ^{KG}	Nettozahlungsüberschuß auf Ebene der Kapitalgeber
NZ^U	Nettozahlungsüberschuß auf Unternehmensebene
P	Periodisierungsbetrag
PA	Auszahlungsperiodisierungsbetrag
PE	Einzahlungsperiodisierungsbetrag
P^h	Periodisierungsbetrag im Rahmen der Ausschüttungsbemessung
P^L	Konstanter Periodisierungsbetrag
P^s	Auf dem Steuerrecht basierender Periodisierungsbetrag
R	Im Zahlungsüberschuß enthaltener Rentenbetrag
S	Steuerzahlung
SAV	Barwert des steuerlichen Buchwertes im Veräußerungszeitpunkt
SDV	Barwert der im Veräußerungszeitpunkt noch vorhandenen Investitionssumme
SV	Barwert der Veräußerungsgewinnsteuerzahlungen
T	Investitionshorizont
TA	Im Zahlungsüberschuß enthaltene Kapitalrückzahlung
TS	Zeitraum, über den eine beschleunigte steuerliche Abschreibung möglich ist
T^w	Zeitpunkt, in dem der Wertzuwachs der Besteuerung unterliegt
U	Einzahlungen im Leistungsbereich
V	Veräußerungszeitpunkt/ Veräußerungsintervall
VE	Veräußerungserlös
VZB	Verlauf der in der Unternehmung gebundenen Zahlungsüberschüsse

Z	Zahlungsüberschuß
ZA	Im Zahlungsüberschuß enthaltene Zinszahlung
a	Steuerlicher Periodisierungsbetrag (bezogen auf die Investitionsauszahlung)
$a_{ä}$	Äquivalenter degressiver Periodisierungssatz
a_s	Rate der beschleunigten Periodisierung
c	Zu verrechnender Anteil des Barwertes der Periodisierungsbeträge
d	Kapitalrückzahlungsanteil (bezogen auf die Investitionsauszahlung)
e	Effektiver Grenzsteuersatz
h	Gesellschaftsrechtliche Periodisierung (bezogen auf die Investitionsauszahlung)
i	Marktzinssatz
i_{FK}	Zinssatz für Fremdkapital
i_{FK}^{TO}	Zinssatz für einen Kredit der Muttergesellschaft an die Tochtergesellschaft
i_s	Diskontierungszinssatz nach Steuern
i_v	Diskontierungszinssatz des Veräußernden
i_w	Zinssatz für Konsumkredit/ Entgelt für Konsumverzicht
j	Fremdkapitalzinsen (bezogen auf die Investitionsauszahlung)
k	Fremdkapitaltilgung (bezogen auf die Investitionsauszahlung)
m_0	Koeffizient der Funktion für den Verlauf der Kapitalrückzahlungsanteile
m_1	Koeffizient der Funktion für den Verlauf der Kapitalrückzahlungsanteile
m_2	Koeffizient der Funktion für den Verlauf der Kapitalrückzahlungsanteile
n	Anzahl der Veräußerungen
nz	Nettozahlungsüberschuß (bezogen auf die Investitionsauszahlung)
p	Rendite der Unternehmensinvestition (Mindestrendite)
p^{BF}	Mindestrendite einer beteiligungsfinanzierten Investition
p_A^{BF}	Mindestrendite einer beteiligungsfinanzierten Investition im Ausland
p_I^{BF}	Mindestrendite einer beteiligungsfinanzierten Investition im Inland
p_e	Investitionsrendite nach der Veräußerung
p^{FF}	Mindestrendite einer fremdfinanzierten Investition
p_A^{KK}	Mindestrendite bei konstantem Thesaurierungsbetrag im Ausland
p_{AA}^{KK}	Mindestrendite bei konstanter Thesaurierung ausländischer Gewinne im Ausland
p_{AI}^{KK}	Mindestrendite bei konstanter Thesaurierung ausländischer Gewinne im Inland

p_I^{KK}	Mindestrendite des Kalküls mit konstantem Thesaurierungsbetrag im Inland
p^l	Mindestrendite bei Bildung latenter Steuern zur Ausschüttungsbemessung
p^m	Mindestrendite unter einem Maßgeblichkeitsprinzip
p^{SF}	Mindestrendite einer selbstfinanzierten Investition
p_A^{SF}	Mindestrendite einer selbstfinanzierten Investition im Ausland
p_I^{SF}	Mindestrendite einer beteiligungsfinanzierten Investition im Inland
p_v	Investitionsrendite bis zum Veräußerungszeitpunkt
p_w	Wiederanlagerendite
p_{wp}	Investitionsrendite auf einbehaltene Gewinne in der Wachstumsphase
p^z	Mindestrendite bei einer Zahlungsrechnung zur Ausschüttungsbemessung
s	Steuersatz
s^*	Von der Finanzierungsart abhängiger Steuersatz der Anteilseigner
s_a	Effektiver Satz der Körperschaftsteueranrechnung
s^*_{AB}	Auf die Periodisierungsdifferenz einwirkender Gesamtsteuersatz
s^*_{aus}	Kombinierter Steuersatz aus ausländischer Körperschaft- und Quellensteuer
s_d	Steuersatz auf Dividenden
s_e	Persönlicher Einkommensteuersatz
s_g	Gesamtsteuersatz aus Körperschaftsteuer und Ausschüttungsbesteuerung
s_{ka}	Körperschaftsteuersatz auf Ausschüttungen
s_{kt}	Körperschaftsteuersatz auf einbehaltene Gewinne
s_{kta}	Ausländischer Körperschaftsteuersatz
s_{kti}	Inländischer Körperschaftsteuersatz
s_p	Steuersatz auf die durch Periodisierung ermittelte Bemessungsgrundlage
s_q	Quellensteuer auf Dividendenzahlungen
s_q^z	Quellensteuer auf Zinszahlungen
s_r	Steuersatz auf den Kapitalwert
s_v	Steuersatz auf Veräußerungsgewinne
s_v^*	Effektiver Veräußerungsgewinnsteuersatz
s_z	Steuersatz auf Zinsen
t	Zeitindex
u	Zeitindex
v	Steuerlich nicht erfaßter Anteil an der Verzinsung des Kapitalbestandes
w	Steuerpflichtiger Anteil/ Wahrscheinlichkeit der Aufdeckung des Wertzuwachses

x	Hilfsvariable
z	Zahlungsüberschuß (bezogen auf die Investitionsauszahlung)
z_F	Finanzierungsabhängiger Diskontierungszins im Modell von *King* und *Fullerton*
Δ	Differenz
Θ	Nettoausschüttung nach Anteilseignerbesteuerung
Θ_A	Nettoausschüttung nach Anteilseignerbesteuerung (Dividende aus dem Ausland)
Θ_D	Nettoausschüttung nach Anteilseignerbesteuerung (laufende Dividende)
Θ_I	Nettoausschüttung nach Anteilseignerbesteuerung (Dividende aus dem Inland)
Θ_K	Nettoausschüttung nach Anteilseignerbesteuerung (Investitionsmittelauszahlung)
α	Berücksichtigung der Veräußerungsgewinnbesteuerung im Liquidationszeitpunkt
β	Abzugsfähigkeit von Zinszahlungen zur Bestimmung der Bemessungsgrundlage
γ	Ausschüttungsquote
ϵ	Verhältnis aus Veräußerungsgewinnsteuersatz und Einkommensteuersatz
ζ	Verhältnis aus Bemessungsgrundlage und Zahlungsüberschuß
λ	Zu veräußernder Anteil am Zahlungsüberschuß

1 Problemstellung

Die rechtliche Verselbständigung einer unternehmerischen Betätigung durch die Errichtung einer Kapitalgesellschaft führt zu insgesamt drei Anknüpfungspunkten für eine Besteuerung der erzielten Erfolge. Zunächst unterliegen die auf Ebene der Gesellschaft ermittelten Erfolge der Körperschaftsteuer. Zahlt die Gesellschaft erwirtschaftete Gewinne an ihre Anteilseigner aus, so werden diese Gewinne zu einem Bestandteil des persönlichen Einkommens der Anteilseigner, auf das die Einkommensteuer zu entrichten ist. Gegebenenfalls wird bei der Ermittlung der Einkommensteuer der Anteilseigner die durch die Gesellschaft gezahlte Körperschaftsteuer berücksichtigt. Den dritten Anknüpfungspunkt für die Besteuerung bilden schließlich die Erfolge, die die Anteilseigner bei einer Veräußerung von Anteilen an der Kapitalgesellschaft erzielen.

Diese Struktur der Besteuerung von Investitionen, die durch Kapitalgesellschaften durchgeführt werden, hat in der Vergangenheit in der ökonomischen Diskussion einige Beachtung gefunden. Hintergrund für dieses Interesse ist die Einsicht, daß bei einem rationalen Verhalten der handelnden Wirtschaftssubjekte alle durch die Investitionsbetätigung ausgelösten Steuerzahlungen aus dem Zahlungsstrom finanziert werden müssen, der durch die Investitionsauszahlungen ausgelöst wird. Da es zur Rechtsform einer Kapitalgesellschaft alternative rechtliche Gestaltungsmöglichkeiten für die Investitionsbetätigung gibt, die über eine geringere Anzahl von Möglichkeiten für die Steuererhebung verfügen, stellt sich die Frage, ob die Struktur der Besteuerung von Kapitalgesellschaften dazu führt, daß die Kapitalgeber ihre Anforderungen an die Erfolge aus den durchgeführten Investitionsobjekten einer Kapitalgesellschaft gegenüber anderen Investitionsmöglichkeiten verändern. Eine solche Änderung könnte dazu führen, daß Investitionsprojekte, die auf eine bestimmte rechtliche Strukturierung angewiesen sind, steuerbedingt unterbleiben. Aus ökonomischer Perspektive wäre eine solche Verhaltensänderung nicht wünschenswert, da sie mit Wohlfahrtseinbußen verbunden ist.

Um die Frage nach den Wirkungen der Besteuerung von Investitionen, die von Kapitalgesellschaften durchgeführt werden, zu beantworten, wurde in der finanzwissenschaftlichen Literatur das mikroökonomische Investitionsmodell um die Besteuerung der Kapitalgesellschaften und ihrer Anteilseigner erweitert. Mit dieser Anpassung des Modells war es möglich, formale Zusammenhänge für die Höhe der Mindesterfolge zu ermitteln, die durch Kapitalgesellschaften erzielt werden müssen, damit die Kapitalgeber das geforderte Entgelt für die Kapitalüberlassung erhalten können. In den betreffenden Untersuchungen werden diese formalen Zusammenhänge als Kapitalkosten bezeichnet. Um eine Verwechselung mit dem Kapitalkostenbegriff der Finanzierungstheorie zu vermeiden, soll in dieser Arbeit der Begriff Mindestrendite verwendet werden. Ein Vergleich der bestimmten Mindestrendite mit dem für die Analyse als eindeutig bestimmbar unterstellten Marktzins kann als Indikator für den Einfluß der Besteuerung auf die Investitionsbetätigung einer Kapitalgesellschaft verwendet werden.

Da nun die Verringerung des Zahlungsstromes einer Investition durch die Besteuerung nicht nur von der Anzahl der zu entrichtenden Steuern abhängig ist, sondern sich auch nach den Regeln richtet, wie diese Steuern zu ermitteln sind, wurden die formalen Zusammenhänge für die Mindestrenditen in überarbeiteten Modellen um den Einfluß der Bemessungsgrundlagenermittlung erweitert. Dies führte dazu, daß das Modell für die empirische Analyse der Kapitaleinkommensbesteuerung im internationalen Vergleich eingesetzt werden konnte. In diesen Untersuchungen stehen allerdings nicht mehr die Mindestrenditen selbst im Vordergrund, sondern die aus den Mindestrenditen ermittelten effektiven Grenzsteuersätze.

Ziel der vorliegenden Arbeit ist es, mit Hilfe eines betriebswirtschaftlich orientierten Ansatzes für die Ermittlung von Mindestrenditen zu untersuchen, welche Wirkungen durch die Besteuerung von Kapitalgesellschaften und ihren Anteilseignern ausgelöst werden. Neben einer Zusammenfassung der Modelle, die hierzu in der finanzwissenschaftlichen Literatur zu finden sind, sollen bisher nicht oder nur ansatzweise berücksichtigte institutionelle Rahmenbedingungen in die Darstellung einbezogen werden. Das Fundament für diese Analyse ist sowohl in der mikroökonomischen als auch in einer betriebswirtschaftlich orientierten Analyse das Kapitalwertkalkül. Allerdings ist in einer betriebswirtschaftlich ausgerichteten Untersuchung den Annahmen, die mit der Anwendung des Kapitalwertkalküls einhergehen, ein größerer Raum zu gewähren. Deshalb werden im zweiten Kapitel dieser Arbeit das Kapitalwertkalkül und der Einfluß der Besteuerung auf dieses Kalkül ausführlich dargestellt.

Die eigentliche Analyse der Körperschaftsbesteuerung folgt im dritten und vierten Kapitel. Im dritten Kapitel bleibt der Einfluß der Bemessungsgrundlagenermittlung unberücksichtigt. Nach einer Typisierung der Körperschaftsteuersysteme werden Mindestrenditen für die Finanzierungsformen bestimmt, die einer Kapitalgesellschaft offenstehen. Zur Erweiterung des Ansatzes wird im Zusammenhang mit der Selbstfinanzierung die institutionelle Restriktion berücksichtigt, daß eine Thesaurierungspolitik nur möglich ist, wenn zuvor Beteiligungskapital in die Unternehmung eingezahlt wurde. Das Ergebnis dieser Überlegungen sind Mindestrenditen für unterschiedliche Thesaurierungskalküle. Daran anschließend werden Mindestrenditen für den Fall bestimmt, daß es der Gesellschaft gelingt, erzielte Erfolge durch einen Rückkauf eigener Anteile an die Anteilseigner auszuzahlen. Die Gestaltungsmöglichkeiten auf Unternehmensebene werden durch einen Blick auf die Mindestrenditen der Fremdfinanzierung abgeschlossen. Daran anknüpfend wird der Frage nachgegangen, welche Gestaltungen den Anteilseignern offenstehen, um die Mindestrenditen der Investitionen, die von Kapitalgesellschaften durchgeführt werden, zu beeinflussen. Zum Abschluß des dritten Kapitels wird untersucht, wie sich die bisherigen Ergebnisse verändern, wenn die Investitionsbetätigung nicht auf das Gebiet eines Staates beschränkt bleibt.

Nachdem die grundlegende Struktur der Mindestrenditen für die einzelnen Gestaltungsoptionen dargelegt ist, bezieht das vierte Kapitel in die Mindestrenditenbestimmung sowohl die Bemessungsgrundlagenermittlung als auch mögliche Vorschriften zur Bemessung von Ausschüttungen ein. Bevor der Ansatz im einzelnen erarbeitet wird, erfolgt eine Darstellung des Modells, das in der von *King* und *Fullerton* herausgegebenen Studie[1)] zur Messung der Kapitaleinkommensbesteuerung im internationalen Vergleich verwendet wurde. Anhand dieser Modellierung, die bis heute immer wieder für empirische Untersuchungen verwendet wird, läßt sich der Stand der Methoden zur Messung von Besteuerungseinflüssen auf das Investitionsverhalten darstellen. Die in den folgenden Abschnitten durchzuführende Anpassung dieses Modells beginnt mit der Klärung zweier vorgelagerter Aspekte. Zum einen wird das Verhältnis von steuerlicher Erfolgsermittlung und Ausschüttungsbemessung geprüft. Diese Prüfung ist erforderlich, um später für die Modellierung entscheiden zu können, welche Zahlungen an die Anteilseigner als Ausschüttungen zu besteuern sind und welche Zahlungen als Rückzahlung des eingesetzten Kapitals anzusehen sind. Der zweite Aspekt betrifft die Ermittlung der Zahlungsüberschüsse, die in die Modellierung eingehen. Um mit Hilfe des Kapitalwertkalküls Mindestrenditen bestimmen zu können, müssen Zahlungsverläufe diskontiert werden. Es wird daher nach einer allgemeinen Darstellung für den Verlauf von Zahlungsüberschüssen gesucht, so daß die Modellierung nicht an einen bestimmten Zahlungsstromverlauf gebunden ist.

Die Bestimmung der Mindestrendite auf der Basis der hier vorgeschlagenen Vorgehensweise erfolgt getrennt für die Beteiligungs-, Selbst- und Fremdfinanzierung. Eingehend wird in diesem Zusammenhang die Bedeutung der Wiederanlageprämisse für die Ergebnisse untersucht. Der Einbezug dieses Aspektes zeigt die Wirkungen auf, die entstehen, wenn das für die Investitionsbetätigung der Unternehmung überlassene Kapital längerfristig zur Verfügung steht und somit im Zeitablauf zurückgewonnene Bestandteile der Investitionsauszahlung durch die Unternehmung wiederholt für Investitionen verwendet werden müssen. Darüber hinaus dient die Berücksichtigung einer konstanten Kapitalausstattung der Unternehmung durch die Kapitalgeber der Vorbereitung des folgenden Vorschlages für den Einbezug der Veräußerungsgewinnbesteuerung in die Modellierung.

Im letzten Abschnitt des vierten Kapitels steht nicht mehr die Ermittlung von Mindestrenditen im Vordergrund. Der Untersuchungsgegenstand wird hier auf eine Prüfung des Besteuerungseinflusses auf inframarginale Investitionen ausgeweitet. Die Analyse bezieht sich auf die Auswirkungen der Besteuerung auf die Kapitalwerte von Investitionen, die durch Kapitalgesellschaften getätigt werden. Auch hier wird in einem ersten Schritt lediglich der Zahlungsstrom einer Primärinvestition betrachtet. Erst im Anschluß daran erfolgt eine Erweiterung der Modellierung um die Wiederanlage

---

1) Vgl. King, M. F./ Fullerton, D. (eds.) (1984).

zurückgewonnener Bestandteile der Kapitalausstattung und um den Einfluß der Veräußerungsgewinnbesteuerung. Eine thesenförmige Zusammenfassung der Ergebnisse bildet im fünften Kapitel den Abschluß der Arbeit.

Im Rahmen der methodische Vorentscheidungen, die für die vorliegende Analyse zu treffen waren, wurde bewußt darauf verzichtet, mit Hilfe der formalen Zusammenhänge für die Mindestrenditen Grenzsteuersätze zu bestimmen. Die vielfältigen Einflußgrößen, die die Höhe der Mindestrenditen bestimmen und die durch die unterschiedlichen Modellansätze herausgearbeitet werden sollten, wären durch eine solche Verdichtung der Ergebnisse wieder verdeckt worden. Darüber hinaus geht die gesamte Modellierung von der Annahme aus, daß die Rahmenbedingungen konstant sind und die unterstellten Zahlungsströme mit Sicherheit eintreten. Diese Annahme wird zumindest bislang für die Analyse von Wirkungen steuerlicher Institutionen akzeptiert.

2 Modelle entscheidungsneutraler Investitionsbesteuerung

2.1 Entscheidungsneutrale Investitionsbesteuerung als Maßstab für die Analyse

Die entscheidungsorientierte Analyse von Besteuerungsnormen geht von der einzelwirtschaftlichen Perspektive des Wirtschaftssubjektes aus, das Handlungen beabsichtigt, die Konsequenzen für seine Steuerzahlungen haben.[1)] Zur Analyse des Steuereinflusses auf ein Entscheidungsproblem werden in einem Entscheidungsmodell zunächst die zur Auswahl stehenden Alternativen des Wirtschaftssubjektes ohne den Einbezug der Besteuerung betrachtet. Anhand eines Kriteriums wird überprüft, in welchem Ausmaß die einzelnen Handlungsmöglichkeiten zum Erreichen des gewünschten Ziels beitragen. Auf der Basis der Zielbeiträge wird eine Rangfolge der Handlungsmöglichkeiten erstellt. In einem zweiten Schritt wird dann versucht, das Entscheidungsmodell unter Beachtung der relevanten Steuernormen zu formulieren. Wiederum wird eine Reihung der Handlungsmöglichkeiten nach ihrem Beitrag zum gewünschten Ziel vorgenommen. Von Entscheidungsneutralität der Besteuerung wird gesprochen, wenn sich die Rangfolge der Handlungsmöglichkeiten durch die Berücksichtigung der Besteuerung nicht ändert.[2)] In diesem Fall ist eine Berücksichtigung der Besteuerung in den Planungsüberlegungen obsolet. Demgegenüber führt eine Änderung der Rangfolge zur Notwendigkeit, die für die Entscheidung relevanten Besteuerungsnormen in die Entscheidungsfindung einzubeziehen.

Die entscheidungsorientierte Analyse der Investitionsbesteuerung untersucht dementsprechend den Einfluß der Besteuerung auf die Zielgröße, die Investoren zur Beurteilung von Investitionen heranziehen. Nachfolgend soll daher zunächst der Kapitalwert als ein solches Kriterium vorgestellt werden. Sodann werden Möglichkeiten der Investitionsbesteuerung bestimmt, die dieses Entscheidungskriterium derart beeinflussen, daß die ohne Berücksichtigung der Besteuerung ermittelten Rangfolgen nicht verändert werden.

2.2 Der Kapitalwert als Entscheidungskriterium

2.2.1 Definition des Kapitalwertes

Investitionen stellen aus der Perspektive der Investoren einen Tausch von vorhandenen Zahlungsmitteln gegen einen zukünftigen Zahlungsstrom dar.[3)] Seitens der Investoren ist mit der Hingabe der Zahlungsmittel die Erwartung verbunden, daß der erworbene Zahlungsstrom ausreicht, um daraus die Rückzahlung der hingegebenen Mittel und das Entgelt für die Kapitalüberlassung zu bestreiten. Die Überprüfung, ob ein Zahlungs-

1) Vgl. zur Einordnung dieses Ansatzes z.B. Wagner, F. W. (1995).

2) Vgl. Schneider, D. (1992), S. 193.

3) Vgl. z.B. Schmidt, R. H./ Terberger, E. (1997), S. 108.

strom diese Anforderungen erfüllt, kann anhand des Kapitalwertkriteriums erfolgen.[1] Zur Ermittlung des Kapitalwertes werden die einzelnen Zahlungen des Zahlungsstromes auf den Investitionszeitpunkt diskontiert, wobei zur Vereinfachung angenommen wird, daß die Zahlungen jeweils am Ende von jeweils gleich langen Perioden anfallen. Von dem so ermittelten Ertragswert des Zahlungsstromes wird die Auszahlung zum Erwerb des Zahlungsstromes subtrahiert, um den Kapitalwert zu erhalten:

$$(2.1) \quad KW = \sum_{t=1}^{T} \frac{Z_t}{(1+i)^t} - Z_0$$

Ein Kapitalwert von null signalisiert, daß neben der Rückzahlung der überlassenen Zahlungsmittel die durch den Diskontierungszinssatz bestimmten Entgelte für die Kapitalüberlassung aus dem Zahlungsstrom gezahlt werden können, während ein positiver Kapitalwert bedeutet, daß mit der Investition mehr als das von den Investoren geforderte Entgelt erzielt werden kann. Dabei wird durch die Annahme eines Modells unter Sicherheit unterstellt, daß der durch die Investition ausgelöste Zahlungsstrom im Investitionszeitpunkt vollständig bekannt ist.

Darüber hinaus ist zu beachten, daß der Kapitalwert nur dann als Entscheidungskriterium herangezogen werden kann, wenn der zur Diskontierung verwendete Zinssatz i folgende Bedingungen erfüllt:[2]

1. Der zur Diskontierung verwendete Zinssatz muß der Rendite der besten möglichen Alternativanlage entsprechen.
2. Der zur Diskontierung verwendete Zinssatz muß der Zeitpräferenzrate entsprechen.
3. Es muß möglich sein, die aus der Investition resultierenden Zahlungsüberschüsse mit dem Diskontierungsfaktor, der zur Bestimmung des Kapitalwertes herangezogen wurde, auf der Zeitachse zu verschieben.

Die erste Bedingung konkretisiert die in der ökonomischen Analyse gängige Annahme nach rationalem Verhalten der Investoren, indem sie verlangt, daß Wirtschaftssubjekte nicht freiwillig auf zusätzliche Erträge verzichten, die sie ohne zusätzliche Aufwendungen erhalten können.

Die zweite Voraussetzung ergibt sich aus der ökonomischen Erklärung der zeitlichen Verteilung des Konsums eines Wirtschaftssubjektes. Das zu lösende Optimierungsproblem[3] der Wirtschaftssubjekte besteht nach diesem Modellansatz darin, das durch die wirtschaftliche Betätigung erzielte Einkommen in den einzelnen Perioden des Planungshorizonts so für Konsumzwecke zu verwenden, daß der aus dem Konsum resultierende Nutzen maximiert wird. Der Zinssatz ist für dieses Modell der intertemporalen Allokation von Bedeutung, da eine Präferenz der Wirtschaftssubjekte für gegenwärti-

1) Vgl. z.B. Schmidt, R. H./ Terberger, E. (1997), S. 133.
2) Vgl. z.B. Wagner, F. W./ Dirrigl, H. (1980), S. 31.
3) Vgl. z.B. Auerbach, A. J. (1983), S. 906-909 oder Sinn, H.-W. (1985), S. 9-16.

gen Konsum unterstellt wird. Diese Präferenz führt dazu, daß Wirtschaftssubjekte bereit sind, auf zukünftige Konsummöglichkeiten zu verzichten, um gegenwärtigen Konsum zu finanzieren, bzw. umgekehrt nur zu gegenwärtigem Konsumverzicht bereit sind, wenn sich ihre zukünftigen Konsummöglichkeiten erhöhen. Der Zinssatz ist danach der Preis für zusätzlichen gegenwärtigen Konsum oder alternativ das Entgelt für gegenwärtigen Konsumverzicht. Da eine Investition seitens des Investierenden mit einem Konsumverzicht verbunden ist, muß der durch die Investition erworbene Zahlungsstrom den Investor für diesen Konsumverzicht entschädigen, so daß der Diskontierungszinssatz mindestens dem von den Wirtschaftssubjekten für den Konsumverzicht geforderten Entgelt entsprechen muß.

Die dritte Bedingung, die die Möglichkeit zur Transformation von Zahlungsüberschüssen auf der Zeitachse zum verwendeten Diskontierungszinssatz verlangt, ist die zentrale Voraussetzung dafür, daß Investitions- und Konsumentscheidungen unabhängig voneinander getroffen werden können und somit eine Delegation von Investitionsentscheidungen an selbständige Institutionen möglich wird.[1)] Der aus einer Investition resultierende Zahlungsstrom wird regelmäßig nicht der gewünschten Verteilung der Konsumausgaben entsprechen. Somit kann der Kapitalwert als Entscheidungskriterium nur dann herangezogen werden, wenn Zahlungsüberschüsse aus der Investition, die nicht in dem Zeitpunkt für den Konsum verwendet werden, in dem sie aus der Investition zurückfließen, mit dem für die Diskontierung verwendeten Zinssatz auf der Zeitachse verschoben werden können. Nur in diesem Fall entspricht der Barwert des Konsums, der aus den Zahlungsüberschüssen finanziert werden kann, dem Barwert der aus der Investition fließenden Zahlungsüberschüsse, so daß die durch den Kapitalwert angezeigte Vermögensmehrung den zusätzlichen über die Abgeltung der Zeitpräferenzrate hinausgehenden Konsummöglichkeiten gleicht. Weicht der gewünschte Konsum des Investors im Zeitpunkt t um den Betrag K vom aus der Investition zurückfließenden Zahlungsüberschuß ab, so ändert sich der Barwert des Konsums zunächst um:

$$(2.2) \quad \Delta BW^{KS} = K \cdot \left(\frac{1}{(1+i)^{\Delta t}} - 1 \right)$$

Der Barwert des Konsums steigt, wenn Konsum auf den Zeitpunkt t vorgezogen wird ($K<0$), er fällt, wenn Konsum in spätere Zeitpunkte verlagert wird ($K>0$). Dabei wird unterstellt, daß bei einer Konsumvorverlagerung die nach Δt Perioden zufließende Zahlung ausreicht, um die für den zusätzlichen Konsum verwendeten Mittel zurückzuzahlen, bzw. daß bei einem Konsumaufschub nach Δt Perioden eine um den Konsumverzicht erhöhte Zahlung zufließt. Unter der Annahme, daß eine Verlagerung des Konsums nicht unentgeltlich erfolgt, führt die Abweichung des Konsums vom Verlauf des

1) Vgl. dazu Schmidt, R. H./ Terberger, E. (1997), S. 111-124. Für eine formale Darstellung der Voraussetzungen für eine Trennung von Investitions- und Konsumentscheidungen vgl. z.B. Lübbehüsen, T. (2000), S. 7-29.

Zahlungsstromes des weiteren zu Änderungen in den Zahlungsüberschüssen der Perioden, die auf die Periode folgen, in der Zahlungsmittelzufluß aus der Investition und Konsumwunsch voneinander abweichen, bis zu der Periode, in der diese Abweichung ausgeglichen wird. Wurde im Zeitpunkt t mehr für den Konsum verwendet, als an Zahlungsmitteln zugeflossen ist -wurde mithin ein Konsumkredit aufgenommen-, so verringern sich zukünftige Zahlungen um die für diesen Konsumkredit zu leistenden Entgelte. Ein Konsumverzicht im Zeitpunkt t erfolgt dementsprechend nur dann, wenn der Verzicht durch ein entsprechendes Entgelt kompensiert wird, so daß es zu einer Erhöhung der Zahlungen in den Folgeperioden kommt. Unter der Annahme, daß das zu leistende Entgelt für den Kredit bzw. die zusätzliche Zahlung für den Konsumverzicht $i_w \cdot K$ beträgt, ergibt sich folgende Änderung des Konsumbarwertes:

$$(2.3) \quad \Delta BW^{KiS} = \sum_{u=1}^{\Delta t} \frac{i_w \cdot K}{(1+i)^u} = \frac{i_w \cdot K}{i} \cdot \left(1 - \frac{1}{(1+i)^{\Delta t}}\right)$$

Die gesamte Änderung des Konsumbarwertes setzt sich aus der Summe der beiden Effekte auf den Konsumbarwert zusammen. Diese Summe ist nur dann gleich null, wenn das für die Konsumvorverlagerung zu zahlende bzw. das für den Konsumaufschub geforderte Entgelt i_w dem verwendeten Diskontierungszinssatz i entspricht. Aussagen über die Vorteilhaftigkeit anhand des Kapitalwertkriteriums implizieren somit, daß sowohl eine Verschuldung als auch eine Kapitalanlage nicht konsumierter Zahlungsüberschüsse zum zur Diskontierung herangezogen Zinssatz möglich sein muß.[1)]

Eine Alternative zur Forderung nach einer Verschuldung zum verwendeten Diskontierungszinssatz ist die Existenz eines Marktes, an dem die Investitionszahlungsströme oder Bruchteile davon veräußert werden können. Voraussetzung ist allerdings auch hier, daß die Zahlungsströme an diesem Kapitalmarkt mit dem verwendeten Diskontierungszinssatz bewertet werden. Beabsichtigt ein Investor die Veräußerung eines Anteiles λ an dem Zahlungsstrom, der aus einer zuvor getätigten Investition resultiert, so beträgt sein geforderter Veräußerungspreis VE:

$$(2.4) \quad VE = \sum_{t=1}^{T} \frac{\lambda \cdot Z_t}{(1+i_v)^t}$$

Ein Verkauf dieses Zahlungsstromanteiles ist nur möglich, wenn der Veräußerer einen Erwerber findet, der bereit ist, den durch den Veräußerer ermittelten Verkaufspreis zu entrichten. Dies setzt voraus, daß der mögliche Erwerber den Zahlungsstrom höchstens mit dem vom Veräußerer herangezogenen Zinssatz diskontiert.

Die Anforderungen, die erfüllt sein müssen, damit anhand des Kapitalwertkriteriums eindeutige Aussagen über die Vorteilhaftigkeit eines Investitionsprojektes getroffen werden können, lassen sich mit dem Begriff des vollkommenen und vollständigen Ka-

1) Vgl. Wagner, F. W./ Dirrigl, H. (1980), S. 31.

pitalmarktes zusammenfassen.[1] Ein vollkommener Kapitalmarkt liegt vor, wenn es für jeden Zahlungsstrom genau einen Preis gibt, während Vollständigkeit gegeben ist, wenn jeder beliebige Zahlungsstrom an diesem Markt getauscht werden werden kann.[2] Um das theoretische Konstrukt vollkommener und vollständiger Kapitalmarkt von real beobachtbaren Kapitalmärkten abzugrenzen, verwendet *Schneider* den Begriff des Kapitalmarkt im Konkurrenzgleichgewicht.[3] Zur Abgrenzung der beobachtbaren Zinssätze von dem für die Modellüberlegungen herangezogenen Zinssatz hat er den Begriff „Konkurrenzgleichgewichtspreis für die einperiodige Kapitalüberlassung" geprägt.[4] In der folgenden Analyse, die im wesentlichen auf dem Instrument des Kapitalwertes beruht, sind die verwendeten Diskontierungszinssätze in diesem Sinne zu verstehen.

2.2.2 Interpretation des Kapitalwertes

2.2.2.1 Zahlungsorientierte Sichtweise

Inhaltlich kann die Ertragswertermittlung im Rahmen der Kapitalwertbestimmung in einer zahlungsorientierten Sichtweise als Zerlegung der Investitionsauszahlung verstanden werden.[5] Durch die Diskontierung der einzelnen Zahlungen wird überprüft, welcher Anteil an der Investitionsauszahlung in den jeweiligen Zahlungszeitpunkten zurückfließt. Die Investitionsauszahlung wird demgemäß in T einzelne Investitionen mit einer Laufzeit von 1 bis T zerlegt. Die einzelnen Zahlungen des Zahlungsstromes setzen sich aus dem zurückgewonnenen Anteil an der Investitionsauszahlung (TA_t) und der darauf entfallenden Verzinsung bis zum Zuflußzeitpunkt (ZA_t) zusammen:

$$(2.5)\quad \begin{aligned} Z_t &= TA_t + ZA_t \\ &= TA_t \cdot (1+i)^t \end{aligned}$$

Liegt eine Investition mit einem positiven Kapitalwert vor, so enthalten die einzelnen Zahlungen neben der Kapitalrückzahlung und der auf die Dauer der Kapitalbindung entfallenden Verzinsung des zurückgezahlten Betrages einen zusätzlichen Bestandteil, der als Rentenanteil R_t bezeichnet werden soll:

$$(2.6)\quad Z_t = TA_t \cdot (1+i)^t + R_t$$

Verwendet man diese Gleichung in der Kapitalwertformel (2.1) auf S. 6 und setzt voraus, daß die Summe der Kapitalrückzahlungen der Anfangsauszahlung ($\sum_{t=1}^{T} TA_t = Z_0$) entspricht, so ist der Kapitalwert durch den Barwert der in den Zahlungsüberschüssen enthaltenen Rentenanteile bestimmt:[6]

---

[1] Vgl. Schmidt, R. H./ Terberger, E. (1997), S. 137.
[2] Vgl. Schmidt, R. H./ Terberger, E. (1997), S. 91.
[3] Vgl. Schneider, D. (1992), S. 81.
[4] Vgl. Schneider, D. (1992), S. 219.
[5] Vgl. z.B. Kruschwitz, L. (1999), S. 49-53.
[6] Vgl. Kwon, O. Y. (1983), S. 89.

$$
\begin{aligned}
KW &= \sum_{t=1}^{T} \frac{TA_t \cdot (1+i)^t + R_t}{(1+i)^t} - Z_0 \\
(2.7) \qquad &= \sum_{t=1}^{T} TA_t + \sum_{t=1}^{T} \frac{R_t}{(1+i)^t} - Z_0 \\
&= \sum_{t=1}^{T} \frac{R_t}{(1+i)^t}
\end{aligned}
$$

Der Kapitalwert ist unabhängig vom Zeitpunkt der Aufdeckung des Rentenanteiles. Ändert sich der Rückzahlungsanteil der Periode t um ΔTA, so verändert sich der in dieser Periode ausgewiesene Rentenanteil um $-\Delta TA \cdot (1+i)^t$. Im Zeitpunkt $t+\Delta t$, in dem die Änderung des Kapitalrückzahlungsanteiles ausgeglichen wird, ergibt sich eine Veränderung des Rentenanteiles um $\Delta TA \cdot (1+i)^{t+\Delta t}$. Der Barwert dieser Änderungen des Rentenanteiles beträgt null. Das folgende Beispiel verdeutlicht die zahlungsorientierte Sichtweise der Kapitalwertermittlung:

Zeit	Barwerte (*i*=5,00%)	0	1	2	3
Z_t	313,62	-300,00	110,00	115,25	120,76
TA_t	272,32		100,00	100,00	100,00
ZA_t	27,68		5,00	10,25	15,76
R_t	13,62		5,00	5,00	5,00
ΔTA_t	-0,35		-4,00	0,00	4,00
ΔZA_t	0,35		-0,20	0,00	0,63
ΔR_t	0,00		4,20	-0,00	-4,63

Abbildung 2.1: *Zahlungsorientierte Sichtweise des Kapitalwertes*

Während in der Ausgangssituation in jeder Periode ein Rückzahlungsanteil in Höhe von 100,00 GE und ein Rentenanteil von 5,00 GE ausgewiesen wird, kommt es durch die Verringerung des Rückzahlungsanteiles in Höhe von 4,00 GE in Periode eins zu einer Erhöhung des Rentenanteiles in diesem Zeitpunkt um 4,20 GE. Der in Periode drei erfolgende Ausgleich, der erforderlich ist, damit die ausgewiesenen Kapitalrückzahlungsanteile der Anfangsauszahlung entsprechen, führt gegenüber der Ausgangssituation zu einer Reduktion des Rentenanteiles um 4,63 GE. Die Veränderung des Ausweises der Kapitalrückzahlungsanteile reduziert deren Barwert. Diese Barwertänderung wird durch eine entsprechende Erhöhung des Barwertes der Zinsanteile kompensiert.

2.2.2.2 Vermögensorientierte Sichtweise

Wird die Kapitalwertermittlung aus einer vermögensorientierten Perspektive betrachtet, so verändert sich gegenüber der zahlungsorientierten Sichtweise die Zusammensetzung der Zahlungsüberschüsse. Der grundlegende Gedanke dieser Betrachtungsweise ist die Zerlegung der Investition in T einperiodige Investitionen, für die jeweils die Verzinsung des zu Periodenbeginn vorhandenen Kapitalbestandes mit dem Marktzins bestimmt wird. Der Kapitalbestand zu Periodenbeginn KB_t ist durch den Anteil an der Investitionsauszahlung bestimmt, der nach der vorzunehmenden Kapitalbestandsrechnung als noch nicht zurückgezahlt anzusehen ist:

$$
\begin{aligned}
KB_t &= \sum_{u=t}^{T} TA_u \\
&= Z_0 - \sum_{u=1}^{t-1} TA_u
\end{aligned}
\tag{2.8}
$$

Die Summe der ermittelten Kapitalrückzahlungen entspricht wiederum der Investitionsauszahlung Z_0, so daß sich der Zahlungsüberschuß der einzelnen Perioden erneut aus einem Kapitalrückzahlungsanteil, einem Zinsanteil und einem Rentenanteil zusammensetzt. Der Zinsanteil ist nunmehr jedoch durch die Verzinsung der noch ausstehenden Kapitalrückzahlungsanteile bestimmt, so daß sich folgende Zusammensetzung der Zahlungsüberschüsse ergibt:

$$
Z_t = TA_t + i \cdot \sum_{u=t}^{T} TA_u + R_t \tag{2.9}
$$

Setzt man diese Definition der Zahlungsüberschüsse in die Kapitalwertformel (2.1) auf S. 6 ein, so resultiert das gleiche Ergebnis wie unter der zahlungsorientierten Betrachtung. Der Kapitalwert entspricht dem Barwert der ermittelten Rentenanteile:

$$
\begin{aligned}
KW &= \sum_{t=1}^{T} \left[\frac{i}{(1+i)^t} \cdot \sum_{u=t}^{T} TA_u \right] + \sum_{t=1}^{t} \frac{TA_t}{(1+i)^t} + \sum_{t=1}^{T} \frac{R_t}{(1+i)^t} - Z_0 \\
&= \frac{TA_1 + i \cdot \sum_{t=1}^{T} TA_t}{(1+i)^1} + \frac{TA_2 + i \cdot \sum_{t=2}^{T} TA_t}{(1+i)^2} + \dots + \frac{(1+i) \cdot TA_T}{(1+i)^T} + \sum_{t=1}^{T} \frac{R_t}{(1+i)^t} - Z_0 \\
&= \sum_{t=1}^{T} \left[TA_t \cdot \left(\frac{1}{(1+i)^t} + \sum_{u=1}^{t} \frac{i}{(1+i)^u} \right) \right] + \sum_{t=1}^{T} \frac{R_t}{(1+i)^t} - Z_0 \\
&= \sum_{t=1}^{T} TA_t + \sum_{t=1}^{T} \frac{R_t}{(1+i)^t} - Z_0 \\
&= \sum_{t=1}^{T} \frac{R_t}{(1+i)^t}
\end{aligned}
\tag{2.10}
$$

Unter Beachtung der verwendeten Nebenbedingung, daß die Summe der Kapitalrückzahlungen der Investitionsauszahlung entspricht, ist der Kapitalwert wiederum unabhängig vom Zeitpunkt des Ausweises der Rentenanteile. Gezeigt werden kann dies anhand einer analogen Vorgehensweise zu einem Beweis des *Lücke*-Theorems.[1)]

Eine Variation der verrechneten Kapitalrückzahlungsanteile bzw. die damit verbundene Änderung der ausgewiesenen Rentenanteile beeinflußt den Kapitalwert wie folgt:

$$\begin{aligned} \Delta KW &= \frac{\Delta TA_t}{(1+i)^t} - \frac{\Delta TA_t}{(1+i)^t \cdot (1+i)^{\Delta t}} \\ &= \frac{\Delta TA_t}{(1+i)^t} \cdot \left(1 - \frac{1}{(1+i)^{\Delta t}}\right) \end{aligned} \tag{2.11}$$

Zu beachten ist, daß diese Änderung in den ausgewiesenen Kapitalrückzahlungsanteilen in den folgenden Perioden zu Änderungen der Zinsanteile führt, die schließlich die als Residualgröße verbleibenden Rentenanteile reduzieren. Der Barwert der Änderung der Zinsanteile und damit die daraus resultierende Kapitalwertänderung beträgt:

$$\begin{aligned} \Delta KW &= \frac{-i \cdot \Delta TA_t}{(1+i)^t} \cdot \sum_{u=1}^{\Delta t} \frac{1}{(1+i)^u} \\ &= \frac{-\Delta TA_t}{(1+i)^t} \cdot \left(1 - \frac{1}{(1+i)^{\Delta t}}\right) \end{aligned} \tag{2.12}$$

Die Änderungen des Kapitalwertes heben sich erneut auf. Das folgende Beispiel zeigt die Zusammenhänge bei der vermögensorientierten Sichtweise des Kapitalwertes:

Zeit	Barwerte (*i*=5,00%)	0	1	2	3
Z_t	313,62	-300,00	110,00	115,25	120,76
KB_t			300,00	210,00	110,25
TA_t	271,43		90,00	99,75	110,25
ZA_t	28,57		15,00	10,50	5,51
R_t	13,62		5,00	5,00	5,00
ΔTA_t	-0,35		-4,00	0,00	4,00
ΔZA_t	0,35		0,00	0,20	0,20
ΔR_t	0,00		4,00	-0,20	-4,20

Abbildung 2.2: Vermögensorientierte Sichtweise des Kapitalwertes

Aufgrund des nach dem jeweiligen Kapitalbestand bemessenen Zinsanteiles kommt es zu im Zeitablauf sinkenden Zinsanteilen. Die Verringerung des Kapitalrückzahlungsanteiles um 4,0 GE in Periode eins führt zu einer Erhöhung der Zinsanteile um 0,2 GE in den Folgeperioden. In diesem Umfang reduzieren sich die in den Perioden zwei und drei ausgewiesenen Rentenanteile. Die Änderungen der Barwerte der Kapitalrückzah-

[1)] Vgl. Lücke, W. (1955). Die Beweisidee beruht auf dem Vorgehen von Knoll, L. (1996), S. 116.

lungsanteile und der Zinsanteile addieren sich zu null. Die Änderung des Barwertes der Rentenanteile beträgt ebenfalls null.

2.3 Voraussetzungen für eine entscheidungsneutrale Investitionsbesteuerung

2.3.1 Der Kapitalwert nach Steuern

Zur Ermittlung von Modellen entscheidungsneutraler Investitionsbesteuerung ist das Entscheidungskriterium Kapitalwert unter Einbezug der Besteuerung zu bestimmen. Hierzu muß zunächst unterstellt werden, daß sich die Handlungsmöglichkeiten gegenüber dem Referenzfall einer Welt, in der die Steuer nicht erhoben wird, nicht verändern.[1] Insbesondere ist in diesem Zusammenhang zu fordern, daß es den Wirtschaftssubjekten nicht gelingen darf, durch Überwälzungen den ohne Berücksichtigung der Besteuerung ermittelten Zahlungsstrom zu verändern. Des weiteren muß angenommen werden, daß die Besteuerung nicht enteignend wirkt, da in diesem Fall das Unterlassen der Investition eindeutig zu bevorzugen wäre. Schließlich impliziert diese Betrachtungsweise, daß die Staatstätigkeit, die durch die erhobenen Steuern finanziert wird, keinen Einfluß auf die Vorteilhaftigkeit eines Investitionsprojektes ausübt.[2] Zur Vereinfachung wird unterstellt, daß die Steuerzahlungen im Zeitpunkt des Zahlungszuflusses anfallen, die Steuerermittlung und -zahlung somit keine Zeit beanspruchen.

Unter diesen Annahmen unterscheidet sich der Zähler der Formel für den Kapitalwert nach Steuern von der Kapitalwertformel ohne Steuereinbezug nur dadurch, daß die Steuerzahlung vom jeweiligen Zahlungsüberschuß zu subtrahieren ist. Ob sich der in der Formel zu verwendende Diskontierungszinssatz ändert, hängt von der Ausgestaltung des Steuersystems ab. Unterliegen Zinsen der Besteuerung, so ist der Diskontierungszins um den für Zinsen relevanten Steuersatz s_z zu kürzen, andernfalls bleibt der Diskontierungszins unverändert. Es ergibt sich somit folgende Formel für den Kapitalwert nach Steuern:

$$(2.13)\quad KW^s = \sum_{t=0}^{T} \frac{Z_t - S_t}{\left(1+i\cdot\left(1-s_z\right)\right)^t}$$

Wiederum ist darauf hinzuweisen, daß der Kapitalwert ein relatives Vorteilhaftigkeitsmaß darstellt. Der Kapitalwert nach Steuern gibt an, um welchen Betrag sich die Konsummöglichkeiten des Investors unter Berücksichtigung der Besteuerung verändern, wenn statt einer Investition in Form einer Kapitalmarktanlage die betrachtete Investition durchgeführt wird. Der Vergleich ist somit eindeutig sektoral ausgerichtet, wobei sektoral im Sinne verschiedener institutioneller Formen von Investitionsprojekten zu

1) Vgl. Schneider, D. (1992), S. 209.

2) Elschen, R./ Hüchtebrock, M. (1983), S. 263 sprechen von Separationstheoremen, die bezüglich der Wirkungen der Staatseinnahmen und -ausgaben gelten müssen, damit eine solche isolierte Betrachtung möglich wird.

verstehen ist. Dies bedeutet insbesondere, daß bei Betrachtung eines Modells, das eine Besteuerung der Zinsen vorsieht, eine damit verbundene mögliche Änderung der Entscheidung über den Konsumplan nicht berücksichtigt wird. Das Entscheidungsproblem der intertemporalen Allokation wird folglich bei dieser Betrachtung ausgeblendet, indem unterstellt wird, daß die durch die Besteuerung von Zinsen ausgelöste Änderung der Zeitpräferenzrate bereits Eingang in den zur Diskontierung verwendeten Marktzins gefunden hat. Es wird folglich nur die Frage nach der relativen Vorteilhaftigkeit des betrachteten Investitionsprojektes gegenüber der Kapitalmarktanlage beantwortet.

2.3.2 Die Neutralitätsbedingungen

Bezogen auf das Kapitalwertkalkül werden zwei Voraussetzungen formuliert, die für eine entscheidungsneutrale Investitionsbesteuerung erfüllt sein müssen.[1] Um zu gewährleisten, daß bei einem Vergleich der Investitionsprojekte die Rangfolge der Kapitalwerte vor Steuern mit denen nach Steuern übereinstimmen, muß sich der Kapitalwert nach Steuern aus einer streng monotonen Transformation des Kapitalwertes vor Steuern ergeben. Formal kann diese Bedingung folgendermaßen notiert werden:[2]

$$(2.14) \quad \frac{\partial KW^s}{\partial KW} = const. > 0$$

Gleichwohl ist diese Bedingung nicht hinreichend. Sie stellt lediglich sicher, daß die Funktion, die den Kapitalwert nach Steuern in Abhängigkeit vom Kapitalwert vor Steuern zeigt, eine positive Steigung besitzt. Zu Veränderungen in der Rangfolge kann es jedoch kommen, wenn die Funktion zusätzlich über ein Absolutglied verfügt. Die zweite Bedingung, die der funktionale Zusammenhang zwischen Kapitalwert vor Steuern und Kapitalwert nach Steuern erfüllen muß, verlangt daher, daß diese Funktion nicht über ein Absolutglied verfügt, oder anders formuliert, daß bei einer Investition mit einem Kapitalwert vor Steuern von null auch unter Einbezug der Besteuerung ein Kapitalwert von null erhalten bleiben muß. Der formale Zusammenhang kann somit wie folgt beschrieben werden:[3]

$$(2.15) \quad KW^s(KW=0) = 0$$

Aus diesen Bedingungen kann nun ein allgemeiner funktionaler Zusammenhang ermittelt werden, der die Ableitung investitionsneutraler Besteuerungsoptionen ermöglicht. Da die Neutralitätsbedingungen nach einer entscheidungsneutralen Objektbesteuerung fragen, wird auf die Berücksichtigung einer möglichen progressiven Besteuerung verzichtet[4], da progressive Steuertarife nur vor dem Hintergrund einer Subjektbesteuerung zu erklären sind. Es sollen daher entscheidungsneutrale Möglichkeiten der Inve-

---

[1] Vgl. Schwinger, R. (1992), S. 24-25 und König, R. (1997), S. 134-135.

[2] Vgl. Schwinger, R. (1992), S. 24.

[3] Vgl. Schwinger, R. (1992), S. 25.

[4] Vgl. hierzu König, R. (1997), S. 161.

stitionsbesteuerung aufgezeigt werden, die zu einer linearen Kürzung des Kapitalwertes vor Steuern um den Steuersatz s_r führen. Somit kann als Ausgangsbedingung für die Ableitung dieser Besteuerungsmöglichkeiten der folgende formale Zusammenhang verwendet werden:

$$(2.16)\quad KW^s = (1-s_r)\cdot KW$$

Gleichung (2.16) verlangt, daß sich der Kapitalwert nach Steuern aus einer linear homogenen Transformation des Kapitalwertes vor Steuern ergibt. *König* spricht in diesem Zusammenhang von „linearen investitionsneutralen Steuersystemen".[1]

In Analogie zur Vorgehensweise von *Schwinger*[2] und unter Verwendung der Modellüberlegungen von *König*[3] werden in den beiden folgenden Abschnitten entscheidungsneutrale Möglichkeiten der Investitionsbesteuerung beschrieben, die einerseits die jeweiligen Zahlungsüberschüsse aus dem Investitionsprojekt als Bemessungsgrundlage wählen bzw. alternativ die Bemessungsgrundlage anhand einer Periodisierungsrechnung ermitteln.

2.4 Entscheidungsneutrale Zahlungsrechnung

Wird die Bemessungsgrundlage für die Steuer in Form einer Zahlungsrechnung ermittelt, so kann mit Hilfe von Gleichung (2.16) folgende Bedingung als Ausgangsgleichung für die Ermittlung einer entscheidungsneutralen Besteuerung bestimmt werden:

$$(2.17)\quad \sum_{t=0}^{T} \frac{Z_t - S_t}{\left(1+i\cdot(1-s_z)\right)^t} = (1-s_r)\cdot\sum_{t=0}^{T}\frac{Z_t}{(1+i)^t}$$

Gleichung (2.17) fordert, daß die diskontierten und um die Steuerzahlung gekürzten Zahlungsüberschüsse dem Kapitalwert vor Steuern gekürzt um die durch die Besteuerung angestrebte Verringerung in Höhe des Steuersatzes s_r entsprechen müssen. Werden Zinsen besteuert, so sind die um die Steuerzahlung verringerten Zahlungsüberschüsse mit dem um den Steuersatz auf Zinsen s_z gekürzten Zinssatz zu diskontieren. Die entscheidungsneutrale Steuerzahlung kann ermittelt werden, indem aus Gleichung (2.17) der Barwert der Steuerzahlungen bestimmt wird:

$$(2.18)\quad \begin{aligned} \sum_{t=0}^{T} \frac{S_t}{\left(1+i\cdot(1-s_z)\right)^t} &= \sum_{t=0}^{T} \frac{Z_t}{\left(1+i\cdot(1-s_z)\right)^t} - \sum_{t=0}^{T}\frac{(1-s_r)\cdot Z_t}{(1+i)^t} \\ &= \sum_{t=0}^{T} \frac{Z_t\cdot\left[1-(1-s_r)\cdot\left(\frac{1+i\cdot(1-s_z)}{1+i}\right)^t\right]}{\left(1+i\cdot(1-s_z)\right)^t} \end{aligned}$$

---

1) Vgl. König, R. (1997), S. 135.

2) Vgl. Schwinger, R. (1992), S. 22-33.

3) Vgl. König, R. (1997), S. 135-147.

Gemäß Gleichung (2.18) ist der auf die Zahlungsüberschüsse anzuwendende Steuersatz durch den Ausdruck in der eckigen Klammer der zweiten Zeile bestimmt:

$$(2.19)\quad S_t = Z_t \cdot \left[1-(1-s_r)\cdot\left(1-\frac{i\cdot s_z}{1+i}\right)^t\right]$$

Gleichung (2.19) zeigt, daß der Steuersatz im Rahmen einer Zahlungsrechnung von der beabsichtigten Kürzung der Kapitalwerte, vom Steuersatz auf Zinsen, vom Zinssatz und vom Zahlungszeitpunkt abhängig ist. Ob der Zahlungszeitpunkt für die Höhe des Steuersatz von Bedeutung ist, hängt von der Zinsbesteuerung ab. Es ist demnach zu unterscheiden, ob der Steuersatz auf Zinsen s_z null beträgt oder ob er größer als null ist. Im ersten Fall verliert der auf die Zahlungsüberschüsse anzuwendende Steuersatz seine Abhängigkeit vom Zinssatz und vom Zeitpunkt der Zahlung.[1] Hier ist die Steuerzahlung durch den Steuersatz s_r bestimmt. Dieses Besteuerungsmodell - die Besteuerung von Zahlungsüberschüssen bei gleichzeitiger Nichtbesteuerung von Zinsen - wird als Cash-flow-Steuer bezeichnet.[2] Werden Zinsen hingegen einer Besteuerung unterworfen, so ergibt sich ein im Zeitablauf progressiver Steuersatz.[3] Die Kürzung der Zahlungsüberschüsse durch die Steuerzahlung nimmt mit zunehmendem Abstand vom Investitionszeitpunkt zu. Eine weitere Erhöhung des effektiven Steuersatzes auf den Zahlungsüberschuß wird ausgelöst, wenn zusätzlich der die beabsichtigte Kürzung des Kapitalwertes angebende Steuersatz s_r größer als null ist.

Das folgende Beispiel verdeutlicht die Ergebnisse zur Zahlungsrechnung:

		Zeit			
	Kapitalwerte	0	1	2	3
Z_t	13,62	-300,00	110,00	115,25	120,76
Keine Zinsbesteuerung (i=5,0%, i_s=5,0%, s_r=30,0%, s_z=0,0%)					
S_t		-90,00	33,00	34,58	36,23
NZ_t	9,53	-210,00	77,00	80,68	84,53
Zinsbesteuerung (i=5,0%, i_s=3,5%, s_r=30,0%, s_z=30,0%)					
s_t		30,00%	31,00%	31,99%	32,96%
S_t		-90,00	34,10	36,86	39,80
NZ_t	9,53	-210,00	75,90	78,39	80,96

Abbildung 2.3: Entscheidungsneutrale Besteuerung von Zahlungsüberschüssen

[1] Des weiteren ergibt sich eine Unabhängigkeit vom Zahlungszeitpunkt, wenn der Diskontierungszinssatz i null beträgt. In diesem Fall sind Investitionen vorteilhaft, wenn die Summe der Einzahlungsüberschüsse größer als die Investitionsauszahlung ist. Die Besteuerungsmodelle unterscheiden sich dann nicht mehr.

[2] Vgl. Schneider, D. (1992), S. 216.

[3] Vgl. Wenger, E. (1985), S. 316.

Für den Fall eines Verzichts auf die Zinsbesteuerung werden die einzelnen Zahlungsüberschüsse um den Steuersatz $s_r = 30{,}00\%$ gekürzt. Der Kapitalwert der mit dem Zinssatz $i_s = 5{,}00\%$ diskontierten Nettozahlungsreihe beträgt 70,00% ($=1 - s_r$) des Kapitalwertes vor Steuern. Werden Zinsen hingegen besteuert, so steigt der Steuersatz von $t = 0$ bis zum Zeitpunkt $t = 3$ von 30,00% auf 32,96% an. Der Kapitalwert der mit dem Zins $i_s = 3{,}50\%$ diskontierten Nettozahlungsreihe beträgt wiederum 70,00% des Kapitalwertes vor Steuern.

Wird die Zahlungsrechnung mit der zahlungsorientierten Sichtweise des Kapitalwertes verglichen, so unterscheiden sich die Nettozahlungen in Abhängigkeit von der Zinsbesteuerung folgendermaßen: Bei einem Verzicht auf die Zinsbesteuerung wird der jeweilige Zahlungsüberschuß um den Steuersatz s_r gekürzt. Die Nettozahlungen sind dann bestimmt durch:

$$(2.20)\quad NZ_t \;=\; (1-s_r)\cdot\left(TA_t\cdot(1+i)^t+R_t\right)$$

Wird hingegen die Zinsbesteuerung einbezogen, so ist die Nettozahlung bestimmt durch den mit dem Nettozins aufgezinsten Tilgungsanteil TA_t und den ebenso aufgezinsten Anteil am Kapitalwert, der in der betreffenden Periode ausgewiesen wird ($R_t/(1+i)^t$). Dieser Betrag ist schließlich um den Steuersatz s_r zu verringern:

$$(2.21)\quad NZ_t \;=\; (1-s_r)\cdot\left(TA_t\cdot(1+i_s)^t+R_t\cdot\left(\frac{1+i_s}{1+i}\right)^t\right)$$

Die steuerliche Zahlungsrechnung kann somit als eine Rechnung aufgefaßt werden, die an die zahlungsorientierte Sichtweise des Kapitalwertkriteriums anknüpft.

2.5 Entscheidungsneutrale Periodisierungsrechnung

2.5.1 Der Barwert der Periodisierungsbeträge

Gegenüber der Zahlungsrechnung unterscheidet sich die Periodisierungsrechnung dadurch, daß die Investitionsauszahlung im Investitionszeitpunkt nicht steuermindernd geltend gemacht werden kann. Vielmehr wird sie berücksichtigt, indem zur Ermittlung der steuerlichen Bemessungsgrundlagen die jeweiligen Zahlungsüberschüsse um einen Periodisierungsbetrag gekürzt werden. Es ergeben sich unter diesen Bedingungen folgende Nettozahlungen:

$$(2.22)\quad NZ_t \;=\; Z_t-s_p\cdot(Z_t-P_t)$$

Die auf diese Weise ermittelten Nettozahlungen können nun wiederum verwendet werden, um mit Hilfe der durch Gleichung (2.16) bestimmten Bedingung für Entscheidungsneutralität Besteuerungsmöglichkeiten zu ermitteln, die die ohne Einbezug der Besteuerung ermittelte Rangfolge von Kapitalwerten nicht beeinflussen.[1] Unter Be-

[1] Vgl. hierzu König, R. (1997), S. 135-146.

rücksichtigung der Gleichung (2.22) ist es möglich, die folgende für die Entscheidungsneutralität notwendige Indifferenzbedingung zu formulieren:

$$(2.23)\quad \sum_{t=1}^{T}\frac{Z_t-s_p\cdot(Z_t-P_t)}{\left(1+i\cdot(1-s_z)\right)^t}-Z_0 = (1-s_r)\cdot\sum_{t=0}^{T}\frac{Z_t}{(1+i)^t}$$

Aus dem Zusammenhang, der durch Gleichung (2.23) beschrieben wird, können Bedingungen abgeleitet werden, die der mit dem Nettozins i_s ermittelte Barwert der Periodisierungsbeträge P_t, die zur Ermittlung der Bemessungsgrundlage geltend gemacht werden, erfüllen muß:

$$(2.24)\quad \begin{aligned}\sum_{t=0}^{T}\frac{P_t}{\left(1+i\cdot(1-s_z)\right)^t} &= \frac{1-s_r}{s_p}\cdot\sum_{t=1}^{T}\frac{Z_t}{(1+i)^t}-\frac{1-s_p}{s_p}\cdot\sum_{t=1}^{T}\frac{Z_t}{\left(1+i\cdot(1-s_z)\right)^t}+\frac{s_r}{s_p}\cdot Z_0\\ BWP &= \frac{(1-s_r)\cdot E_0+s_r\cdot Z_0-(1-s_p)\cdot E^{is}}{s_p}\end{aligned}$$

Der Barwert der Periodisierungsbeträge *BWP* besteht aus drei Summanden, die durch den Steuersatz s_p zu dividieren sind, der auf die mittels Periodisierung ermittelten Bemessungsgrundlagen anzuwenden ist. Die drei Summanden sind der Ertragswert der Zahlungsreihe vor Steuern (E_0) gekürzt um den Steuersatz s_r, der die beabsichtigte Kapitalwertminderung bezeichnet, die Investitionsauszahlung Z_0 multipliziert mit dem Steuersatz s_r und der um den Steuersatz s_p gekürzte und mit dem Nettozins i_s ermittelte Ertragswert (E^{is}) der Investitionszahlungsreihe. *König* bezeichnet den mit dem Steuersatz s_p multiplizierten Barwert der Periodisierungsbeträge als Abschreibungsstock.[1] Der Begriff Abschreibungsstock steht damit für den Barwert der Steuerersparnis aus der Verrechnung von Periodisierungsbeträgen. Im folgenden soll an der Untersuchung der Periodisierungsbeträge festgehalten werden.

Einen etwas anschaulicheren Ausdruck für den Barwert der Periodisierungsbeträge bestimmt *Georgi*:[2]

$$(2.25)\quad BWP = \sum_{t=1}^{T}\frac{EWA_t}{\left(1+i\cdot(1-s_z)\right)^t}-KW$$

Danach ist der Barwert der Periodisierungsbeträge durch den Barwert der Ertragswertabschreibungen EWA_t abzüglich des Kapitalwertes der Investition bestimmt. Dabei wird unter der Ertragswertabschreibung die Änderung des Investitionsertragswertes in der betrachteten Periode verstanden. Die Ertragswertabschreibung ist demzufolge durch den Zahlungsmittelzufluß der Periode bestimmt, der über die Verzinsung des Ertragswertes zu Periodenbeginn hinausgeht $(EWA_t=Z_t-i\cdot E_{t-1})$. Wird dieser Zusammen-

---

1) Vgl. König, R. (1997), S. 137.

2) Vgl. Georgi, A. A. (1986), S. 43. Vgl. dazu auch Schwinger, R. (1992), S. 38.

hang in Gleichung (2.25) berücksichtigt und dort erneut für E_{t-1} $\sum_{u=t}^{T} Z_t \cdot \left(1+i_s\right)^{-(u-t+1)}$ eingesetzt, so kann nach einigen Umformungen gezeigt werden, daß die Ergebnisse von *König* und *Georgi* bei identischen Steuersätzen $s=s_p=s_r=s_z$ einander entsprechen:

$$
\begin{aligned}
BWP &= \sum_{t=1}^{T} \frac{Z_t - i \cdot E_{t-1}}{\left(1+i_s\right)^t} - KW \\
&= \frac{Z_1 - \left(\frac{i \cdot Z_1}{(1+i)^1} + \ldots + \frac{i \cdot Z_T}{(1+i)^T}\right)}{\left(1+i_s\right)^1} + \frac{Z_2 - \left(\frac{i \cdot Z_2}{(1+i)^1} + \ldots + \frac{i \cdot Z_T}{(1+i)^{T-1}}\right)}{\left(1+i_s\right)^2} + \ldots \\
&\quad + \frac{Z_T - \frac{i \cdot Z_T}{(1+i)^1}}{\left(1+i_s\right)^T} - KW \\
&= \frac{Z_1}{\left(1+i_s\right)^1} - \frac{i \cdot Z_1 \cdot (1+i)^{-1}}{\left(1+i_s\right)} + \frac{Z_2}{\left(1+i_s\right)^2} - \frac{i \cdot Z_2 \cdot (1+i)^{-1}}{\left(1+i_s\right)^2} - \frac{i \cdot Z_2 \cdot (1+i)^{-2}}{\left(1+i_s\right)^1} \\
&\quad + \ldots + \frac{Z_T}{\left(1+i_s\right)^T} - \frac{i \cdot Z_T \cdot (1+i)^{-1}}{\left(1+i_s\right)^T} - \ldots - \frac{i \cdot Z_T \cdot (1+i)^{-T}}{\left(1+i_s\right)^1} - KW \qquad (2.26) \\
&= \sum_{t=1}^{T} \frac{Z_t}{\left(1+i_s\right)^t} - \sum_{t=1}^{T} \sum_{u=1}^{t} \frac{i \cdot Z_t}{(1+i)^u \cdot \left(1+i_s\right)^{t-u+1}} - KW \\
&= \sum_{t=1}^{T} \frac{Z_t}{\left(1+i_s\right)^t} - i \cdot \sum_{t=1}^{T} \frac{Z_t}{\left(1+i_s\right)^{t+1}} \cdot \sum_{u=1}^{t} \frac{\left(1+i_s\right)^u}{(1+i)^u} - KW \\
&= \sum_{t=1}^{T} \frac{Z_t}{\left(1+i_s\right)^t} - \frac{i}{i-i_s} \sum_{t=1}^{T} \frac{Z_t}{\left(1+i_s\right)^t} \cdot \left(1 - \left(\frac{1+i_s}{1+i}\right)^t\right) - KW \\
&= \sum_{t=1}^{T} \frac{Z_t}{\left(1+i_s\right)^t} - \frac{1}{s} \cdot \left(\sum_{t=1}^{T} \frac{Z_t}{\left(1+i_s\right)^t} + \sum_{t=1}^{T} \frac{Z_t}{(1+i)^t}\right) - KW \\
&= E^{is} - \frac{1}{s} \cdot \left(E^{is} - E_0\right) - E_0 + Z_0
\end{aligned}
$$

Der Unterschied in der formalen Darstellungsweise besteht lediglich darin, daß es die von *König* gewählte Vorgehensweise ermöglicht, den Barwert der Periodisierungsbeträge zu berechnen, ohne zuvor Ertragswertabschreibungen zu bestimmen.

Für die Untersuchung des Barwertes der Periodisierungsbeträge bietet es sich wiederum an, nach einer Steuerbefreiung von Zinsen und einer Steuerpflicht für Zinsen zu differenzieren. Sind Zinsen nicht steuerpflichtig ($s_z=0$), so reduziert sich der Barwert der Periodisierungsbeträge auf:

(2.27) $$BWP = \frac{s_r \cdot Z_0 + (s_p - s_r) \cdot E_0}{s_p}$$

Gleichen sich die Steuersätze s_p und s_r, so ist der Barwert der Periodisierungsbeträge bei steuerbefreiten Zinsen durch die Investitionsauszahlung Z_0 bestimmt. Im Rahmen der Periodisierungsrechnung muß der Barwert der verrechneten Periodisierungsbeträge der Investitionsauszahlung entsprechen.

Unterliegen Zinsen hingegen der Besteuerung, so ist das Verständnis des Barwertes der Periodisierungsbeträge nicht so einfach. Werden nur Zinsen besteuert $(s_r=0)$, so reduziert sich der Barwert der Periodisierungsbeträge zu:

(2.28) $$BWP = E^{is} - \frac{E^{is} - E_0}{s_p}$$

Ein Blick auf die Umformungen in Gleichung (2.26) zeigt, daß dieser Betrag genau dem Barwert der Ertragswertabschreibungen entspricht. Wird der Periodisierungsbarwert aus (2.28) in das Kapitalwertkalkül der Periodisierungsrechnung (2.23) eingesetzt, so zeigt sich, daß der Ertragswert der Zahlungsreihe vor Steuern E_0 ihrem Ertragswert nach Steuern E^s gleicht:

(2.29) $$\begin{aligned} E^s &= \sum_{t=1}^{T} \frac{Z_t - s_p \cdot (Z_t - P_t)}{(1+i_s)^t} \\ &= E^{is} - s_p \cdot E^{is} + s_p \cdot BWP \\ &= E_0 \end{aligned}$$

Ein Besteuerungsmodell, daß die Besteuerung der laufenden Verzinsung des Ertragswertes vorsieht, wird als Besteuerung des ökonomischen Gewinns bezeichnet.[1)]

Wird neben der Besteuerung der Zinsen auch eine Besteuerung der Kapitalwerte beabsichtigt ($s_r > 0$), so können nur einige Eigenschaften des Barwertes der Periodisierungsbeträge beschrieben werden. Für diesen Fall ist zunächst festzuhalten, daß dieser Barwert kleiner ist als die Investitionsauszahlung, wenn identische Steuersätze vorliegen.[2)] Weitere Eigenschaften des Barwertes der Periodisierungsbeträge sollen im folgenden untersucht werden. Dabei wird insbesondere auf eine Änderung des Ertragswertes der Investition und auf eine Änderung der Steuersätze eingegangen.

Die Abbildung einer Änderung des Ertragswertes kann erfolgen, indem untersucht wird, in welchem Umfang sich der Barwert der Periodisierungsbeträge verändert, wenn sich eine beliebige Zahlung der Investitionszahlungsreihe erhöht. Verändern sich alle anderen Zahlungsüberschüsse nicht, so ist die Erhöhung eines beliebigen Zahlungs-

---

1) Vgl. z.B. Schneider, D. (1992), S. 218-229.

2) Die Investitionsanreizwirkungen, die sich ergeben, wenn der Barwert der Periodisierungsbeträge kleiner ist als die Investitionsauszahlung, waren Ausgangspunkt der Überlegungen von *Brown* in seinem Aufsatz „Business-Income Taxation and Investment Incentives", der als grundlegender Beitrag zur Cash-flow-Besteuerung gilt. Vgl. Brown, E. C. (1948), S. 302-309.

überschusses gleichbedeutend mit einer Erhöhung des Ertragswertes und damit auch des Kapitalwertes der Investition. Der Einfluß dieser Änderung auf den Barwert der Periodisierungsbeträge kann ermittelt werden, indem der Barwert der Periodisierungsbeträge nach dem zu erhöhenden Zahlungsüberschuß der Periode u differenziert wird:

$$\text{(2.30)} \quad \frac{\partial BWP}{\partial Z_{t=u}} = \frac{1}{s_p} \cdot \left(\frac{1-s_r}{(1+i)^u} - \frac{1-s_p}{\left(1+i\cdot(1-s_z)\right)^u} \right)$$

Die Ableitung des Barwertes der Periodisierungsbeträge nach der Zahlung einer beliebigen Periode u ist negativ, wenn die Steuersätze s_r und s_p nicht zu weit auseinander liegen. Mit steigendem Kapitalwert verringert sich somit der Barwert der Periodisierungsbeträge. Dieses Ergebnis ist auf den bereits für die Zahlungsrechnung herausgearbeiteten progressiven Charakter einer Zinsbesteuerung im Investitionskalkül zurückzuführen. Bei einer Besteuerung von Zinsen genügt es nicht, den aus dem Zahlungsüberschuß der Periode isolierten Rentenanteil um den proportionalen Steuersatz zu kürzen. Vielmehr muß sicher gestellt sein, daß auch der Rentenanteil über die Zeit nur mit dem Nettozins i_s gewachsen ist. Während dies in der Zahlungsrechnung durch den progressiven Steuersatz erreicht wird, ergibt sich hier die progressive Wirkung durch eine Verringerung der Periodisierungsbeträge.

Den Einfluß einer Änderung der Steuersätze s_r und s_p auf den Barwert der Periodisierungsbeträge zeigt die folgende Übersicht:

$$\text{(2.31)} \quad \begin{aligned} \frac{\partial BWP}{\partial s_r} &= -\frac{E_0 - Z_0}{s_p} \\ \frac{\partial BWP}{\partial s_p} &= \frac{E^{is} + s_r\left(E_0 - Z_0\right) - E_0}{s_p^2} \end{aligned}$$

Eine beabsichtigte stärkere Kürzung der Kapitalwerte durch eine Erhöhung des Steuersatzes s_r führt zu einer Verringerung des Barwertes der Periodisierungsbeträge, was wiederum auf dem Erfordernis beruht, daß die Rentenanteile über die Zeit nur zum Nettozins i_s wachsen dürfen. Demgegenüber führt eine Erhöhung des auf die Periodisierungsbeträge anzuwendenden Steuersatzes s_p zu einer Erhöhung des Barwertes der Periodisierungsbeträge. Der höhere Steuersatz wird hier durch niedrigere Bemessungsgrundlagen kompensiert, da sich am Ausmaß der durch die Besteuerung beabsichtigten Kapitalwertkürzung nichts ändert.

Für den Blick auf die Auswirkungen einer Änderung des Steuersatzes auf Zinsen wird eine etwas allgemeinere Formulierung gewählt, um mögliche Reaktionen auf eine Änderung der steuerlichen Belastung von Zinsen einbeziehen zu können. Hierzu wird unterstellt, daß der Diskontfaktor i_s, mit dem die Nettozahlungen diskontiert werden, eine Funktion von s_z ist:

$$\text{(2.32)} \quad i_s = i_s\left(s_z\right)$$

Die Ableitung des Barwertes der Periodisierungsbeträge lautet in diesem Fall:

$$(2.33)\quad \frac{\partial BWP}{\partial s_z} = \frac{1-s_p}{s_p}\cdot\frac{\partial i_s(s_z)}{\partial s_z}\cdot\sum_{t=1}^{T}\frac{Z_t\cdot t}{\left(1+i_s(s_z)\right)^{t+1}}$$

Ändert sich der Diskontierungszins i_s durch die Variation des Steuersatzes auf Zinsen nicht, ist die Ableitung von i_s nach dem Steuersatz s_z mithin null, so ändert sich auch der Barwert der Periodisierungsbeträge nicht. Beträgt der Diskontierungszinssatz hingegen $i\cdot(1-s_z)$, so daß sich die Erhöhung auf den Diskontierungszins auswirkt, so lautet die Ableitung des Diskontierungszinses nach dem Steuersatz s_z $-i$. Der Barwert der Periodisierungsbeträge muß sinken, um die entscheidungsneutrale Investitionsbesteuerung zu gewährleisten. Die beiden Extreme in der Abbildung der Konsequenzen einer Änderung des Steuersatzes auf Zinsen gehen von unterschiedlichen Prämissen aus, wie die Änderungen der Zinsbesteuerung auf dem Kapitalmarkt wirken. Während im ersten Fall unterstellt wird, daß die Erhöhung vollständig zu Lasten derjenigen geht, die Finanzierungsmittel aufnehmen, und es somit zu einer Erhöhung des Marktzinses um die zusätzliche Steuerbelastung kommt, geht die Argumentation im zweiten Fall davon aus, daß der Marktzins sich durch die Steuersatzänderung nicht verändert, so daß die Steuererhöhung vollständig von den Kapitalanbietern getragen wird.

Die Analyse der Wirkungen von Steuersatzvariationen soll durch einen Blick auf die Ableitung des Barwertes der Periodisierungsbeträge nach dem Steuersatz für den Fall, daß alle Steuersätze identisch sind, abgeschlossen werden. Die Ableitung lautet dann:

$$(2.34)\quad \frac{\partial BWP}{\partial s} = \frac{1}{s^2}\cdot\left(\sum_{t=1}^{T}\left[Z_t\cdot\left(\frac{1}{\left(1+i_s(s)\right)^t}-\frac{1}{(1+i)^t}+\frac{\partial i_s(s)}{\partial s}\cdot\frac{(1-s)\cdot s\cdot t}{\left(1+i_s(s)\right)^{t+1}}\right)\right]\right)$$

Gleichung (2.34) zeigt, daß die Variation des Steuersatzes in der Regel zu einem steigenden Barwert der Periodisierungsbeträge führen dürfte. Dies gilt zunächst, solange die Ableitung des Diskontierungszinssatzes nach dem Steuersatz gleich null ist. Aber selbst wenn diese Ableitung kleiner als null ist, entspricht sie doch maximal $-i$. In diesem Fall müßte ein Großteil der Zahlungsüberschüsse sehr spät anfallen oder in frühen Perioden müßten zusätzlich negative Zahlungsüberschüsse auftreten, damit sich eine Umkehrung des Vorzeichens der Ableitung des Barwertes der Periodisierungsbeträge ergibt. Die Erhöhung des Barwertes der Periodisierungsbeträge bei einer Zunahme der Steuersätze beruht darauf, daß die Veränderung des Kapitalwertes durch die Kürzung der Zahlungsüberschüsse und des Diskontierungszinssatzes durch die Steuersatzerhöhung zu groß ausfällt. Die Steuerzahlungen müssen daher über die Periodisierungsbeträge angepaßt werden, damit die proportionale Kürzung des Kapitalwertes um den Steuersatz erhalten bleibt.

2.5.2 Die Verteilung des Barwertes der Periodisierungsbeträge

Da im Fall der Periodisierungsrechnung nur Aussagen über den Barwert der Periodisierungsbeträge getroffen werden können und insofern keine direkten Steuerzahlungen abgeleitet werden können, müssen zusätzlich Aussagen darüber getroffen werden, wie der Barwert der Periodisierungsbeträge auf die einzelnen Perioden aufzuteilen ist. Dabei ist zunächst festzuhalten, daß der Zeithorizont für die Periodisierung nicht mit dem Zeitraum, über den Zahlungsüberschüsse aus der Investition erzielt werden, übereinstimmen muß. Eine einfache Lösung für die Verteilung der Periodisierungsbeträge wäre insoweit z.B. eine lineare Verteilung des Barwertes auf den Zeitraum, der für die Periodisierung vorgesehen ist. Stimmt dieser Zeitraum mit der Dauer des Zeitraumes überein, in dem Zahlungsüberschüsse aus der Investition fließen, so kann der Periodisierungsbetrag wie folgt ermittelt werden:

$$(2.35)\quad P \;=\; \frac{i\cdot\left(1-s_z\right)\cdot BWP\cdot\left(1+i\cdot\left(1-s_z\right)\right)^T}{\left(1+i\cdot\left(1-s_z\right)\right)^T-1}$$

Weicht die Anzahl der Perioden, in denen es zur Verrechnung von Periodisierungsbeträgen kommen soll, von der Anzahl der Perioden ab, in denen Zahlungsüberschüsse aus der Investition erzielt werden, so ist T in Gleichung (2.35) durch die entsprechende Periodenanzahl zu ersetzen.

Einen allgemeineren Ansatz für die Verteilung der Periodisierungsbeträge hat *König* formuliert.[1)] Danach kann in jeder Periode ein Anteil von c_t am Barwert der Periodisierungsbeträge verrechnet werden. Zusätzlich ist auf den jeweils zu Periodenbeginn noch vorhandenen Rest vom Barwert der Periodisierungsbeträge eine mit dem Zinssatz i_s ermittelte kalkulatorische Verzinsung zu verrechnen, so daß sich folgende Periodisierungsbeträge ergeben:

$$(2.36)\quad P_t \;=\; \left(c_t+i_s\right)\cdot BWP\cdot\prod_{u=1}^{t-1}\left(1-c_u\right)$$

Der Barwert der so ermittelten Periodisierungsbeträge entspricht genau dann dem erforderlichen Barwert, wenn es ein c_t in Höhe von eins gibt. Die Dauer der Periodisierung ist in diesem Fall durch den Zeitraum bis zu dem Zeitpunkt bestimmt, für den c_T gleich eins gilt.[2)] Daß der Barwert der Periodisierungsbeträge genau dem zuvor für eine entscheidungsneutrale Periodisierung bestimmten Betrag entspricht, kann durch Diskontierung der jeweiligen Periodisierungsbeträge ermittelt werden:[3)]

1) Vgl. König, R. (1997), S. 138. Vgl. dazu auch Boadway, R./ Bruce, N. (1984), S. 234-235.

2) Jenseits von T werden keine Periodisierungsbeträge mehr verrechnet, da $\prod_{u=1}^{t-1}\left(1-c_u\right)=0$ für $t>T$ und $c_T=1$.

3) Vgl. dazu auch Sinn, H.-W. (1985), S. 127 und im Zusammenhang mit der Abbildung von Fremdfinanzierungsmaßnahmen in Investitionskalkülen Schneider, D. (1969), S. 308-313 und Swoboda, P. (1970), S. 77-79.

(2.37)

$$BWP = \sum_{t=1}^{T-1} \frac{(c_t+i_s)\cdot BWP\cdot\prod_{u=1}^{t-1}(1-c_u)}{(1+i_s)^t} + \frac{(1+i_s)\cdot BWP\cdot\prod_{u=1}^{T-1}(1-c_u)}{(1+i_s)^T}$$

$$\Leftrightarrow \quad 1 = \frac{c_1+i_s}{1+i_s} + \frac{(c_2+i_s)\cdot(1-c_1)}{(1+i_s)^2} + \ldots + \frac{(c_{T-1}+i_s)\cdot\prod_{u=1}^{T-2}(1-c_u)}{(1+i_s)^{T-1}} + \frac{\prod_{u=1}^{T-1}(1-c_u)}{(1+i_s)^{T-1}}$$

$$= \frac{c_1+i_s}{1+i_s} + \frac{(c_2+i_s)\cdot(1-c_1)}{(1+i_s)^2} + \ldots + \frac{(c_{T-1}+i_s+1-c_{T-1})\cdot\prod_{u=1}^{T-2}(1-c_u)}{(1+i_s)^{T-1}}$$

$$= \frac{c_1+i_s}{1+i_s} + \frac{(c_2+i_s)\cdot(1-c_1)}{(1+i_s)^2} + \ldots + \frac{(c_{T-2}+i_s)\cdot\prod_{u=1}^{T-3}(1-c_u)}{(1+i_s)^{T-2}} + \frac{\prod_{u=1}^{T-2}(1-c_u)}{(1+i_s)^{T-2}}$$

$$\vdots \qquad\qquad \vdots$$

$$= \frac{c_1+i_s}{1+i_s} + \frac{(1+i_s)\cdot(1-c_1)}{(1+i_s)^2}$$

$$= 1$$

Im Rahmen der Ermittlung der Periodisierungsbeträge wirkt die Berücksichtigung kalkulatorischer Zinsen als Ausgleich, der dafür sorgt, daß die Wahl der jeweiligen c_t und damit der Abschreibungsverläufe beliebig ist.[1)] Es muß nur in einer frei wählbaren Periode die vollständige Verrechnung des bisher noch nicht verrechneten Barwertes der Periodisierungsbeträge möglich sein. Die Höhe des zu verrechnenden Zinssatzes richtet sich danach, ob im betrachteten Modell Zinsen der Besteuerung unterliegen oder nicht. Werden Zinsen besteuert, so beträgt der Zinssatz $i\cdot(1-s_z)$, während in einem Modell, daß auf die Zinsbesteuerung verzichtet, der kalkulatorische Zinssatz i beträgt. Das Modell einer Periodisierungsrechnung bei gleichzeitiger Steuerbefreiung von Zinsen wird auch als zinskorrigierte oder zinsbereinigte Einkommensteuer bezeichnet.[2)]

Das Ergebnis verdeutlicht, daß im Rahmen einer Periodisierungsrechnung keine eindeutigen Vorgaben hinsichtlich des Verlaufes der Periodisierung gemacht werden können. Die einzelnen c_t sind auch in ihrem Wertebereich nicht auf das Intervall zwischen null und eins beschränkt.

Die folgenden Beispiele fassen die Ergebnisse zur entscheidungsneutralen Periodisierungsrechnung zusammen:

---

1) Das Ergebnis ergibt sich wiederum aus dem Lücke-Theorem: Lücke, W. (1955).

2) Vgl. Wenger E. (1983), S. 227-230, Rose, M. (1991), S. 210.

Zeit	Kapitalwerte	0	1	2	3
Z_t	13,62	-300,00	110,00	115,25	120,76
Lineare Verteilung des Abschreibungsbarwertes					
BWP_t		300,00	204,84	104,92	0,00
P_t^L			110,16	110,16	110,16
BMG_t			-0,16	5,09	10,60
S_t			-0,05	1,53	3,18
NZ_t	9,53	-300,00	110,05	113,72	117,58
Beliebige Verteilung des Abschreibungsbarwertes					
BWP_t		300,00	210,00	110,25	0,00
c_t			0,30	0,48	1,00
P_t			105,00	110,25	115,76
BMG_t			5,00	5,00	5,00
S_t			1,50	1,50	1,50
NZ_t	9,53	-300,00	108,50	113,75	119,26
$i=i_s=5,0\%$, $s_p=s_r=30,0\%$, $s_z=0,0\%$					

Abbildung 2.4: Entscheidungsneutrale Periodisierungsrechnung (keine Zinsbesteuerung)

Zeit	Kapitalwerte	0	1	2	3
Z_t	13,62	-300,00	110,00	115,25	120,76
BWP_t		278,60	193,09	103,30	9,02
Lineare Verteilung des Abschreibungsbarwertes					
P_t^L			99,44	99,44	99,44
BMG_t			10,56	15,81	21,32
S_t			3,17	4,74	6,40
NZ_t	9,53	-300,00	106,83	110,51	114,37
Beliebige Verteilung des Abschreibungsbarwertes					
BWP_t		278,60	194,12	101,44	0,00
c_t			0,30	0,48	1,00
P_t			94,23	99,48	104,99
BMG_t			15,77	15,77	15,77
S_t			4,73	4,73	4,73
NZ_t	9,53	-300,00	105,27	110,52	116,03
$i=5,0\%$, $i_s=3,5\%$, $s_p=s_r=s_z=30,0\%$					

Abbildung 2.5: Entscheidungsneutrale Periodisierungsrechnung (Zinsbesteuerung)

Abbildung 2.4 zeigt für einen konstanten und für einen beliebig gewählten Periodisierungsverlauf die Ergebnisse einer Periodisierungsrechnung, bei der lediglich die Kapitalwerte besteuert werden. In Abbildung 2.5 sind die entsprechenden Ergebnisse für den Fall einer Besteuerung von Zinsen und Kapitalwerten dargestellt. Wie aus den Abbildungen ersichtlich, ergeben sich jeweils Kapitalwerte nach Steuern, die um den Steuersatz s_r in Höhe von 30% gekürzt sind. Während im Fall eines Verzichtes auf die Zinsbesteuerung dieser Kapitalwert durch eine Diskontierung mit dem Bruttozins in Höhe von 5% ermittelt wird, erfolgt die Diskontierung im Modell mit Zinsbesteuerung mit dem Nettozins. Die Identität der Kapitalwerte wird durch die unterschiedlichen Periodisierungsbeträge erreicht. Im Beispiel beträgt die Summe der Periodisierungsbeträge bei einem Verzicht auf die Zinsbesteuerung 330,48 bei konstanten Periodisierungen bzw. 331,01 bei der gewählten Periodisierung. Die entsprechenden Werte im Modell unter Berücksichtigung der Zinsbesteuerung betragen 298,32 bzw. 298,72.

Werden die Ergebnisse zur Periodisierungsrechnung mit der vermögensorientierten Sicht des Kapitalwertes verglichen, so kann die Zusammensetzung der Nettozahlungen zunächst folgendermaßen dargestellt werden:

$$(2.38)\quad NZ_t \;=\; i\cdot\left(1-s_z\right)\cdot KB_{t-1}+R_t\cdot\left(1-s_r\right)\cdot\left(1-\frac{i\cdot s_z}{1+i}\right)^t+TA_t$$

Die Nettozahlung setzt sich danach zusammen aus:

- der Nettoverzinsung des Anteiles an der Investitionsauszahlung, der als noch nicht zurückgezahlt gilt,
- dem Rentenanteil gekürzt um den Steuersatz auf den Kapitalwert s_r und gekürzt um den effektiven Steuersatz auf Zinsen, der sicherstellt, daß der Kapitalwert zum Nettozins wächst,
- der Kapitalrückzahlung.

Unter Verwendung der Gleichung (2.9) auf S. 11, die die Zusammensetzung des Zahlungsüberschusses für die vermögensorientierte Sichtweise angibt, und unter Beachtung der Definition der Nettozahlung in Gleichung (2.22) auf S. 17 kann mit Hilfe von Gleichung (2.38) die Zusammensetzung des Periodisierungsbetrages ermittelt werden:

$$(2.39)\quad \begin{aligned} NZ_t &= \left(1-s_p\right)\cdot Z_t+s_p\cdot P_t \\ P_t &= KB_{t-1}\cdot i\cdot\frac{s_p-s_z}{s_p}+R_t\cdot\left(\frac{1-s_r}{s_p}\cdot\left(1-\frac{i\cdot s_z}{1+i}\right)^t-\frac{1-s_p}{s_p}\right)+TA_t \end{aligned}$$

Für s_z gleich null und damit für einen Verzicht auf die Besteuerung von Zinsen vereinfacht sich Gleichung (2.39) zu:

$$(2.40)\quad P_t \;=\; KB_{t-1}\cdot i+R_t\cdot\frac{s_p-s_r}{s_p}+TA_t$$

Entspricht der Steuersatz s_p dem Steuersatz s_r, so ergibt sich ein Periodisierungsbetrag in Höhe der Verzinsung auf den zu Periodenbeginn noch nicht als zurückgeflossen geltenden Anteil an der Investitionsauszahlung zuzüglich des in der Periode t zufließenden Anteiles an der Investitionsauszahlung. Dies ist die Periodisierungsregel, die der zinsbereinigten Gewinnermittlung zugrunde liegt.[1]

Ist s_z größer als null und entspricht dieser Steuersatz dem Steuersatz s_p, so ergeben sich für s_r gleich null die folgenden Periodisierungsbeträge:

$$(2.41)\quad P_t = R_t \cdot \left(\frac{1}{s_p} \cdot \left(1 - \frac{i \cdot s_z}{1+i} \right)^t - \frac{1-s_p}{s_p} \right) + TA_t$$

Diese Beträge sind erst für große t kleiner als der in Periode t zurückfließende Anteil an der Investitionsauszahlung TA_t. Entspricht zusätzlich der Steuersatz s_r den Steuersätzen s_p und s_z, so können in jedem Fall Periodisierungsbeträge ermittelt werden, die geringer sind als der Kapitalrückzahlungsanteil der Periode:

$$(2.42)\quad P_t = TA_t - R_t \cdot \frac{1-s_p}{s_p} \cdot \left(1 - \left(1 - \frac{i \cdot s_z}{1+i} \right)^t \right)$$

Die Summe der Periodisierungsbeträge unterschreitet dementsprechend die Investitionsauszahlung. Dieser Zusammenhang ist auch dem Beispiel in Abbildung 2.5 auf S. 25 zu entnehmen.

2.5.3 Periodisierungsrechnung und Steuerparadoxon

In den Fällen, in denen die Bemessungsgrundlage durch eine Periodisierungsrechnung ermittelt wird, können Periodisierungsregeln, die die zuvor dargestellten Neutralitätsbedingungen nicht erfüllen, die relative Vorteilhaftigkeit von Investitionsprojekten nach Steuern verändern. Das Ausmaß in den Rangfolgeverschiebungen kann bei steigenden Steuersätzen zunehmen, wenn die steigenden Steuersätze nicht zu einer Änderung des Kapitalmarktzinses vor Steuern führen. Steigt der Kapitalwert nach Steuern nach einer Erhöhung des Steuersatzes, so wird vom Steuerparadoxon gesprochen.[2] Bedingungen für das Auftreten des Steuerparadoxons können in einem allgemeinen Kapitalwertmodell gefunden werden, das die Besteuerung berücksichtigt.[3] Hierfür wird unterstellt, daß auf die beliebig zu ermittelnde und von den Zahlungsüberschüssen abweichende Steuerbemessungsgrundlage ein Steuersatz von s angewendet wird, der auch die Alternativanlage in Form von Zinserträgen einer Kapitalmarktanlage trifft. In diesem Fall kann der Kapitalwert nach Steuern folgendermaßen beschrieben werden:

---

1) Vgl. z.B. Wenger, E. (1985a), S. 717 in Verbindung mit S. 723 und Kiesewetter, D. (1997), S. 27-28.

2) Vgl. Schneider, D. (1992), S. 246-250.

3) Vgl. zu einem ähnlichen Ansatz Kruschwitz, L./ Schäfer, D./ Jeromin, A. (1995), S. 1006-1009.

(2.43) $$KW^s = \sum_{t=0}^{T} \frac{Z_t - s \cdot BMG_t}{\left(1+i\cdot(1-s)\right)^t}$$

Die Kapitalwertänderung durch eine Erhöhung des Steuersatz s kann ermittelt werden, indem der Kapitalwert nach Steuern nach dem Steuersatz s differenziert wird:[1)]

(2.44) $$\frac{\partial KW^s}{\partial s} = \sum_{t=1}^{T} \frac{t\cdot i\cdot Z_t - \left(1+i\cdot\left(1+s\cdot(t-1)\right)\right)\cdot BMG_t}{\left(1+i\cdot(1-s)\right)^{t+1}}$$

Ein steigender Kapitalwert nach Steuern kann genau dann beobachtet werden, wenn die Ableitung des Kapitalwertes nach Steuern nach dem Steuersatz größer als null ist. Nun ist aus der Bedingung (2.44) nicht unmittelbar ersichtlich, wann die Ableitung des Kapitalwertes nach Steuern nach dem Steuersatz größer als null ist. Allenfalls können tendenzielle Aussagen getroffen werden, indem unterstellt wird, daß es einen Zusammenhang zwischen der Bemessungsgrundlage und dem Zahlungsüberschuß einer Periode gibt. Wird unterstellt, daß für jede Periode ein Verhältnis ζ_t aus Bemessungsgrundlage und Zahlungsüberschuß gebildet werden kann, so kann Gleichung (2.44) wie folgt verändert werden:

(2.45) $$\frac{\partial KW^s}{\partial s} = \sum_{t=1}^{T} \frac{Z_t\cdot\left(t\cdot i - \left(1+i\cdot\left(1+s\cdot(t-1)\right)\right)\cdot\zeta_t\right)}{\left(1+i\cdot(1-s)\right)^{t+1}} > 0$$

Aus Gleichung (2.45) kann eine Folge von ζ_t ermittelt werden, die garantiert, daß die Ableitung des Kapitalwertes nach dem Steuersatz größer als null ist und es somit zum Steuerparadoxon kommt. Für die Ermittlung muß jeweils differenziert werden, ob der Zahlungsüberschuß der Periode kleiner oder größer als null ist, so daß folgende Bedingungen gelten müssen, damit der Zähler der Ableitung des Kapitalwertes nach dem Steuersatz jeweils positiv ist:

(2.46) $$\begin{aligned} Z_t<0 &\Rightarrow t\cdot i - \left(1+i\cdot\left(1+s\cdot(t-1)\right)\right)\cdot\zeta_t \leqslant 0 \Leftrightarrow \zeta_t \geqslant \frac{t\cdot i}{1+i\cdot\left(1+s\cdot(t-1)\right)} \\ Z_t>0 &\Rightarrow t\cdot i - \left(1+i\cdot\left(1+s\cdot(t-1)\right)\right)\cdot\zeta_t \geqslant 0 \Leftrightarrow \zeta_t \leqslant \frac{t\cdot i}{1+i\cdot\left(1+s\cdot(t-1)\right)} \end{aligned}$$

Es ist zu beachten, daß die Bedingungen aus Gleichung (2.46) in jeder Periode erfüllt sein müssen. Sind sie nicht in allen Perioden erfüllt, so können keine allgemeinen Aussagen getroffen werden, da sich einzelne Über- und Unterschreitungen des Verhältnisses aus Steuerbemessungsgrundlage und Zahlungsüberschuß im Zeitablauf im Barwert kompensieren können. Für diesen Fall sind die Bedingungen, unter denen es zum Steuerparadoxon kommt, nicht mehr unabhängig von der jeweiligen Höhe der Zahlungs-

1) Es wird unterstellt, daß die Bemessungsgrundlage im Zeitpunkt $t=0$ null beträgt, so daß die in diesem Zeitpunkt erfolgende Investitionsauszahlung keinen Einfluß auf die Ableitung des Kapitalwertes nimmt.

überschüsse. Die folgende Tabelle gibt für ausgewählte Perioden die Schwellenwerte für das Verhältnis aus Bemessungsgrundlage und Zahlungsüberschuß an. Dabei sind die einzelnen Prozentangaben so zu lesen, daß bei einem negativen Zahlungsüberschuß das Verhältnis beider Größen mindestens dem angegebenen Wert entsprechen muß, während bei einem positiven Zahlungsüberschuß die Bemessungsgrundlage höchstens dem angegebenen Anteil am Zahlungsüberschuß entsprechen darf:

	ζ_t			
	i=5,0%		i=10,0%	
t	s=30,0%	s=50,0%	s=30,0%	s=50,0%
1	4,76%	4,76%	9,09%	9,09%
5	22,52%	21,74%	40,98%	38,46%
10	42,19%	39,22%	72,99%	64,52%
15	59,52%	53,57%	98,68%	83,33%
20	74,91%	65,57%	119,76%	97,56%

Abbildung 2.6: Verhältnisse von Bemessungsgrundlage und Zahlungsstrom, für die das Steuerparadoxon auftritt

Wie die Abbildung 2.6 zeigt, ergibt sich das Steuerparadoxon, wenn die Bemessungsgrundlage der Investition einen im Zeitablauf steigenden Anteil an den Zahlungsüberschüssen ausmacht. Die jeweiligen Anteile, die nicht über- bzw. unterschritten werden dürfen, steigen mit dem Zinssatz. Bei gegebenem Zinssatz sinken sie mit steigendem Steuersatz. Sind die auf die Investitionsauszahlung folgenden Zahlungsüberschüsse ausschließlich positiv, so kommt es zum Steuerparadoxon, wenn die Bemessungsgrundlage in den ersten Perioden im Vergleich zum Zahlungsüberschuß gering ausfällt. Ist die Summe der verrechenbaren Periodisierungsbeträge im Rahmen einer Periodisierungsrechnung an die Investitionsauszahlung geknüpft, so sinkt die Wahrscheinlichkeit für das Auftreten des Steuerparadoxons mit zunehmendem Kapitalwert der Investition, da in diesem Fall in den ersten Perioden eine Überschreitung der kritischen Verhältnisse aus Bemessungsgrundlage und Zahlungsüberschuß zu erwarten ist, die im späteren Verlauf kaum kompensiert werden kann.

2.6 Schlußfolgerungen aus den Modellen zur entscheidungsneutralen Investitionsbesteuerung

Durch die Integration möglicher Besteuerungsformen in das Kapitalwertmodell konnten unterschiedliche Modelle entscheidungsneutraler Investitionsbesteuerung hergeleitet werden. Für die Ermittlung der Steuerschuld wurde dabei nach Zahlungs- und Periodisierungsrechnungen differenziert. Hinsichtlich des Ausmaßes der Besteuerung war des weiteren zu unterscheiden, ob Zinsen der Besteuerung unterliegen oder nicht.

Ein Blick auf die Modellergebnisse zeigt, daß die jeweils weniger komplexen Besteuerungssysteme entstehen, wenn auf eine Besteuerung der Zinsen verzichtet wird.

Wird eine Zahlungsrechnung zur Ermittlung der Steuerschuld vorgenommen, so ist bei einem Verzicht auf die Zinsbesteuerung die Steuerzahlung (-erstattung) durch das Produkt aus Zahlungsüberschuß (Auszahlungsüberschuß) und dem Steuersatz bestimmt. Bei der Periodisierungsrechnung setzt sich der jeweilige Periodisierungsbetrag aus einem Anteil an der Investitionsauszahlung zuzüglich einer kalkulatorischen Verzinsung auf den bisher noch nicht steuermindernd geltend gemachten Anteil an der Investitionsauszahlung zusammen. Die geringere Komplexität dieser Besteuerungsregeln besteht nun insbesondere darin, daß diese Regeln nur auf Informationen zurückgreifen, die im Zeitpunkt der Besteuerung bekannt sind. Im Fall der Zahlungsüberschußrechnung ist das der Zahlungssaldo des Besteuerungszeitraums, während bei der Periodisierungsrechnung neben dem Zahlungsüberschuß zusätzlich der Anteil der Investitionsauszahlung bekannt sein muß, der bisher im Rahmen der steuerlichen Periodisierungen noch nicht geltend gemacht wurde.

Demgegenüber ist eine entscheidungsneutrale Periodisierungsrechnung in einem Steuersystem, das die Zinsen der Besteuerung unterwirft, nur dann möglich, wenn Informationen über den zukünftigen Zahlungsverlauf vorliegen, damit der Barwert der Periodisierungsbeträge ermittelt werden kann. In den Modellüberlegungen war dies freilich durch die Annahme einer Modellwelt unter Sicherheit unterstellt. Für eine Übertragung der Ergebnisse in ein konkretes Besteuerungsmodell ergeben sich daraus Anhaltspunkte dafür, daß eine entscheidungsneutrale Investitionsbesteuerung in einem Modell, das eine Besteuerung von Zinsen vorsieht, größeren Übertragungsschwierigkeiten ausgesetzt sein dürfte als in Modellen, die keine Besteuerung von Zinsen vorsehen. Soll auf die Zinsbesteuerung nicht verzichtet werden, so könnte in einer Zahlungsrechnung eine mögliche Lösung gesehen werden, da hier Informationen über zukünftige Zahlungsüberschüsse für die Steuerbemessung in den einzelnen Zeitpunkten nicht zur Verfügung stehen müssen.[1] Die Steuerzahlung ist allein durch den Zinssatz, den Zahlungszeitpunkt und die Steuersätze bestimmt. Allerdings ergibt sich hier nunmehr das Problem, den Zahlungszeitpunkt zu konkretisieren.[2] Hintergrund dieses Problems ist das Fehlen von Kriterien, die darüber entscheiden, zu welchem Zeitpunkt der in der Ermittlungsvorschrift für die Steuerzahlung enthaltenen Zeitindex den Wert null annimmt.[3] Für die Modellierung wurde stillschweigend vorausgesetzt, daß es einen eindeutigen Zeitpunkt für die Investitionsauszahlung gibt und daß dieser Zeitpunkt auch den Termin markiert, an dem der Zeitindex in der Ermittlungsvorschrift null zu setzen ist. Wird aber an der Definition festgehalten, daß neben der Verzinsung der überlassenen Zahlungsmittel auch die Verzinsung des Kapitalwertes um den Steuersatz auf Zinsen zu kürzen ist, so stellt sich die Frage, weshalb die Verzinsung des Kapital-

[1] Vgl. auch König, R. (1997), S. 162-167 im Zusammenhang mit Überlegungen zur Unsicherheit.

[2] Vgl. Schwinger, R. (1992), S. 94.

[3] Vgl. Wenger, E. (1999), S. 50-55.

wertes bis zum Zeitpunkt der Durchführung der Investition, mit der der Kapitalwert verbunden ist, von der Steuer befreit bleibt.[1)]

Wenn es für die Steuerbefreiung der Verzinsung des Kapitalwertes bis zum Zeitpunkt der Investitionsdurchführung keine Rechtfertigung gibt, so findet das Modell erst wieder Halt, wenn der Zeitpunkt $t = 0$, von dem die Besteuerung ausgeht, in die unendliche Vergangenheit verlegt wird. Erst in diesem Zeitpunkt verschwindet der Kapitalwert einer Investition, so daß sein Auftreten auf diesen Zeitpunkt zu terminieren ist. An den Gleichungen (2.19) auf S. 16 und (2.38) auf S. 26 können die Konsequenzen aufgezeigt werden, die sich aus einer derartigen Normierung des Zeitindex ergeben: Es kommt zu einer Besteuerung der Kapitalwerte in Höhe von 100%. Bei der Zahlungsrechnung nach Gleichung (2.19) würde jeweils die Investitionsauszahlung sofort erstattet, während alle folgenden Zahlungsüberschüsse vollständig für die Steuerzahlung zu verwenden wären. Die die Nettozahlung bei der vermögensorientierten Sichtweise des Kapitalwertes angebende Gleichung (2.38) zeigt, daß dies äquivalent mit einer laufenden Besteuerung der Rentenanteile mit einem Steuersatz in Höhe von 100% wäre.

Diese Überlegungen deuten die Probleme an, die auftreten, wenn nach einer theoretisch einwandfreien Konzeption der Einkommensteuer gesucht wird, denn aus der Modellperspektive unterscheiden sich die Besteuerungskonzeptionen „Besteuerung des Einkommens" und „Besteuerung des Konsums" gerade durch die Erfassung von Zinsen in der Bemessungsgrundlage.[2)] Hervorzuheben ist dabei, daß die vorgetragenen Argumente im wesentlichen auf die Erhebungsproblematik einer Einkommensteuer beschränkt sind und Fragen bezüglich des Entscheidungsproblems der intertemporalen Aufteilung des Konsums nicht direkt angesprochen wurden.

Nun könnte dem gesamten Vorgehen zur Ermittlung einer entscheidungsneutralen Investitionsbesteuerung vorgeworfen werden, daß das Ergebnis bereits in der Wahl des Entscheidungskriteriums angelegt ist.[3)] Die Größe „Kapitalwert" ist schließlich nur als eine Meßgröße, die eine Änderung der Konsummöglichkeiten angibt, sinnvoll zu interpretieren.[4)] Gleichwohl sind die Einwände gegen eine die Zinsen besteuernde Einkommensteuer mit einer solchen Argumentation nicht ausgeräumt. Dies liegt daran, daß die Modellierung zunächst nur dem empirisch beobachtbaren Sachverhalt Rechnung trägt, daß der Wert von Zahlungen von dem Zeitpunkt abhängt, zu dem sie zufließen.

Eine die Zinsen besteuernde Einkommensteuer beruht hingegen gedanklich auf der Vorstellung, daß das Besteuerungsobjekt der Totalerfolg eines Investitionsobjektes ist. Deutlich wird dies z.B. an der Definition des einkommensteuerpflichtigen Gewinns in § 4 (1) Satz 1 EStG, wonach Gewinn vorliegt, wenn das Endvermögen das Anfangs-

---

1) Vgl. Wenger, E. (1999), S. 51.

2) Vgl. Hubbard, R. G. (1997), S. 141.

3) Vgl. dazu auch Homburg, S. (2000), S. 227.

4) Vgl. Schmidt, R. H./ Terberger E. (1997), S. 137 und S. 46-51.

vermögen korrigiert um Entnahmen und Einlagen übersteigt. Eine laufende Besteuerung widerspricht einem am Totalerfolg anknüpfenden Verständnis nicht, da sie lediglich Folge des stetigen Mittelbedarfs des Fiskus ist, so daß der Zeitraum, über den der Totalerfolg erzielt wird, in Besteuerungsabschnitte zerlegt wird. Unterschiedliche Belastungen können nach einem solchen Verständnis unter der Voraussetzung konstanter Steuersätze nicht entstehen, da die Summe der Bemessungsgrundlagen dem Totalerfolg entspricht. Ein expliziter Verweis auf den Totalerfolg findet sich darüber hinaus in der Rechtsprechung zur Beurteilung, ob eine ökonomische Aktivität mit der Absicht zur Erzielung von Einkünften verbunden ist oder ob sie lediglich durchgeführt wird, um steuerlich unbeachtliche Konsumausgaben steuermindernd geltend zu machen.[1] Maßstab für die Beurteilung ist hier, ob im Zeitpunkt der Aufnahme der Betätigung ein positiver Totalerfolg erwartet werden kann. Unterstellt man rationales Verhalten der Handelnden, so impliziert ein solches Vorgehen, daß der Zinssatz, mit dem die erwarteten Zahlungsüberschüsse aus der Aktivität diskontiert werden, gerade größer als null ist. Nun ist es nicht auszuschließen, daß in diesem Fall ein anderes Vorgehen problematisch sein kann, weil die Vorgabe einer bestimmten positiven Mindestrendite, die aus einer ökonomischen Betätigung zu erzielen ist, zu einer nicht wünschenswerten Potentialbesteuerung führen könnte.[2] Die ökonomische Feststellung, daß zwei Steuerpflichtige, die aus einem Investitionsobjekt den gleichen Totalerfolg erzielen, unterschiedlich belastet sein können, wenn die Steuerzahlungen zu unterschiedlichen Zeitpunkten anfallen, ist davon jedoch unberührt.

Es verbleibt danach im Grunde lediglich die Frage, ob im Rahmen der Besteuerung der Problematik der zeitpunktabhängigen Bewertung von Zahlungen Rechnung getragen wird oder nicht. Die Botschaft der Modellüberlegungen ist, daß es in einem Einkommensteuersystem, das die Besteuerung von Zinsen vorsieht, kaum möglich ist, der unterschiedlichen Bewertung von Zahlungen, die zu verschiedenen Zeitpunkten fällig werden, gerecht zu werden. Nun kann dem natürlich entgegengehalten werden, daß die Modellaussagen in Bezug auf eine Steuerbefreiung der Zinsen ebenfalls zu relativieren sind, wenn im Rahmen einer konsumorientierten Periodisierungsrechnung die Problematik einbezogen wird, welcher Zins für die Ermittlung der Steuerbemessungsgrundlagen heranzuziehen ist.[3] Insofern reduziert sich die Frage nach dem zu wählenden Besteuerungsmodell auf eine Abwägung der Fehler, die sich in Abhängigkeit von der Wahl des Besteuerungsmodells ergeben.

Wird in einer Periodisierungsrechnung die vorzuziehende Alternative der Ermittlung einer Bemessungsgrundlage gesehen, so hat die konsumorientierte Besteuerung, die auf eine Besteuerung von Zinsen verzichtet, gegenüber einer Einkommensbesteuerung

---

1) Für eine ausführliche Darstellung und ökonomische Analyse dieser Rechtsprechung vgl. Wissel, H. (1997), S. 119-210.

2) Vgl. Schneider, D. (1999), S. 6.

3) Vgl. Richter, W. R. (1991), S. 173-174.

den Vorzug, daß sich im Modell typisierende Regeln finden lassen, die eine an ökonomischen Kriterien gemessene gleichmäßige Besteuerung gewährleisten und die nicht von vornherein an Informationsproblemen scheitern, wenn eine Übertragung in eine realistischere Welt, für die Besteuerungssysteme zu konzipieren sind, versucht wird.[1]

Die folgende Analyse wendet sich vor dem Hintergrund der Modellüberlegungen für eine entscheidungsneutrale Investitionsbesteuerung den Modellen zur Quantifizierung von Steuereinflüssen auf das Investitionsverhalten zu. Die Überlegungen bleiben dabei auf Investitionen beschränkt, die durch Kapitalgesellschaften durchgeführt werden. In einem ersten Schritt werden hierzu die unterschiedlichen Systeme der Körperschaftsbesteuerung in ihren Wirkungen betrachtet. Daran anschließend soll das auf der mikroökonomischen Investitionstheorie beruhende Modell zur Ermittlung von Steuerwirkungen mit dem hier abgeleiteten kapitalwertbasierten Modell verglichen werden.

[1] Vgl. Wenger , E. (1986), S. 260.

3 Besteuerung der Investitionen von körperschaftsteuerpflichtigen Unternehmen

3.1 Körperschaftsteuersysteme

Die Modellüberlegungen für die entscheidungsneutrale Investitionsbesteuerung des vorangegangenen Kapitels waren durch den Bezug zum allgemeinen Investitionsbegriff charakterisiert. Von institutionellen Rahmenbedingungen, unter denen die jeweiligen Investitionsentscheidungen fallen, wurde vollständig abstrahiert, so daß das Modell sowohl Finanzinvestitionen als auch realwirtschaftliche Investitionen abbilden kann. Der Begriff der Finanzinvestition bezeichnet idealtypisch Investitionen, bei denen über die Investitionsdauer das Entgelt für die Kapitalüberlassung zufließt und am Investitionshorizont das überlassene Kapital zurückgewährt wird. Realinvestitionen sind idealtypisch dadurch gekennzeichnet, daß Zahlungsmittel in eine andere Form von Vermögen transformiert werden.[1] Die Verwendung dieses Vermögens soll zu zukünftigen Zahlungsüberschüssen führen, die das Entgelt für die Kapitalüberlassung und die Rückzahlung der transformierten Zahlungsmittel gewährleisten. Kennzeichen von Realinvestitionen ist somit prinzipiell, daß die Verteilung der Zahlungsüberschüsse auf das Entgelt für die Kapitalüberlassung und den zurückfließenden Anteil der hingegebenen Zahlungsmittel nicht eindeutig möglich ist.

Darüber hinaus hat das Modell, aus dem Aussagen zur entscheidungsneutralen Investitionsbesteuerung abgeleitet wurden, ausschließlich Bezug zu individuellen Entscheidungen eines Wirtschaftssubjektes. Demgegenüber zeigt die ökonomische Realität, daß Investitionsentscheidungen nicht ausschließlich durch Individuen getroffen werden, sondern auch innerhalb von Institutionen, die von Individuen für diesen Zweck errichtet wurden. Werden Investitionen in Form von Unternehmungen gegenüber den Individuen, denen die Zahlungsüberschüsse aus den Investitionen zustehen, verselbständigt, so stellt sich die Frage, welche Konsequenzen für die Besteuerung aus diesem Sachverhalt gezogen werden. Der Vorschlag der Teilhabersteuer sieht vor, die durch die Unternehmung erzielten Erfolge direkt den beteiligten Individuen zuzurechnen und somit die Unternehmung für die Besteuerung weitgehend zu negieren.[2] Der Versuch einer Umsetzung eines solches Konzepts dürfte jedoch vor kaum lösbare Probleme der Zuordnung der Erfolge und der resultierenden Liquiditätswirkungen gestellt sein.[3]

Für steuerliche Zwecke wäre es des weiteren prinzipiell denkbar, die Partizipation eines Individuums an einer Unternehmung als Investitionsentscheidung zu werten und als Besteuerungsgrundlage eine Erfolgsrechnung auf der Basis der durch die Partizipationsentscheidung ausgelösten Zahlungen durchzuführen. In einem solchen Modell

1) Vgl. Schmidt, R. H./ Terberger, E. (1997), S. 11.

2) Zum Teilhabersteuerkonzept vgl. z.B. Bundesministerium für Wirtschaft und Finanzen (Hrsg.) (1971), S. 317-320.

3) Vgl. Schreiber, U. (1987), S. 132-147.

würden die Unternehmungen keine Steuern zahlen, sondern nur die an den Unternehmen beteiligten Individuen. Grundlage der hierzu erforderlichen Erfolgsrechnung wären die Zahlungsströme zwischen den Anteilseignern und der Gesellschaft und die Zahlungsströme zwischen den Gesellschaftern untereinander. Letztere ergeben sich, wenn Anteile zwischen den Anteilseignern gehandelt werden. Ein solches Vorgehen stößt allerdings auf das Problem, daß es abgesehen von reinen Zahlungsrechnungen kaum möglich ist, Erfolgsermittlungsgrundsätze zu formulieren, die im Rahmen einer solchen Konzeption von den Individuen anzuwenden wären. Hinsichtlich der Administration eines solchen Verfahrens wären darüber hinaus nicht nur die Erfolgsermittlungen der an den Unternehmen beteiligten Individuen zu überwachen, sondern zusätzlich müßte die jeweilige Erfolgsermittlung der Unternehmen kontrolliert werden, da sichergestellt sein muß, daß die Unternehmenserfolge nicht durch Transaktionen, die jenseits der für die Besteuerung relevanten Zahlungsströme der Beteiligungssphäre liegen, an die Beteiligten ausgekehrt werden.

Vor dem Hintergrund dieser Rahmenbedingungen wird in der Besteuerungspraxis zwischen einer Besteuerung von Unternehmen und der Besteuerung von Individuen unterschieden. Als Entscheidungskriterium, ob es zu einer Besteuerung der Individuen oder der Institution kommt, zieht die Besteuerungspraxis die Rechtsform heran, die für die Investitionsbetätigung gewählt wird. Im deutschen Steuerrecht wird ein Bezug zu den Individuen unterstellt, solange die Investition durch ein Einzelunternehmen oder eine Personengesellschaft durchgeführt wird.[1] Die Besteuerung der Institution setzt ein, wenn die Investition in die Rechtsform der Kapitalgesellschaft gekleidet wird. In diesem Fall unterliegt die Gesellschaft der Körperschaftsteuer.[2] Da die Entscheidung über die Rechtsform, die für eine Investitionsbetätigung gewählt wird, nicht an eine bestimmte Anzahl von Beteiligten gebunden ist, bestehen für die Steuerpflichtigen Gestaltungsspielräume im Hinblick auf das Besteuerungskonzept, das auf die Erfolge aus den unternehmerischen Investitionen anzuwenden ist. Durch die Gründung einer Kapitalgesellschaft mit einem Gesellschafter kann das Individuum seine Investitionserfolge der Körperschaftsbesteuerung unterwerfen. Ebenso kann durch eine große Gruppe von Investoren eine ausschließliche individuelle Besteuerung durch die Errichtung einer Publikumspersonengesellschaft erreicht werden. Diese Gestaltungsspielräume sind im Hinblick auf die Funktionsfähigkeit gesellschaftsrechtlicher Organisationsformen nicht unproblematisch, da die im Gesellschaftsrecht formulierten Regeln zum Interessenausgleich zwischen den an der Unternehmung beteiligten Individuen von dem Zusammenhang zwischen der Anzahl der Beteiligten und der Rechtsform geleitet sind.[3]

---

1) Vgl. § 15 (1) EStG.

2) Vgl. § 1 (1) KStG.

3) Vgl. Walz, W. R. (1983), S. 289-295.

Während die Begründung für eine selbständige Unternehmensbesteuerung aus ökonomischer Perspektive vornehmlich in der Erhebungstechnik zu suchen ist, ergibt sich aus juristischer Perspektive die Steuerpflicht in erster Linie aus dogmatischen Überlegungen, die die rechtliche Verselbständigung von Unternehmen in den Vordergrund stellen.[1] Die mit der rechtlichen Verselbständigung einhergehende Fähigkeit der Gesellschaft, Träger von Rechten und Pflichten zu sein, schließt in dieser Konsequenz die Pflicht zur Steuerzahlung ein. Darüber hinaus wird die Körperschaftsteuer als Prämie gesehen, die für das Privileg der Haftungsbeschränkung zu entrichten ist.[2]

In Abhängigkeit davon, ob der ökonomischen oder der rechtswissenschaftlichen Perspektive bei der konkreten Ausgestaltung der Besteuerung das größere Gewicht eingeräumt wird, ergeben sich unterschiedliche Konsequenzen für die Berücksichtigung der steuerlichen Vorbelastung der Erfolge auf der Ebene der Unternehmen, wenn die Erfolge an die an den Unternehmen beteiligten Individuen weitergereicht werden. Während bei einer stärkeren Gewichtung der Argumente, die hier als juristische Perspektive bezeichnet wurden, eine derartige Vorbelastung nicht zu berücksichtigen ist, kommt man aus ökonomischer Perspektive zu dem Ergebnis, daß eine aus Gründen der Erhebungstechnik zunächst erfolgende Unternehmensbesteuerung nicht zusätzlich zu einer Besteuerung der Individuen hinzutreten darf. Die auf der Ebene der Unternehmen erhobene Steuer muß daher bei den Individuen berücksichtigt werden, wenn die Unternehmen ihnen die Erfolge aus der Investitionsbetätigung zuweisen.

Die Besteuerung von Unternehmen durch die Körperschaftsteuer wird dementsprechend systematisiert, indem danach differenziert wird, in welchem Umfang die auf der Ebene der Kapitalgesellschaft gezahlten Steuern bei einer Ausschüttung ihrer Erfolge an die Beteiligten berücksichtigt wird. Um hierzu Aussagen treffen zu können, wird der Betrag Θ ermittelt, den ein Anteilseigner einer Kapitalgesellschaft nach Abzug der von ihm zu entrichtenden Steuern erhält, wenn die Gesellschaft eine Geldeinheit ihres versteuerten Gewinns zur Auszahlung an den Anteilseigner verwendet.[3] Ist Θ größer als eins, werden Gewinnausschüttungen geringer besteuert als der Gewinneinbehalt, während bei einem Θ von unter eins Gewinnausschüttungen höher besteuert werden als Gewinnthesaurierungen. Nach dem Umfang, in dem die Körperschaftsteuer bei der Ermittlung der Steuerzahlung der Anteilseigner berücksichtigt wird, werden das klassische Körperschaftsteuersystem, Systeme mit ermäßigter Dividendenbesteuerung, das Teilanrechnungs- und das Vollanrechnungssystem unterschieden.

Das klassische Körperschaftsteuersystem ist dadurch gekennzeichnet, daß die Steuerbelastung auf Gesellschaftsebene bei einer Ausschüttung nicht berücksichtigt wird. Ausschüttungen unterliegen in diesem Fall dem persönlichen Einkommensteuersatz s_e

[1] Vgl. z.B. Schreiber, U. (1987), S. 184-190.

[2] Vgl. z.B. Mintz, J. (1995), S. 25.

[3] Vgl. hierzu und zu den folgenden Überlegungen King, M. A. (1977), S. 47-53.

des Ausschüttungsempfängers, so daß für das klassische Körperschaftsteuersystem folgender Nettoausschüttungsbetrag ermittelt werden kann, wenn die Gesellschaft eine Gewinnausschüttung in Höhe von einer Geldeinheit vornimmt:

$$(3.1) \quad \Theta = 1 - s_e$$

Eine Berücksichtigung der körperschaftsteuerlichen Vorbelastung im Rahmen einer Ausschüttung ist auf verschiedenen Wegen möglich. Eine teilweise Berücksichtigung liegt vor, wenn Gewinnausschüttungen bei der ausschüttenden Gesellschaft einem ermäßigten Steuersatz unterliegen. Diese Gestaltungsmöglichkeit läßt sich weiterhin danach differenzieren, ob die Steuerzahlung auf die Ausschüttung die Körperschaftsteuer auf die nicht ausgeschütteten Gewinne verringert oder nicht. Verringert diese Steuerzahlung die Bemessungsgrundlage, auf die der Steuersatz für einbehaltene Gewinne angewendet wird, so ist die Steuerzahlung auf Unternehmensebene bestimmt durch:

$$(3.2) \quad S = s_{kt} \cdot \left(BMG - \left(1 + s_{ka} \right) \cdot D \right) + s_{ka} \cdot D$$

In Gleichung (3.2) bezeichnet S die Steuerschuld, s_{kt} den Steuersatz auf einbehaltene Gewinne, s_{ka} den Steuersatz auf Ausschüttungen, BMG die steuerliche Bemessungsgrundlage und D den Ausschüttungsbetrag. Gleicht die Bemessungsgrundlage abzüglich der zu leistenden Steuerzahlung der Ausschüttung ($D = BMG - S$), so gilt folgender Zusammenhang zwischen der Bemessungsgrundlage und dem Ausschüttungsbetrag:

$$(3.3) \quad D = \frac{BMG \cdot \left(1 - s_{kt} \right)}{\left(1 - s_{kt} \right) \cdot \left(1 + s_{ka} \right)}$$

In Gleichung (3.3) bezeichnet $BMG \cdot (1 - s_{kt})$ den Nettogewinn ohne Berücksichtigung der Gewinnverwendung, so daß die Nettoausschüttung aus einer Geldeinheit Gewinn, die mit dem Thesaurierungssatz s_{kt} belastet ist, somit bestimmt ist durch:

$$(3.4) \quad \Theta = \frac{1 - s_e}{\left(1 - s_{kt} \right) \cdot \left(1 + s_{ka} \right)}$$

Verringert sich die Steuerbelastung auf die einbehaltenen Gewinne durch die Ausschüttung nicht, so entfällt in Formel (3.2) der Steuersatz s_{ka} in der Klammer, die die Bemessungsgrundlage für die Steuer auf die einbehaltenen Gewinne beschreibt. In analogem Vorgehen ergibt sich aus der Beziehung zwischen Bemessungsgrundlage und Ausschüttungsbetrag für diesen Fall der folgende Nettoausschüttungsbetrag Θ:

$$(3.5) \quad \Theta = \frac{1 - s_e}{1 - s_{kt} + s_{ka}}$$

Ein Vergleich der Ergebnisse für den Nettoausschüttungsbetrag im Fall einer ermäßigten Besteuerung der Ausschüttungen auf Ebene der Gesellschaft zeigt, daß bei gleichen Steuersätzen höhere Nettobeträge erzielt werden, wenn die auf der Ausschüttung lastende Steuer, die auf den nicht ausgeschütteten Beträgen lastende Steuer reduziert.

Werden Ausschüttungen nicht besteuert ($s_{ka}=0$), so wird im Rahmen der Ausschüttung die Steuerbelastung auf Ebene der Gesellschaft vollständig aufgehoben, so daß der Nettoausschüttungsbetrag $(1-s_e)/(1-s_{kt})$ beträgt. Als weitere Gestaltungsmöglichkeit bei einer ermäßigten Besteuerung der Dividenden auf Gesellschaftsebene können Begrenzungen der Ermäßigung auf die im Ausschüttungsjahr erzielte Bemessungsgrundlage vorgesehen sein. Im Fall der zusätzlichen Ausschüttung von in Vorjahren thesaurierten Gewinnen können darauf lastende Steuern, je nach konkreter Ausgestaltung der Begrenzung, gar nicht, nur begrenzt oder erst in zukünftigen Perioden erstattet werden.

Eine begrenzte Berücksichtigung der steuerlichen Vorbelastung der Gewinne, die die Gesellschaft erzielt hat, kann darüber hinaus erfolgen, indem die Ausschüttungen bei den empfangenden Gesellschaftern einem besonderen Steuersatz unterliegen. Der Nettoausschüttungsbetrag ist dann bestimmt durch:

$$(3.6) \quad \Theta = 1-s_d$$

Werden Individuen mit steigenden Grenzsteuersätzen besteuert, so kann der Steuersatz s_d auf die Gewinnausschüttungen als Bruchteil vom Grenz- oder Durchschnittssteuersatz bestimmt sein.

Als dritte Gestaltungsoption für die Integration der Unternehmensbesteuerung und der Besteuerung von Individuen verbleibt die Möglichkeit, die Körperschaftsteuer auf Ebene der Anteilseigner teilweise oder vollständig wieder rückgängig zu machen. Je nachdem, in welchem Umfang die Körperschaftsteuerzahlung bei den Empfängern der Ausschüttung rückgängig gemacht wird, wird von Teil- oder Vollanrechnungsverfahren gesprochen. Im Rahmen eines Anrechnungsverfahrens erhalten die Anteilseigner zusätzlich zur empfangenen Ausschüttung eine Gutschrift über die durch die Gesellschaft gezahlte Körperschaftsteuer in Höhe des Anrechnungssatzes s_a. Als Nettoausschüttungsbetrag ergibt sich dementsprechend:

$$(3.7) \quad \Theta = \frac{1-s_e}{1-s_a}$$

In einem Vollanrechnungssystem gleicht der Anrechnungssatz s_a dem tariflichen Körperschaftsteuersatz s_{kt}. Der Nettoausschüttungsbetrag entspricht in diesem Fall dem Betrag, der zufließt, wenn Ausschüttungen die Bemessungsgrundlage reduzieren, ohne daß eine Steuer auf die Ausschüttung erhoben wird. Zusätzliche Regelungen sind in einem Anrechnungsverfahren immer dann erforderlich, wenn es möglich ist, daß die Gesellschaft Erfolge erzielt, die bei ihr nicht der Besteuerung unterliegen. Für einen solchen Fall muß gesichert sein, daß im Ausschüttungsfall das Anrechnungsguthaben tatsächlich nur gewährt wird, wenn die ausgeschütteten Gewinne zuvor bei der Gesellschaft besteuert wurden.[1)]

---

1) Für eine vergleichende Darstellung solcher im Jahr 1995 bestehender Regelungen im Steuerrecht Deutschlands, Frankreichs und Großbritanniens vgl. Spengel, C. (1995), S. 107-116.

Die Systeme der ermäßigten Ausschüttungsbesteuerung und das Teilanrechnungssystem lassen sich ineinander überführen, da aus den jeweiligen Nettoausschüttungen bei ermäßigter Ausschüttungsbesteuerung die jeweils äquivalenten Anrechnungssätze ermittelt werden können:

		Nettoausschüttung bei ermäßigter Dividendenbesteuerung (Θ)	Äquivalenter Anrechnungssatz (s_a)
Ermäßigung beim Empfänger		$1-s_d$	$\frac{s_e-s_d}{1-s_d}$
Ermäßigung auf Gesellschaftsebene	Ausschüttungssteuer mindert die Körperschaftsteuerschuld	$\frac{1-s_e}{(1-s_{kt})\cdot(1+s_{ka})}$	$s_{kt}-s_{ka}\cdot(1-s_{kt})$
	Ausschüttungssteuer mindert die Körperschaftsteuerschuld nicht	$\frac{1-s_e}{1-s_{kt}+s_{ka}}$	$s_{kt}-s_{ka}$

Abbildung 3.1: Ermäßigte Dividendenbesteuerung und Teilanrechnungsverfahren: Äquivalente Anrechnungssätze

Die Abbildung 3.1 verdeutlicht die Unterschiede, die sich im Rahmen der verschiedenen Gestaltungsmöglichkeiten einer ermäßigten Dividendenbesteuerung ergeben. Die Berücksichtigung der körperschaftsteuerlichen Vorbelastung beim Empfänger der Ausschüttung führt dazu, daß das Ausmaß, in dem es zu einer Anrechnung der Körperschaftsteuer kommt, vom persönlichen Steuersatz des Empfängers abhängig ist.[1] Liegt ein Steuertarif mit steigenden Grenzsteuersätzen vor, so steigt der äquivalente Anrechnungssatz mit zunehmendem Steuersatz s_e. Die Tarifermäßigung auf Ebene der Gesellschaft hat zur Folge, daß die körperschaftsteuerliche Definitivbelastung je ausgeschütteter Geldeinheit konstant ist. Während die Berücksichtigung auf Ebene der Gesellschaft dazu führt, daß der durch die Unternehmung erzielte Erfolg immer über den persönlichen Steuersatz hinaus gekürzt wird, ist es bei einer ermäßigten Ausschüttungsbesteuerung und steigenden Grenzsteuersätzen möglich, daß bei einer entsprechenden Differenz zwischen Ausschüttungssteuersatz s_d und regulärem Steuersatz s_e die Unternehmenserfolge nur um den persönlichen Steuersatz oder einen geringeren Betrag gekürzt werden. Für den äquivalenten Anrechnungssatz s_a gilt in diesem Fall, daß er dem Körperschaftsteuersatz s_{kt} gleicht bzw. daß er diesen überschreitet.

Die hier vorgestellten Möglichkeiten zur Berücksichtigung der körperschaftsteuerlichen Vorbelastung von Ausschüttungen bei den Ausschüttungsempfängern werden auch in den verschiedenen Ausgestaltungen in den nationalen Steuersystemen prakti-

[1] Vgl. dazu auch Bareis, P. (2000), S. 135-137 für eine Diskussion des effektiven Anrechnungssatzes, der sich nach der Abschaffung des körperschaftsteuerlichen Anrechnungsverfahrens durch die ab 2001 in Deutschland praktizierte hälftige Steuerbefreiung von Dividenden ergibt.

ziert, wenn auch eine ungleiche Verteilung hinsichtlich der Häufigkeit des Auftretens der einzelnen Entlastungsmechanismen besteht und sich im Zeitablauf die Gewichte in der Verteilung verschoben haben.[1)]

3.2 Auswirkungen des Körperschaftsteuersystems auf die Finanzierungsformen

3.2.1 Beteiligungsfinanzierung

Kapitalgesellschaften als rechtlich verselbständigten Zusammenschlüssen von Investoren können finanzielle Mittel für die Durchführung von Investitionen in verschiedenen rechtlichen Ausgestaltungen zur Verfügung gestellt werden, wobei zunächst zwischen der Beteiligungsfinanzierung und der Fremdfinanzierung zu unterscheiden ist.[2)] Im Rahmen der Beteiligungsfinanzierung werden der Unternehmung von Kapitalgebern finanzielle Mittel gegen einen bestimmten Anteil an den zukünftigen Zahlungsüberschüssen überlassen. Darüber hinaus kann die Kapitalüberlassung mit einem Mitspracherecht verbunden sein. Bei einer Fremdfinanzierungsmaßnahme erhält das Unternehmen die finanziellen Mittel gegen das Versprechen, daß es in Zukunft das vereinbarte Entgelt für die Kapitalüberlassung leistet und am Ende der Laufzeit der Finanzierungsmaßnahme die überlassenen Mittel zurückzahlt. Als dritte Möglichkeit der Unternehmen, zusätzliches Kapital zur Durchführung von Investitionen zu erhalten, können erzielte Gewinne durch die Unternehmung einbehalten werden. Diese Form der Finanzierung wird als Selbstfinanzierung bezeichnet.[3)]

Unabhängig von der rechtlichen Form, die für die Finanzierungsmaßnahme gewählt wird, kann davon ausgegangen werden, daß die Kapitalgeber für die Überlassung der finanziellen Mittel an die Gesellschaft ein Entgelt verlangen. Zur Analyse von Investitionsentscheidungen unter dem Einfluß der Besteuerung wird regelmäßig angenommen, daß dieses Entgelt dem Kapitalmarktzins entspricht. Unter dieser Annahme werden nun für die einzelnen Finanzierungsarten und unter Berücksichtigung des Körperschaftsteuersystems Mindestrenditen ermittelt, die die Investitionen der Gesellschaft erwirtschaften müssen, damit den Kapitalgebern das geforderte Entgelt für die Kapitalüberlassung gezahlt werden kann. Hierzu wird für alle drei Finanzierungsarten ein Kal-

1) Für einen Überblick über die gegenwärtig praktizierten Körperschaftsteuersysteme im internationalen Vergleich vgl. Bareis, P (2000), S. 139 und Sigloch, J. (2000), S. 175-176. Das Ausmaß der Änderungen in der Verteilung der einzelnen Entlastungsmechanismen kann aus einem Vergleich dieser Zusammenfassungen mit der Übersicht bei King, M. A. (1977), S. 54 ermittelt werden. Danach hat im Zeitraum seit 1975 die Verbreitung der Systeme zugenommen, die die körperschaftsteuerliche Vorbelastung teilweise berücksichtigen.

2) Der Begriff Finanzierung wird spiegelbildlich zum Investitionsbegriff verwendet. Während Investitionen als Auszahlung mit nachfolgenden Einzahlungen verstanden werden, ist eine Finanzierung durch eine Einzahlung, die nachfolgend Auszahlungen auslöst, charakterisiert. Vgl. Schneider, D. (1992), S. 20-21.

3) Vgl. Schneider, D. (1992), S. 16.

kül verwendet, welches jeweils davon ausgeht, daß die Kapitalgeber der Gesellschaft erwarten, daß der Barwert des aus der Investition der hingegebenen Mittel resultierenden Zahlungsstroms, den von ihnen überlassenen Mitteln entspricht. Für die Bewertung wird dabei jeweils die Perspektive der Eigenkapitalgeber eingenommen.[1)]

Bei einer Beteiligungsfinanzierung erhalten die Kapitalgeber durch ihre Mittelzuführung Anspruch auf zukünftige Dividenden der Gesellschaft. Darüber hinaus besteht im Liquidationsfall Anspruch auf das überlassene Kapital, sofern die Forderungen der übrigen Gläubiger beglichen sind. Da die Modellüberlegungen von Unsicherheit absehen, wird unterstellt, daß die Rückzahlung des Eigenkapitals in Höhe der im Investitionszeitpunkt in die Gesellschaft geleisteten Einzahlung gesichert ist. Darüber hinaus wird unterstellt, daß bis zum Zeitpunkt der Liquidation lediglich die Entgelte für die Kapitalüberlassung an die Anteilseigner ausgezahlt werden. Diese Annahme ermöglicht es, von Fragen der Erfolgsermittlung zu abstrahieren.

Unter Verwendung der Notation des vorangegangenen Abschnittes ist die Ausschüttung nach Steuern der Gesellschaft und nach persönlichen Steuern des Empfängers D_t^s, die aus der Investition einer Geldeinheit erzielt werden kann, bestimmt durch:

$$(3.8)\quad D_t^s = p\cdot\left(1-s_{kt}\right)\cdot\Theta$$

In Gleichung (3.8) bezeichnet p die Rendite, die die Gesellschaft durch die Investition der überlassenen Geldeinheit erzielt. Der Barwert der aus der Investition resultierenden Zahlungen an die das Beteiligungskapital gewährenden Anteilseigner beträgt:

$$(3.9)\quad BWZ = \sum_{t=1}^{T} \frac{D_t^s}{\left(1+i_s\right)^t} + \frac{1}{\left(1+i_s\right)^T}$$

Der Barwert der Zahlungen an die Anteilseigner setzt sich aus dem Barwert der Dividenden unter Berücksichtigung aller Steuerzahlungen zuzüglich des Barwertes der Rückgewähr der im Investitionszeitpunkt überlassenen Geldeinheit zusammen. Die Zahlungen werden jeweils mit dem die Besteuerung der Alternativanlage berücksichtigenden Zinssatz i_s diskontiert. Unter Beachtung der Gleichung (3.8) kann Gleichung (3.9) folgendermaßen verändert werden:

$$(3.10)\quad BWZ = \left(1-\frac{1}{\left(1+i_s\right)^T}\right)\cdot\frac{p\cdot\left(1-s_{kt}\right)\cdot\Theta}{i_s} - \frac{1}{\left(1+i_s\right)^T}$$

Dieser Barwert muß dem im Investitionszeitpunkt überlassenen Betrag von einer Geldeinheit entsprechen, so daß aus (3.10) der folgende Ausdruck für die Mindestrendite, die die Gesellschaft auf die überlassenen Mittel erzielen muß, bestimmt werden kann:

1) Die Analyse beruht somit auf einem Bewertungsmodell, das zur Bewertung Gewinnausschüttungen heranzieht. Dies ist notwendig, da das Steuerrecht steuerliche Konsequenzen bei den Kapitalgebern an Gewinnausschüttungen koppelt. Zu alternativen Größen für ein Bewertungsmodell und den Zusammenhängen zwischen den resultierenden Bewertungsgrößen vgl. Miller, M. H./ Modigliani, F. (1961), S. 411-421.

(3.11) $p = \frac{i_s}{(1-s_{kt}) \cdot \Theta}$

Wie der Gleichung (3.11) zu entnehmen ist, hat das Körperschaftsteuersystem Einfluß auf die Mindestrendite, die durch eine Kapitalgesellschaft bei einer beteiligungsfinanzierten Investition erzielt werden muß, damit die Kapitalgeber eine Mindestverzinsung nach Steuern in Höhe von i_s auf die von ihnen überlassenen Mittel erzielen. Unter Beachtung der jeweiligen Definitionen für Θ und unter der Annahme, daß der die geforderte Mindestverzinsung abbildende Zinssatz i_s dem Marktzins i nach Kürzung um den Einkommensteuersatz s_e entspricht, können für die Investitionen von Kapitalgesellschaften Mindestrenditen ermittelt werden, die zwischen i und $i/(1-s_{kt})$ liegen. Eine Mindestrendite in Höhe von i ergibt sich, wenn die Körperschaftsteuer vollständig bei den Ausschüttungsempfängern angerechnet werden kann oder wenn es möglich ist, die Ausschüttung vollständig von der körperschaftsteuerlichen Bemessungsgrundlage abzuziehen, ohne daß eine Steuer auf die Ausschüttung erhoben wird ($s_{ka} = 0$). Mindestrenditen in Höhe von $i/(1-s_{kt})$ ergeben sich in einem klassischen Körperschaftsteuersystem, das die Dividendenzahlung und die Alternativanlage bei den Ausschüttungsempfängern dem Steuersatz s_e unterwirft.

Eine weitere Steigerung der Mindestrenditen ist möglich, wenn der Zinssatz i_s nicht durch den Marktzins gekürzt um den Einkommensteuersatz s_e bestimmt ist. Dies gilt z.B., wenn für Zinsen ein besonderer Steuersatz gilt oder Zinsen keiner Besteuerung unterliegen, ohne daß entsprechende Regeln auch für Dividendenzahlungen gelten.

Zu beachten ist ferner, daß die Modellierung zwischenzeitliche Veränderungen des Eigenkapitals ausschließt. Es ist jedoch unter Umständen möglich, daß die auf Gesellschaftsebene vorhandene Liquidität nicht für Gewinnausschüttungen, die bei den Anteilseignern der Besteuerung unterliegen, sondern für Kapitalherabsetzungen verwendet wird.[1] Wenn es zulässig ist, daß Zahlungen an die Gesellschafter mit steuerlicher Wirkung als Kapitalherabsetzungen deklariert werden, so hat dies Auswirkungen auf die zuvor ermittelte Mindestrendite, wie die folgende Überlegung zeigt. Zur Formulierung eines Kalküls, das diesen Sachverhalt abbildet, wird unterstellt, daß im Zeitpunkt null eine Einzahlung in die Gesellschaft erfolgt, mit der eine Investition getätigt wird, aus der ein uniformer Zahlungsstrom über T Perioden erzielt wird. Im Zeitpunkt T fließt darüber hinaus die investierte Geldeinheit zurück. Die Zahlungsüberschüsse nach Körperschaftsteuer auf Unternehmensebene werden dabei solange für eine Kapitalherabsetzung verwendet, bis das Eigenkapital, das im Investitionszeitpunkt in die Unternehmung eingezahlt wurde, vollständig zurückgezahlt wurde. Betragen die Zahlungsüberschüsse jeweils $p \cdot (1-s_{kt})$, so ist das überlassene Eigenkapital im Zeitpunkt $1/(p \cdot (1-s_{kt}))$ vollständig zurückgeführt. Ab diesem Zeitpunkt sind alle Zahlungsüber-

[1] Vgl. dazu Wenger (1989), S. 195-196.

schüsse aus der Investition als Ausschüttung der Besteuerung bei den Anteilseignern zu unterwerfen. Dies gilt auch für die im Zeitpunkt T erfolgende Auszahlung der investierten Geldeinheit. Unter der Voraussetzung, daß der gesamte Zeithorizont T größer ist als der Zeitraum $1/(p\cdot(1-s_{kt}))$, über den die Kapitalherabsetzungen stattfinden, kann folgender Barwert der Zahlungen bestimmt werden:

$$
\begin{aligned}
BWZ &= \sum_{t=1}^{\frac{1}{p\cdot(1-s_{kt})}} \frac{p\cdot(1-s_{kt})}{(1+i_s)^t} + \sum_{t=\frac{1}{p\cdot(1-s_{kt})}+1}^{T} \frac{p\cdot(1-s_{kt})\cdot\Theta}{(1+i_s)^t} + \frac{\Theta}{(1+i_s)^T} \\
&= \frac{p\cdot(1-s_{kt})}{i_s}\cdot\left(1-\frac{1-\Theta}{(1+i_s)^{\frac{1}{p\cdot(1-s_{kt})}}}-\frac{\Theta}{(1+i_s)^T}\right)+\frac{\Theta}{(1+i_s)^T}
\end{aligned}
\tag{3.12}
$$

Wenn die Indifferenzbedingung für die Durchführung der Investition erfüllt ist, entspricht dieser Barwert der im Investitionszeitpunkt überlassenen Geldeinheit, so daß sich folgender Zusammenhang für die Mindestrendite ergibt:

$$
\begin{aligned}
p &= \frac{i_s}{(1-s_{kt})\cdot F} \\
F &= \Theta+(1-\Theta)\cdot\left(1-\frac{(1+i_s)^{T-\frac{1}{p\cdot(1-s_{kt})}}}{(1+i_s)^T-\Theta}\right)
\end{aligned}
\tag{3.13}
$$

Auch wenn p nur iterativ bestimmt werden kann, kann der Gleichung (3.13) bereits entnommen werden, daß die Mindestrenditen, die den Zusammenhang erfüllen, kleiner sind als die Mindestrenditen des vorangegangenen Beteiligungsfinanzierungskalküls, wenn Θ nicht größer als eins ist.[1] Für Θ größer als eins dominiert die Gewinnausschüttung die Alternative Kapitalherabsetzung. Die folgende Übersicht zeigt für einen Körperschaftsteuersatz s_{kt} in Höhe von 30% und einen Planungshorizont T von 30 Perioden das Verhältnis der Mindestrenditen bei der Möglichkeit zur Kapitalherabsetzung gegenüber dem isolierten Beteiligungsfinanzierungskalkül für verschiedene Nettozinssätze i_s und verschiedene Werte für Θ:

Nettozins i_s	Θ			
	0,90	0,75	0,60	0,45
2,5%	0,97	0,91	0,83	0,72
5,0%	0,95	0,86	0,77	0,66

Abbildung 3.2: Verringerung der Mindestrendite durch Kapitalherabsetzungen

[1] Unter dieser Konstellation ist F größer als Θ, so daß sich insgesamt ein Wert für p ergibt, der unter dem des isolierten Beteiligungsfinanzierungskalküls liegt.

Die Abbildung 3.2 verdeutlicht, daß insbesondere bei geringem Integrationsgrad von Einkommens- und Körperschaftsbesteuerung eine deutliche Reduktion der Mindestrenditen erreicht werden kann, wenn Gewinnausschüttungen durch Kapitalherabsetzungen substituiert werden können.

Durch eine aus der nicht vollständigen Beseitigung der körperschaftsteuerlichen Vorbelastung resultierende Erhöhung der Mindestrenditen über den Marktzins i hinaus werden Wohlfahrtsverluste erwartet, die darauf beruhen, daß es infolge der höheren Mindestrenditen zu einer Reduzierung des Investitionsvolumens kommt, das durch Kapitalgesellschaften durchgeführt wird.[1] Allerdings ist das Ausmaß dieser Wohlfahrtsverluste umstritten.[2] Dies hängt damit zusammen, daß für die Herleitung der Mindestrenditen davon ausgegangen wurde, daß die Gesellschaften die erzielten Erfolge an ihre Anteilseigner ausschütten müssen. Dieser Zwang zur Ausschüttung besteht jedoch nicht, so daß es durch eine Verlagerung von Ausschüttungen auf der Zeitachse möglicherweise zu kompensierenden Wirkungen auf die Mindestrenditen kommen kann.

3.2.2 Selbstfinanzierung

3.2.2.1 Modell ohne Veräußerungsgewinnbesteuerung

Ein Blick auf die Mindestrendite bei Selbstfinanzierung verdeutlicht diese Überlegung. Das zugrundeliegende Kalkül geht von der Fragestellung aus, unter welchen Bedingungen Anteilseigner bereit sind, auf eine heutige Ausschüttung zu verzichten. Wird wiederum ein Barwertkalkül herangezogen, so besteht diese Bereitschaft genau dann, wenn durch die Investition der thesaurierten Gewinne zukünftig zusätzliche Ausschüttungen resultieren, die im Barwert dem gegenwärtigen Ausschüttungsverzicht entsprechen.[3] Dabei ist der Ausschüttungsverzicht im Thesaurierungszeitpunkt durch den Betrag Θ bestimmt, so daß folgende Indifferenzbedingung formuliert werden kann:

$$\text{(3.14)} \quad \begin{aligned} \Theta &= \sum_{t=1}^{T} \frac{p\cdot\left(1-s_{kt}\right)\cdot\Theta}{\left(1+i_s\right)^t} + \frac{\Theta}{\left(1+i_s\right)^T} \\ \Leftrightarrow \quad \Theta\cdot\left(1-\frac{1}{\left(1+i_s\right)^T}\right) &= \frac{p\cdot\left(1-s_{kt}\right)\cdot\Theta}{i_s}\cdot\left(1-\frac{1}{\left(1+i_s\right)^T}\right) \end{aligned}$$

Aus dieser Indifferenzbedingung kann die Mindestrendite für das Selbstfinanzierungskalkül ermittelt werden:

$$\text{(3.15)} \quad p = \frac{i_s}{1-s_{kt}}$$

1) Vgl. Harberger, A. C. (1962).

2) Vgl. Sinn, H.-W. (1991).

3) Vgl. Sinn, H.-W. (1991a), S. 31.

Wie Gleichung (3.15) zeigt, ist die Mindestrendite bei Selbstfinanzierung unabhängig von der Ausgestaltung der Berücksichtigung der körperschaftsteuerlichen Vorbelastung der Ausschüttung bei den Ausschüttungsempfängern. Liegt der Steuersatz s_z, um den der Marktzins i zu kürzen ist, über dem Körperschaftsteuersatz s_{kl}, so ist die Mindestrendite kleiner als der Marktzins i. Die Gesellschaft könnte in diesem Fall für die Anteilseigner einen positiven Kapitalwert erzielen, indem sie sichere Kapitalmarktanlagen mit einer Rendite von i durchführt. Umgekehrt gilt jedoch auch, daß die Mindestrenditen über den Marktzins i steigen, wenn der Steuersatz s_z auf die durch den Marktzins i abgebildete Alternativanlage niedriger ist als der Körperschaftsteuersatz s_{kl}. Zu einer solchen Konstellation kommt es z.B., wenn die Alternativanlage einer Abgeltungssteuer unterliegt, deren Tarif niedriger ist als der Körperschaftsteuersatz oder wenn bei einer Einkommensteuer mit steigenden Grenzsteuersätzen der persönliche Grenzsteuersatz des Investors unter dem Körperschaftsteuersatz liegt.

3.2.2.2 Berücksichtigung einer Veräußerungsgewinnbesteuerung

3.2.2.2.1 Unterscheidung der Mindestrenditen für Erwerber und Veräußerer

Die bisherige Abbildung der Selbstfinanzierung berücksichtigt jedoch nicht, daß der Verzicht auf die Ausschüttung Folgen im Rahmen der Besteuerung der Anteilseigner nach sich ziehen kann. Solche Folgen können sich ergeben, wenn die durch die Selbstfinanzierung ausgelöste Wertänderung steuerliche Konsequenzen bei den Anteilseignern hat. Eine Wertänderung der Anteile ist in dem Kalkül angelegt, das zur Ableitung der Mindestrendite bei Selbstfinanzierung herangezogen wurde. Wenn die Investition des Thesaurierungsbetrages dazu führt, daß es zukünftig zu höheren Ausschüttungen kommt, so muß der Barwert der Ausschüttungen durch die Thesaurierung steigen. Die Konsequenzen für die Mindestrenditen ergeben sich nun in Abhängigkeit davon, in welchem Ausmaß und zu welchem Zeitpunkt Wertänderungen der Besteuerung unterliegen. Im Regelfall werden Wertänderungen erst besteuert, wenn sie sich durch einen Zufluß an liquiden Mitteln im Rahmen einer Veräußerung konkretisieren.[1] In der Literatur wird deshalb häufig eine laufende Besteuerung der Unternehmenserfolge mit einem effektiven Veräußerungsgewinnsteuersatz unterstellt, der aus dem für den Investitionszeitpunkt ermittelten Barwert der Veräußerungsgewinnsteuer bestimmt wird.[2]

1) Vgl. z.B. für das deutsche Einkommensteuerrecht § 17 EStG.

2) Vgl. z.B. King, M. A. (1977), S. 60-61, Auerbach, A. J. (1983), S. 919-920 oder Schreiber, U. (1995), S. 620. In der finanzwissenschaftlichen Literatur wird dieses Vorgehen gewählt, da die Modellierungen jeweils auf einer Gleichgewichtsbedingung beruhen, die verlangt, daß die Erfolge aus einem Erwerb von Aktien mindestens den am Kapitalmarkt erzielbaren Erfolgen aus der einperiodigen Kapitalüberlassung entsprechen müssen. Die Erfolge aus dem Aktienerwerb setzen sich in diesen Modellen aus den laufenden Ausschüttungen und dem Wertzuwachs zusammen. Die jeweilige Finanzierung wird in diesen Modellen durch die Nebenbedingungen bestimmt, die in das Optimierungskalkül eingehen. Vgl. z.B. King, M. A. (1974), S. 22, Sinn, H.-W. (1985), S. 64, Edwards, J. S. S./ Keen, M. J. (1985), S. 666 oder Lübbehüsen, T. (2000), S. 72.

Dieser Weg soll hier nicht eingeschlagen werden. Vielmehr sollen in den folgenden Kalkülen zur Bestimmung der Mindestrenditen sowohl die Indifferenzbedingungen der veräußernden Anteilseigner als auch die der erwerbenden Anteilseigner einbezogen werden.[1)] Der Blick bleibt dabei auf die Zahlungsströme gerichtet, die durch die Selbstfinanzierung durch Gewinneinbehalt ausgelöst werden.

In einem ersten Kalkül soll zunächst unterstellt werden, daß der Veräußerungspreis, den der veräußernde Anteilseigner verlangt, durch den Barwert der Zahlungen bestimmt ist, die jenseits des Veräußerungszeitpunktes noch aus der Investition der Mittel fließen, die in der Gewinnrücklage gebunden sind. Des weiteren wird für diese Modellierung angenommen, daß die Mindestrenditen vor und nach der Veräußerung voneinander abweichen können. Unter diesen Voraussetzungen können die Indifferenzbedingungen des Veräußerers und des Erwerbers folgendermaßen zusammengefaßt werden:

$$\Theta = \frac{p_v \cdot (1-s_{kt}) \cdot \Theta}{i_s} \cdot \left(1 - \frac{1}{(1+i_s)^V}\right) + \frac{VE \cdot (1-s_v)}{(1+i_s)^V} \quad \text{(a)}$$

$$(1-s_v) \cdot VE = \frac{p_v \cdot (1-s_{kt}) \cdot \Theta}{i_s} \cdot \left(1 - \frac{1}{(1+i_s)^{T-V}}\right) + \frac{\Theta}{(1+i_s)^{T-V}} \quad \text{(b)}$$

$$\text{(3.16)} \quad VE = \frac{p_e \cdot (1-s_{kt}) \cdot \Theta}{i_s} \cdot \left(1 - \frac{1}{(1+i_s)^{T-V}}\right) + \frac{\Theta + s_v \cdot \alpha \cdot VE}{(1+i_s)^{T-V}} \quad \text{(c)}$$

$$= F \cdot \left(\frac{p_e \cdot (1-s_{kt})}{i_s} \cdot \left(1 - \frac{1}{(1+i_s)^{T-V}}\right) + \frac{1}{(1+i_s)^{T-V}}\right)$$

$$F = \frac{(1+i_s)^{T-V} \cdot \Theta}{(1+i_s)^{T-V} - \alpha \cdot s_v}$$

Im Gleichungssystem (3.16) beschreibt die Gleichung (a) die Indifferenzbedingung des veräußernden Anteilseigners. Danach muß der Ausschüttungsverzicht im Zeitpunkt des Gewinneinbehalts dem Barwert der zukünftigen Ausschüttungen zuzüglich dem vollständig der Veräußerungsgewinnsteuer zu unterwerfenden Veräußerungserlös entsprechen. Die Bemessungsgrundlage der Veräußerungsgewinnsteuer entspricht hier dem Veräußerungserlös, da sich durch die Gewinnthesaurierung keine Veränderungen bei den zur Bemessung des Veräußerungsgewinns heranzuziehenden Anschaffungsauszahlungen ergeben. Die Gleichung (b) des Gleichungssystems formuliert als Nebenbedingung den Nettoerlös, der dem Veräußerer nach Veräußerungsgewinnsteuer verbleiben muß. Danach wird unterstellt, daß die Veräußerung nur dann durchgeführt wird, wenn die Nettozahlung unter Berücksichtigung der Veräußerungsgewinnsteuer dem Barwert der Zahlungen entspricht, die zukünftig noch aus dem betrachteten thesaurierten Be-

1) Vgl. zu einem solchen Vorgehen auch Dirrigl, H./ Müller R. (1990), S. 398-402.

trag zu erwarten sind. Die Gleichung (c) gibt schließlich die Voraussetzung an, unter der der Erwerber bereit ist, die Gewinnrücklage zu erwerben. Danach muß der Barwert der zukünftig an ihn fließenden Zahlungen seiner Anschaffungsauszahlung entsprechen. Die Zahlungen an den Erwerber setzen sich aus den laufenden Ausschüttungen, den durch die Investition der Gewinnrücklage erzielten Erfolgen und aus der Auskehr der Gewinnrücklage im Zeitpunkt T zusammen. Darüber hinaus ist zu berücksichtigen, ob die mit der Auskehr der Gewinnrücklage verbundene Wertminderung durch den Erwerber im Rahmen der Veräußerungsgewinnbesteuerung geltend gemacht werden kann. Ist eine solche Berücksichtigung möglich, so erhält der Erwerber im Zeitpunkt der Liquidation der Gewinnrücklage eine Veräußerungsgewinnsteuererstattung in Höhe des Veräußerungsgewinnsteuersatzes multipliziert mit seiner Anschaffungsauszahlung. Die entsprechende Abbildung erfolgt hier durch den Faktor α. Im Fall der Berücksichtigung der Wertminderung beträgt α eins, andernfalls nimmt α den Wert null an.

Aus den Gleichungen des Gleichungssystems (3.16) können folgende Ergebnisse für die Mindestrenditen p_v und p_e sowie für den Veräußerungserlös VE bestimmt werden:

$$p_v = \frac{i_s}{1-s_k}$$

$$\text{(3.17)} \quad p_e = \frac{i_s}{(1-s_k)\cdot(1-s_v)}\cdot\left(1+\frac{s_v\cdot(1-\alpha)}{(1+i_s)^{T-V}-1}\right)$$

$$VE = \frac{\Theta}{1-s_v}$$

Die Gleichung (3.17) zeigt, daß sich im unterstellten Veräußerungskalkül die Mindestrendite für den Zeitraum von der Thesaurierung bis zur Veräußerung gegenüber dem Fall ohne Berücksichtigung der Veräußerungsgewinnbesteuerung nicht verändert. Im Anschluß an die Veräußerung kommt es durch die Veräußerungsgewinnsteuer zu einer Erhöhung der Mindestrenditen. Diese Steigerung der Mindestrendite wird verschärft, wenn die Veräußerungsgewinnbesteuerung im Zeitpunkt der Auskehr der Gewinnrücklage nicht zurückgenommen wird $(\alpha=0)$.

Unter den Modellvoraussetzungen ist der geforderte Veräußerungserlös durch die aus der Gewinnrücklage mögliche Ausschüttung erhöht um die auf den Veräußerungserlös zu entrichtende Steuer bestimmt. Dementsprechend erhöht sich im Veräußerungszeitpunkt der Kapitaleinsatz des Erwerbers gegenüber dem zuvor notwendigen Kapitaleinsatz des Veräußerers. Diesem Sachverhalt trägt die Steigerung der Mindestrendite um die Veräußerungsgewinnsteuer Rechnung. Der folgende Faktor $1+\frac{s_v\cdot(1-\alpha)}{(1+i_s)^{T-V}-1}$ verursacht eine weitere Erhöhung der Mindestrendite, wenn die Wertminderung im Zeitpunkt der Auskehr der Gewinnrücklage nicht bei der Veräußerungsgewinnbesteuerung berücksichtigt werden kann. Auslöser dieser Erhöhung ist der unterschiedliche Charakter der Veräußerungsgewinnsteuer in den durch α beschriebenen Alternativen. Erfolgt eine Erstattung der Veräußerungsgewinnsteuer im Zeitpunkt der Ausschüttung der Gewinnrücklage, so muß in der Zwischenzeit lediglich die Verzinsung der durch die Veräußerungsgewinnsteuer gebundenen liquiden Mittel erzielt werden. Die Veräußerungsgewinnsteuer hat in diesem Fall einen Interimscharakter, da sie lediglich eine Vorauszahlung auf die im Zeitpunkt der Gewinnrücklagenausschüttung fällige Ausschüttungsteuer darstellt. Demgegenüber kommt es zu einer definitiven zusätzlichen Belastung, wenn die Wertminderung im Zeitpunkt der Auskehr der Gewinnrücklage nicht geltend gemacht werden kann. Neben der Verzinsung des durch die Veräußerungsgewinnbesteuerung zusätzlich erforderlichen Kapitaleinsatzes muß die erwirtschaftete Mindestrendite auch die Veräußerungsgewinnsteuerzahlung umfassen. Das Ausmaß der Erhöhung der Mindestrendite durch eine solche definitive Steuer ist insbesondere von der Differenz zwischen Investitionshorizont *T* und Veräußerungszeitpunkt *V* abhängig. Mit der Zunahme des Abstandes zwischen diesen beiden Zeitpunkten verringert sich der Zuschlag auf die um die Veräußerungsgewinnsteuer erhöhte Mindestrendite. Die folgende Abbildung zeigt das Ausmaß der Erhöhung der Mindestrendite der Selbstfinanzierung durch die Berücksichtigung der Veräußerungsgewinnbesteuerung:

Veräußerungs-gewinnsteuer-satz s_v	$\frac{1}{1-s_v}$	Abstand Veräußerungszeitpunkt und Investitionshorizont (*T*-*V*)					
		Nettozins i_s=2,5 %			Nettozins i_s=5,0 %		
		5	15	25	5	15	25
20,00%	1,25	2,52	1,45	1,23	1,72	1,19	1,08
30,00%	1,43	3,28	1,67	1,35	2,09	1,28	1,13
40,00%	1,67	4,04	1,89	1,47	2,45	1,37	1,17

Abbildung 3.3: Erhöhung der Mindestrendite der Selbstfinanzierung durch die Veräußerungsgewinnbesteuerung

Die Tabelle in Abbildung 3.3 ist analog zur Formel (3.17) für p_e aufgebaut. Die zweite Spalte gibt die Erhöhung der Mindestrendite durch den nominellen Veräußerungsgewinnsteuersatz an, während in den folgenden Spalten der zusätzliche Zuschlag aufgrund einer definitiven Veräußerungsgewinnsteuer $(\alpha=0)$ in Abhängigkeit vom Nettozinssatz i_s und vom Abstand zwischen Veräußerungszeitpunkt und Investitionshorizont berechnet wird. Die gesamte Erhöhung der Mindestrenditen für den Fall der definitiven Veräußerungsgewinnsteuer ergibt sich somit durch Multiplikation der Faktoren aus der zweiten Spalte und der Spalte für die jeweils unterstellte Konstellation der übrigen Einflußgrößen. Die Abbildung verdeutlicht, daß eine Veräußerungsgewinnsteuer, die als zusätzliche definitive Steuer ausgestaltet ist, die Mindestrenditen, die nach einer Veräußerung erzielt werden müssen, in großem Umfang erhöhen kann. Werden die beiden getrennten Auswirkungen der Veräußerungsgewinnbesteuerung verbunden und in einem effektiven Veräußerungsgewinnsteuersatz s_v^* zusammengefaßt[1], um den die zuvor ohne die Veräußerungsgewinnbesteuerung ermittelte Mindestrendite zu erhöhen ist, so ergeben sich folgende effektive Werte für s_v^*:

Veräußerungs-gewinnsteuer-satz s_v	Abstand Veräußerungszeitpunkt und Investitionshorizont (*T-V*)					
	Nettozins i_s=2,5 %			Nettozins i_s=5,0 %		
	5	15	25	5	15	25
20,00%	68,28%	44,68%	35,18%	53,59%	32,51%	26,19%
30,00%	78,68%	58,06%	48,20%	66,44%	45,23%	37,82%
40,00%	85,16%	68,29%	59,14%	75,49%	56,23%	48,61%

Abbildung 3.4: Effektive Veräußerungsgewinnsteuersätze bei einer definitiven Veräußerungsgewinnsteuer

Die Abbildung unterstreicht die deutliche Erhöhung der Mindestrendite durch die definitive Veräußerungsgewinnsteuer.

3.2.2.2.2 Kalkül mit einheitlicher Mindestrendite

Zu bedenken ist jedoch, daß das Ergebnis wesentlich dadurch beeinflußt wird, daß in der Phase vor der Veräußerung die Mindestrendite durch den um den Körperschaftsteuersatz erhöhten Nettomarktzins bestimmt ist. Daher soll in einem zweiten Kalkül versucht werden, die Auswirkungen der Veräußerungsgewinnbesteuerung in einem Ergebnis für die Mindestrendite zu verdichten. Grundlegender Gedanke dieses Kalküls ist, daß in der Phase vor der Veräußerung die Mindestrendite, die die Veräußerungsgewinnbesteuerung berücksichtigt, gekürzt um die Körperschaftsteuer an den Veräußerer fließt. Da dieser in dem Zeitraum bis zur Veräußerung eine Nettoverzinsung erzielt, die über der Nettomarktverzinsung des Ausschüttungsverzichts liegt, verringert sich in der Folge der geforderte Veräußerungserlös. Vor diesem Hintergrund können die Indifferenzbedingungen des Veräußerers und des Erwerbers ermittelt werden:

$$\Theta = \frac{p\cdot(1-s_{kt})\cdot\Theta}{i_s}\cdot\left(1-\frac{1}{(1+i_s)^V}\right)+\frac{VE\cdot(1-s_v)}{(1+i_s)^V} \qquad \text{(a)}$$

$$\text{(3.18)} \quad VE = \frac{p\cdot(1-s_{kt})\cdot\Theta}{i_s}\cdot\left(1-\frac{1}{(1+i_s)^{T-V}}\right)+\frac{\Theta+s_v\cdot\alpha\cdot VE}{(1+i_s)^{T-V}} \qquad \text{(b)}$$

$$= \frac{(1+i_s)^{T-V}\cdot\Theta}{(1+i_s)^{T-V}-\alpha\cdot s_v}\cdot\left(\frac{p\cdot(1-s_{kt})}{i_s}\cdot\left(1-\frac{1}{(1+i_s)^{T-V}}\right)+\frac{1}{(1+i_s)^{T-V}}\right)$$

---

[1] Der kombinierte Veräußerungsgewinnsteuersatz beträgt dann: $s_v^* = s_v \cdot \frac{(1+i_s)^{T-V}}{(1+i_s)^{T-V}-1+s_v}$

Gegenüber dem vorangegangenen Kalkül verringert sich die Anzahl der Bedingungen, die für die Ableitung der Mindestrendite erfüllt sein müssen, auf zwei. Im Gleichungssystem (3.18) beschreibt die Gleichung (a) das Kalkül des Veräußernden, nämlich daß der Barwert der Ausschüttungen und der Barwert des Nettoveräußerungserlöses seinem Ausschüttungsverzicht im Thesaurierungszeitpunkt entsprechen muß. Die Gleichung (b) formuliert das Kalkül des Erwerbers, in dem gefordert wird, daß die an ihn fließenden Nettozahlungen seiner Anschaffungsauszahlung entsprechen müssen. Wiederum wird mit Hilfe des Faktors α danach unterschieden, ob die Veräußerungsgewinnsteuer definitiv wirkt oder nicht. Aus dem Gleichungssystem (3.18) können die Ergebnisse für die Mindestrendite p und den Veräußerungserlös VE ermittelt werden:

$$\text{(3.19)}\quad \begin{aligned} p &= \frac{i_s}{(1-s_{kt})\cdot(1-s_v^*)} \\ VE &= \frac{\Theta}{1-s_v^*}\cdot\left(1+\frac{\alpha\cdot s_v - s_v^*}{(1+i_s)^{T-V}-\alpha\cdot s_v}\right) \\ s_v^* &= \frac{s_v}{(1+i_s)^V}\cdot\frac{1}{1+\dfrac{(1-s_v)\cdot\left(\alpha\cdot(1+i_s)^V-1\right)}{(1+i_s)^T-\alpha\cdot(1+i_s)^V}} \end{aligned}$$

Wie Gleichung (3.19) zeigt, ist die Mindestrendite des Selbstfinanzierungskalküls ohne Berücksichtigung der Veräußerungsgewinnsteuer um den effektiven Veräußerungsgewinnsteuersatz s_v^* zu erhöhen. Die Höhe des effektiven Steuersatzes und die Einflußgrößen, die auf den effektiven Veräußerungsgewinnsteuersatz einwirken, ändern sich gegenüber dem zuvor dargestellten Modell. Während im vorherigen Kalkül lediglich die Differenz zwischen dem Veräußerungszeitpunkt und dem Investitionshorizont von Bedeutung war, nehmen unter den nun vorliegenden Annahmen beide Zeitpunkte durch ihre absoluten Werte Einfluß auf den effektiven Veräußerungsgewinnsteuersatz. Die folgende Abbildung zeigt für verschiedene Parameter den Verlauf des effektiven Veräußerungsgewinnsteuersatzes in Abhängigkeit vom Investitionshorizont T:[1)]

[1)] Der Verlauf der effektiven Veräußerungsgewinnsteuersätze beginnt jeweils im Veräußerungszeitpunkt, da erst ab diesem Zeitpunkt Zahlungen vorliegen, die der Erwerber bewerten kann. Ein dem Veräußerungszeitpunkt entsprechender Investitionshorizont impliziert, daß nur die Gewinnrücklage veräußert wird, wobei es unmittelbar nach der Veräußerung zu einer Ausschüttung dieser Rücklage kommt. Aus Gleichung (3.18) ergibt sich für diesen Fall: $s_v^* = \dfrac{s_v\cdot(1-\alpha)}{(1+i_s)^T\cdot(1-s_v\cdot\alpha)-(1-s_v)}$

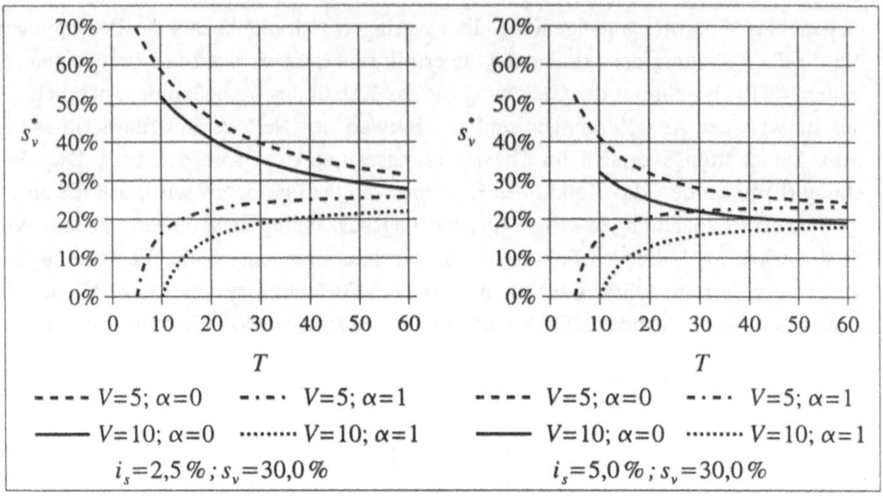

Abbildung 3.5: Effektiver Veräußerungsgewinnsteuersatz in Abhängigkeit vom Investitionshorizont

Wie aus der Abbildung ersichtlich ist, ergeben sich entsprechend der Ausgestaltung der Veräußerungsgewinnsteuer wiederum deutliche Unterschiede zwischen den effektiven Sätzen der Veräußerungsgewinnsteuer. Ist es den Erwerbern nicht möglich, die Verringerung des Anteilswertes infolge der Liquidation der Gewinnrücklage geltend zu machen, so ergeben sich effektive Veräußerungsgewinnsteuersätze, die erneut deutlich über den nominellen Sätzen liegen. In welchem Ausmaß der effektive Satz den nominellen Satz überschreitet, hängt insbesondere vom Investitionshorizont T und dem für die Diskontierung herangezogenen Nettozinssatz i_s ab. Kommt es im Zeitpunkt T hingegen zu einer Erstattung der Veräußerungsgewinnsteuer, so kann ein in Abhängigkeit vom Investitionshorizont T steigender effektiver Veräußerungsgewinnsteuersatz ermittelt werden. Auch dieses Ergebnis kann damit erklärt werden, daß die Veräußerungsgewinnsteuer in dem Kalkül zu einer Erhöhung des Kapitaleinsatzes führt. Solange der Zeitraum, über den dieser vermehrte Kapitaleinsatz notwendig ist, deutlich geringer ist als der Investitionshorizont T, wirken sich die zusätzlich zu erwirtschaftenden Erfolge nur in geringem Maß auf die Mindestrendite aus. Erst wenn der Veräußerungszeitpunkt V deutlich früher anzusetzen ist als der Zeitpunkt der Ausschüttung der Rücklage, erhöht sich der Einfluß, den der erhöhte Kapitaleinsatz auf die Mindestrendite ausübt. Gleichung (3.19) zeigt, daß der effektive Veräußerungsgewinnsteuersatz s_v^* für einen weit in der Zukunft liegenden Investitionshorizont T dem vom Veräußerungszeitpunkt auf den Zeitpunkt null diskontierten nominellen Steuersatz entspricht. Dies gilt unabhängig davon, ob die Wertminderung im Ausschüttungszeitpunkt im Rahmen der Veräußerungsgewinnbesteuerung geltend gemacht werden kann. Für $T \to \infty$ führt das herangezogene Kalkül somit zur folgenden Mindestrendite für die Selbstfinanzierung:

$$(3.20)\quad \begin{aligned} p &= \frac{i_s}{(1-s_{kt})\cdot(1-s_v^*)} \\ s_v^* &= \frac{s_v}{(1+i_s)^V} \end{aligned}$$

Für ein Kalkül mit einem unendlichen Investitionshorizont ist die Erhöhung der Mindestrendite durch den Veräußerungszeitpunkt und den Nettozinssatz bestimmt. Die Berücksichtigung von Wertänderungen des Ausschüttungsstromes bei den Ausschüttungsempfängern führt zu einer Erhöhung der Mindestrendite, deren Ausmaß vom Zeitpunkt abhängig ist, zu dem die Wertänderung steuerlich berücksichtigt wird. Erfolgt die steuerliche Berücksichtigung im Zeitpunkt der Thesaurierung, so ist die Erhöhung vom nominellen Steuersatz auf Wertzuwächse bestimmt. Ergibt sich die Berücksichtigung erst zu späteren Zeitpunkten, so bestimmt sich die Erhöhung aus dem diskontierten nominellen Steuersatz.

Anhand des Unendlichkeitskalküls kann der Grundgedanke des betrachteten Veräußerungskalküls verdeutlicht werden. Hierzu bietet sich ein Blick auf die Kapitalwertkalküle der veräußernden und der erwerbenden Anteilseigner unter Berücksichtigung der ermittelten Mindestrendite an. Der Ertragswert der Zahlungen, die an den Veräußernden fließen, lautet:

$$(3.21)\quad \begin{aligned} BWZ &= \frac{\Theta}{1-s_v^*}\cdot\left(1-\frac{1}{(1+i_s)^V}\right)+\frac{\Theta}{1-s_v^*}\cdot\frac{1-s_v}{(1+i_s)^V} \\ &= \frac{\Theta}{1-s_v^*}\cdot\left(1-\frac{1}{(1+i_s)^V}+\frac{1-s_v}{(1+i_s)^V}\right) \\ &= \Theta \end{aligned}$$

Wie der Gleichung (3.21) entnommen werden kann, ist der Barwert der an die Anteilseigner fließenden Ausschüttungen durch den Ausschüttungsverzicht erhöht um den effektiven Steuersatz auf den Veräußerungsgewinn bestimmt (erster Summand). Der Veräußerungserlös nach Veräußerungsgewinnsteuer liegt dagegen unter dem im Investitionszeitpunkt geleisteten Ausschüttungsverzicht, da s_v größer ist als s_v^* (zweiter Summand). Insgesamt beträgt der Barwert des Veräußernden Θ und gleicht somit seinem Ausschüttungsverzicht. Der Erwerber erhält einen Strom von Ausschüttungen, der im Barwert seiner Anschaffungsauszahlung in Höhe von $\Theta/(1-s_v^*)$ entspricht. Da in den Folgeperioden annahmegemäß jeweils die ermittelte Mindestrendite erzielt wird, ändert sich dieser Barwert der Ausschüttungen im Zeitablauf nicht mehr, so daß bei weiteren Veräußerungen keine der Besteuerung unterliegenden Wertänderungen mehr auftreten können.[1] Insofern ist der effektive Veräußerungsgewinnsteuersatz ausschließlich durch den Zeitraum zwischen Bildung und Veräußerung der Gewinnrücklage und dem verwendeten Diskontierungszinssatz bestimmt.

Die folgende Abbildung zeigt das Verhältnis zwischen effektivem und nominalem Veräußerungsgewinnsteuersatz in Abhängigkeit vom Diskontierungszinssatz und dem Veräußerungszeitpunkt:

Nettozins i_s	Veräußerungszeitpunkt			
	5	10	15	20
2,50%	88,39%	78,12%	69,05%	61,03%
5,00%	78,35%	61,39%	48,10%	37,69%

Abbildung 3.6: Verhältnis aus effektivem und nominalem Veräußerungsgewinnsteuersatz

Die Abbildung 3.6 verdeutlicht, daß es durch die Besteuerung des Wertzuwachses im Zeitpunkt der Veräußerung zu spürbar reduzierten effektiven Steuersätzen auf den Wertzuwachs kommen kann. Wird zusätzlich unterstellt, daß der Körperschaftsteuersatz s_{kt} und der nominale Veräußerungsgewinnsteuersatz s_v geringer sind als der Einkommensteuersatz auf die Alternativanlage s_z, so sind weiterhin Mindestrenditen möglich, die kleiner als der Marktzins i sind.[2] Die folgende Abbildung zeigt für verschiedene Steuersätze s_z das Verhältnis aus nominellem Veräußerungsgewinn- und Einkommensteuersatz, bei dem die Mindestrendite für die Selbstfinanzierung gerade dem Marktzins i entspricht.[3] Für die Berechnung ist ein Körperschaftsteuersatz s_{kt} von 30% und ein Marktzins i von 5% unterstellt:

Einkommensteuersatz s_e	Veräußerungszeitpunkt			
	5	10	15	20
35,00%	23,95%	28,10%	32,97%	38,69%
45,00%	54,54%	62,46%	71,53%	81,93%
55,00%	72,58%	81,12%	90,66%	101,33%

Abbildung 3.7: Verhältnis aus nominalem Veräußerungsgewinn- und Einkommensteuersatz, für das die Mindestrendite dem Marktzins entspricht

[1] Diese Aussage gilt nur für das Unendlichkeitskalkül. Im Endlichkeitskalkül nimmt die Anzahl der Veräußerungen Einfluß auf die Höhe des effektiven Veräußerungsgewinnsteuersatzes. Für ein solches Kalkül wäre das Gleichungssystem (3.18) um die Kalküle der zwischenzeitlichen Erwerber zu ergänzen. Kann der letzte Erwerber seine Anschaffungsauszahlung bei der Liquidation der Rücklage geltend machen, so liegt der effektive Veräußerungsgewinnsteuersatz zwischen dem in Gleichung (3.19) dargestellten Satz und dem für den Unendlichkeitsfall ermittelten Satz.

[2] Vgl. auch Scholes, M. S./ Wolfson, M. A. (1992), S. 74.

[3] Grundlage für die Ermittlung ist die Gleichung $(1-s_{kt})\cdot(1-s_v^*)=(1-s_e)$ mit $s_v=\epsilon\cdot s_e$. In der Abbildung sind die jeweiligen Werte für ϵ angegeben.

Wie der Abbildung 3.7 zu entnehmen ist, kann bei einer entsprechenden Differenz zwischen Körperschaft- und Einkommensteuersatz, der nominale Veräußerungsgewinnsteuersatz dem Einkommensteuersatz entsprechen und es ergeben sich trotzdem Mindestrenditen, die den Marktzins unterschreiten.

Festzuhalten bleibt, daß der Einbezug der Veräußerungsgewinnbesteuerung in das Kalkül zur Abbildung der Selbstfinanzierung die Komplexität und die Anzahl der Fallunterscheidungen, die vorzunehmen sind, deutlich erhöht. Eindeutige Aussagen mit Hilfe dieses Instrumentariums sind daher nur vor dem Hintergrund genau spezifizierter steuerlicher Rahmenbedingungen möglich. Von wesentlicher Bedeutung ist darüber hinaus, welcher Investitionshorizont für die Analyse gewählt wird.

3.2.3 Verknüpfung der Beteiligungs- und Selbstfinanzierung

3.2.3.1 Konstante Ausschüttungsquote

Nachdem das Kalkül für die Selbstfinanzierung anzeigt, daß ein vorübergehender Ausschüttungsverzicht Einfluß auf die Mindestrenditen von Kapitalgesellschaften nehmen kann, soll nun versucht werden, die Ergebnisse aus dem Beteiligungsfinanzierungskalkül und dem Kalkül zur Selbstfinanzierung zusammenzuführen. Hierzu sind Annahmen über das Ausschüttungsverhalten der Gesellschaft zu treffen, nachdem ihr eine Geldeinheit Beteiligungskapital zugeführt wurde. In einem ersten Schritt soll unterstellt werden, daß die Gesellschaft jeweils einen konstanten Anteil γ ihres Investitionserfolges für weitere Investitionen einbehält.[1] In diesem Fall ergibt sich die folgende Entwicklung der einbehaltenen Erfolge und der Auszahlungen an die Anteilseigner:

Zeit	Zahlungsüberschuß	Gewinnrücklage	Zahlungen an Anteilseigner
1	$p\cdot(1-s_{kt})$	$\frac{p}{p_w}\cdot(F-1)$	$(1-\gamma)\cdot p\cdot(1-s_{kt})$
2	$p\cdot(1-s_{kt})\cdot F$	$\frac{p}{p_w}\cdot(F^2-1)$	$(1-\gamma)\cdot p\cdot(1-s_{kt})\cdot F$
⋮	⋮	⋮	⋮
T-1	$p\cdot(1-s_{kt})\cdot F^{T-2}$	$\frac{p}{p_w}\cdot(F^{T-1}-1)$	$(1-\gamma)\cdot p\cdot(1-s_{kt})\cdot F^{T-2}$
T	$p\cdot(1-s_{kt})\cdot F^{T-1}$	$\frac{p}{p_w}\cdot(F^T-1)$	$1+(1-\gamma)\cdot p\cdot(1-s_{kt})\cdot F^{T-1}+\frac{p}{p_w}\cdot(F^T-1)$
$F=1+\gamma\cdot p_w\cdot(1-s_{kt})$			

Abbildung 3.8: Zahlungsüberschüsse bei konstanter Thesaurierungsquote

1) Vgl. hierzu auch Gordon M. J. (1959), S. 103, der mit diesem Ansatz die Bewertung von Aktien am Aktienmarkt untersucht.

In der Abbildung 3.8 wird unterstellt, daß die Investition der im Zeitpunkt null in die Gesellschaft eingezahlten Geldeinheit einen Zahlungsstrom in Höhe von p auslöst, der über einen Zeitraum von T Perioden fließt. In den folgenden Perioden wird jeweils ein Anteil von γ des erzielten Zahlungsüberschusses für Investitionen mit einer Rendite von p_w verwendet, so daß es im Zeitablauf zu steigenden Zahlungsüberschüssen auf Ebene der Unternehmung kommt, die sich aus den Erfolgen der Investition im Zeitpunkt null und den Erfolgen der in den Folgezeitpunkten getätigten Investitionen zusammensetzen. Im Zeitablauf steigen daher sowohl die jeweils investierten Beträge als auch die an die Anteilseigner geleisteten Zahlungen. Zusätzlich wird angenommen, daß im Zeitpunkt T alle investierten Beträge zurückfließen, wobei die im Zeitpunkt null geleistete Zahlung in die Unternehmung ohne Besteuerungskonsequenzen an die Anteilseigner ausgezahlt werden kann, während die einbehaltenen Investitionserfolge in diesem Zeitpunkt der Ausschüttungsbesteuerung unterliegen.

Für die Ermittlung der Mindestrendite ist der Barwert der Zahlungen an die Anteilseigner zu bestimmen. Hierzu muß unterschieden werden, ob γ kleiner als eins ist oder ob γ eins beträgt. Im zweiten Fall ergibt sich eine Zahlung an die Anteilseigner lediglich im Zeitpunkt T, während für γ kleiner eins in jeder Periode zwischen eins und T Zahlungen an die Anteilseigner fließen. Wird die Besteuerung der Anteilseigner einbezogen, so lauten die Barwerte der Zahlungsströme an die Anteilseigner demzufolge:

$$\begin{aligned} BWZ &= \sum_{t=1}^{T} \frac{(1-\gamma)\cdot p\cdot(1-s_{kt})\cdot F^{t-1}\cdot\Theta}{(1+i_s)^t} + \frac{p\cdot\Theta}{p_w}\cdot\frac{F^T-1}{(1+i_s)^T} + \frac{1}{(1+i_s)^T} && \text{für } \gamma<1 \\ &= \frac{\Theta\cdot p}{p_w}\cdot\left(\frac{(1-\gamma)\cdot(1-s_{kt})\cdot p_w}{i_s-\gamma\cdot(1-s_{kt})\cdot p_w}\left(1-\frac{F^T}{(1+i_s)^T}\right)+\frac{F^T-1}{(1+i_s)^T}\right) \\ &\quad +\frac{1}{(1+i_s)^T} \\ BWZ &= \frac{p\cdot\Theta}{p_w}\cdot\frac{F^T-1}{(1+i_s)^T}+\frac{1}{(1+i_s)^T} && \text{für } \gamma=1 \\ F &= 1+\gamma\cdot p_w\cdot(1-s_{kt}) \end{aligned} \tag{3.22}$$

Unter der Voraussetzung, daß die Barwerte der Zahlungen an die Anteilseigner jeweils der im Investitionszeitpunkt null hingegebenen Geldeinheit entsprechen, kann der folgende Zusammenhang zwischen der Rendite p der Investition, die im Zeitpunkt null durchgeführt wird, und der Rendite p_w der Investitionen, die mit den einbehaltenen Investitionserfolgen finanziert werden, abgeleitet werden:

$$p = \frac{p_w \cdot \left(i_s - \gamma \cdot (1-s_{kt}) \cdot p_w\right)}{\Theta \cdot \left(p_w \cdot (1-s_{kt}) \cdot (1-\gamma-G) + i_s \cdot G\right)} \quad \text{für } \gamma < 1$$

$$(3.23) \quad p = \frac{p_w}{\Theta \cdot G} \quad \text{für } \gamma = 1$$

$$G = \frac{\left(1+\gamma \cdot p_w \cdot (1-s_{kt})\right)^T - 1}{(1+i_s)^T - 1}$$

Zur Analyse der durch die Gleichung (3.23) beschriebenen Zusammenhänge zwischen den Größen p und p_w wird zunächst angenommen, daß die Rendite p_w der Rendite entspricht, die zuvor für das isolierte Selbstfinanzierungskalkül ermittelt wurde. Unter diesen Annahmen kann für die Mindestrendite p der Investition, die im Zeitpunkt null durchgeführt wird, die Mindestrendite des isolierten Beteiligungsfinanzierungskalküls ermittelt werden. Dieses Ergebnis ist unabhängig von der Höhe der Thesaurierungsquote γ. Die Verknüpfung der Beteiligungs- und der Selbstfinanzierung in einem Kalkül verdeutlicht damit die Interdependenz zwischen den Finanzierungsformen. Diese Interdependenz besteht darin, daß die Absenkung der Mindestrendite im Selbstfinanzierungskalkül an die Voraussetzung gebunden ist, daß mit den Mitteln, die im Investitionszeitpunkt in Form von Eigenkapital in die Unternehmung eingezahlt wurden, laufend die im Beteiligungsfinanzierungskalkül bestimmte Mindestrendite erzielt wird.

Eine alternative Möglichkeit zur Auswertung der Gleichung (3.23) besteht darin, eine einheitliche Mindestrendite für die Unternehmung zu ermitteln, die mit allen Investitionen erwirtschaftet werden muß. Hierzu wird die Differenzierung zwischen p und p_w aufgehoben. Unter dieser Annahme ergeben sich in Abhängigkeit von der Thesaurierungsquote γ folgende Zusammenhänge für die Mindestrendite:

$$p = \frac{i_s \cdot (1-\Theta \cdot G)}{(1-s_{kt}) \cdot \left(\Theta \cdot (1-\gamma-G) + \gamma\right)} \quad \text{für } \gamma < 1$$

$$(3.24) \quad p = \frac{1}{1-s_{kt}} \cdot \left((1+i_s) \cdot \left(\sqrt[T]{1 + \frac{1-\Theta}{\Theta} \cdot \left(1 - \frac{1}{(1+i_s)^T}\right)} \right) - 1 \right) \quad \text{für } \gamma = 1$$

$$G = \frac{\left(1+\gamma \cdot p \cdot (1-s_{kt})\right)^T - 1}{(1+i_s)^T - 1}$$

Die durch Gleichung (3.24) beschriebenen Mindestrenditen lassen sich für Ausschüttungsquoten γ, die kleiner als eins sind, nur durch Iteration bestimmen. In der folgenden Abbildung ist die Entwicklung des Verhältnisses der Mindestrenditen aus dem isolierten Beteiligungsfinanzierungskalkül und dem Thesaurierungskalkül mit konstanter Thesaurierungsquote γ für verschiedene Grade der Integration von Einkommen- und

Körperschaftsteuer und für verschiedene Thesaurierungsquoten γ in Abhängigkeit vom Investitionshorizont T dargestellt:

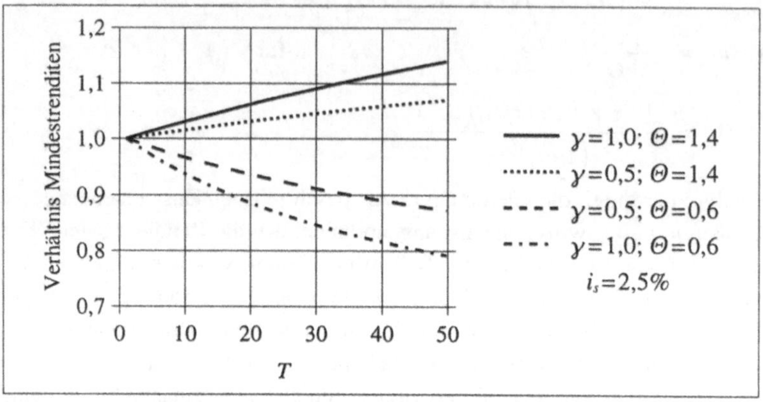

Abbildung 3.9: Verhältnis der Mindestrenditen der Beteiligungsfinanzierung und der des kombinierten Kalküls mit konstanter Thesaurierungsquote

Die Abbildung 3.9 zeigt, daß durch eine Verzögerung der Ausschüttung eine Verringerung der Mindestrendite gegenüber dem isolierten Beteiligungsfinanzierungskalkül erreicht werden kann. Im Vergleich fällt die relative Verringerung der Mindestrendite in einem Steuersystem, welches Ausschüttungen gegenüber einbehaltenen Erfolgen stärker besteuert $(\Theta < 1)$, deutlicher aus als die relative Erhöhung der Mindestrenditen, die sich ergibt, wenn Ausschüttungen einer geringeren Besteuerung unterliegen als einbehaltene Erfolge $(\Theta > 1)$. Unter der Voraussetzung eines unendlichen Investitionshorizontes T kann aus Gleichung (3.24) der folgende Zusammenhang für die Mindestrendite bestimmt werden:[1)]

$$(3.25) \quad p = \frac{i_s}{(1-s_{kt})\cdot(\Theta\cdot(1-\gamma)+\gamma)}$$

Gegenüber dem isolierten Beteiligungsfinanzierungskalkül verändert sich die Mindestrendite dahingehend, daß im Nenner der Formel die durch Θ repräsentierte Ausschüttungsbesteuerung mit der Ausschüttungsquote $1-\gamma$ zu gewichten ist und zusätzlich der Faktor um die Thesaurierungsquote γ zu ergänzen ist.[2)] Im Vergleich zum isolierten Beteiligungsfinanzierungskalkül kommt es daher für Θ größer eins zu steigenden Mindestrenditen, während bei Werten von Θ, die unter eins liegen, die Mindestrenditen gegenüber dem isolierten Beteiligungsfinanzierungskalkül sinken. Für die

1) Der Grenzwert für das Unendlichkeitskalkül kann bestimmt werden, wenn die Mindestrendite p kleiner ist als $i_s/(\gamma\cdot(1-s_{kt}))$, da in diesem Fall der Faktor G aus Gleichung (3.24) null wird. Die durch Gleichung (3.25) bestimmte Mindestrendite erfüllt diese Voraussetzung.

2) Vgl. zu diesem Ergebnis auch Sørensen, P. B. (1994), S. 429.

relative Änderung der Mindestrendite durch die Thesaurierung im Vergleich zum isolierten Beteiligungsfinanzierungskalkül ist der verwendete Diskontierungszinssatz i_s nur insoweit von Bedeutung, als daß durch diesen der Zeitraum bestimmt wird, nach dem eine bestimmte Veränderung der Mindestrendite eintritt. Unter Vernachlässigung einer Thesaurierungsquote γ von eins ergibt sich für die in der Abbildung 3.9 unterstellten Parameter eine maximale relative Veränderung der Mindestrenditen gegenüber dem isolierten Beteiligungsfinanzierungskalkül von ca. 16,7% bei einem Wert von 1,4 für Θ und von –25,0% bei einem Wert von 0,6 für Θ.[1)]

Allerdings ist zu vermuten, daß insbesondere die Verringerung der Mindestrenditen in einem wenig integrierten Steuersystem überzeichnet ist, da die Modellierung bisher etwaige Veräußerungsgewinnsteuern nicht berücksichtigt. Eine Berücksichtigung der Besteuerung von Veräußerungsgewinnen ist in dem Kalkül, das hier zur Modellierung einer kombinierten Beteiligungs- und Selbstfinanzierung verwendet wurde, dadurch erschwert, daß die formalen Zusammenhänge, die das Kalkül beschreiben, nicht analytisch, sondern nur numerisch gelöst werden können. Aus diesem Grund wird im nächsten Abschnitt eine Variante eines kombinierten Kalküls aus Beteiligungs- und Selbstfinanzierung dargestellt, die in einem Folgeschritt auch die Integration der Veräußerungsgewinnbesteuerung ermöglicht.

3.2.3.2 Thesaurierung der Erfolge aus der Beteiligungsfinanzierung

3.2.3.2.1 Modell ohne Veräußerungsgewinnbesteuerung

Gegenüber der vorangegangenen Modellierung der Thesaurierungspolitik wird im folgenden Kalkül unterstellt, daß ausschließlich Zahlungsüberschüsse ausgeschüttet werden, die aus der Reinvestition der Zahlungsüberschüsse erzielt werden, die aus der als beteiligungsfinanziert geltenden Investition fließen. Die Zahlungsüberschüsse auf Gesellschaftsebene werden hierzu gedanklich in zwei Zahlungsströme zerlegt. Die Zahlungsüberschüsse, die aus der Investition der im Investitionszeitpunkt null in die Unternehmung eingezahlten Geldeinheit fließen, werden in den Folgeperioden für Investitionen der Unternehmung verwendet, mit denen eine Rendite von p_w erzielt wird. Erst die Zahlungsüberschüsse, die aus der laufenden Investition der primären Zahlungsreihe resultieren, werden für die Ausschüttungen an die Anteilseigner herangezogen. Die Gewinnrücklage wächst demzufolge im Zeitablauf jeweils um den Zahlungsüberschuß aus der als beteiligungsfinanziert geltenden Investition, so daß der Ausschüttungsstrom unter diesen Annahmen durch die Verzinsung der Gewinnrücklage mit der Wiederanlagerendite p_w bestimmt ist. Die folgende Übersicht zeigt die gedankliche Zerlegung der Zahlungsüberschüsse auf Unternehmensebene und den Verlauf der Ausschüttungen:

---

1) Aufgrund des relativ geringen Diskontierungszinssatzes von 2,5%, der zur Ermittlung der Abbildung 3.9 herangezogen wurde, sind diese Grenzwerte in der Abbildung 3.9 noch nicht erkennbar.

Zeit	Erfolg der beteiligungsfinanzierten Investition=Gewinnrücklagenzugang	Gewinnrücklage	Erfolg der selbstfinanzierten Investitionen=Ausschüttung
1	$p\cdot(1-s_{kt})$	$p\cdot(1-s_{kt})$	0
2	$p\cdot(1-s_{kt})$	$2\cdot p\cdot(1-s_{kt})$	$p_w\cdot p\cdot(1-s_{kt})^2$
3	$p\cdot(1-s_{kt})$	$3\cdot p\cdot(1-s_{kt})$	$2\cdot p_w\cdot p\cdot(1-s_{kt})^2$
⋮	⋮	⋮	⋮
T	$p\cdot(1-s_{kt})$	$T\cdot p\cdot(1-s_{kt})$	$(T-1)\cdot p_w\cdot p\cdot(1-s_{kt})^2$

Abbildung 3.10: Zahlungsüberschüsse bei Vollausschüttung der Erfolge aus der Selbstfinanzierung

Der in Abbildung 3.10 dargestellte Verlauf der Ausschüttungen läßt sich unter Berücksichtigung der Ausschüttungsbesteuerung formal wie folgt beschreiben:

$$(3.26)\quad \begin{aligned} BWZ &= \sum_{t=1}^{T}\frac{(t-1)\cdot p\cdot(1-s_{kt})\cdot p_w\cdot(1-s_{kt})\cdot\Theta}{(1+i_s)^t} \\ &= \frac{p\cdot(1-s_{kt})\cdot p_w\cdot(1-s_{kt})\cdot\Theta}{i_s^2}\cdot\left(1-\frac{1+i_s\cdot T}{(1+i_s)^T}\right) \end{aligned}$$

Zusätzlich ist zu beachten, daß im Zeitpunkt T das im Zeitpunkt null überlassene Eigenkapital und die bis dahin gebildete Gewinnrücklage in Höhe von $T\cdot p\cdot(1-s_{kt})$ an die Kapitalgeber zurückfließen, so daß der Barwert aller Zahlungen aus der betrachteten Finanzierungspolitik bestimmt ist durch:

$$(3.27)\quad BWZ = \frac{p\cdot(1-s_{kt})\cdot p_w\cdot(1-s_{kt})\cdot\Theta}{i_s^2}\cdot\left(1-\frac{1+i_s\cdot T}{(1+i_s)^T}\right)+\frac{1+T\cdot p\cdot(1-s_{kt})\cdot\Theta}{(1+i_s)^T}$$

Aus dieser Gleichung kann der Zusammenhang zwischen der Mindestrendite p und der Wiederanlagerendite p_w ermittelt werden:

$$(3.28)\quad p = \frac{i_s^2}{(1-s_{kt})\cdot\Theta}\cdot\frac{(1+i_s)^T-1}{(1-s_{kt})\cdot p_w\cdot\left((1+i_s)^T-1-i_s\cdot T\right)+i_s^2\cdot T}$$

Anhand von Gleichung (3.28) können analog zum vorangegangenen Kalkül mit konstanter Thesaurierungsquote zwei Fälle unterschieden werden. Beträgt die Mindestrendite p der als beteiligungsfinanziert geltenden Investition $i_s/((1-s_{kt})\cdot\Theta)$, so kann als Mindestrendite für die Investitionen, die aus den thesaurierten Beträgen finanziert werden, $i_s/(1-s_{kt})$ ermittelt werden. Eine laufende Verschiebung der Auszahlung der Erfolge aus der als beteiligungsfinanziert geltenden Investition auf der Zeitachse ist somit zu der Mindestrendite möglich, die zuvor für das Selbstfinanzierungskalkül bestimmt wurde. Die Verknüpfung der Kalküle zeigt auch hier, daß die Verringerung der Mindestrenditen gegenüber dem Beteiligungsfinanzierungskalkül nur eintritt, wenn die Investitionen, aus deren Mittelzuflüssen die selbstfinanzierten Investitionen finanziert werden, laufend die zuvor für das Beteiligungsfinanzierungskalkül ermittelten Mindestrenditen erzielen.

Ein weiterer Indikator für das Ausmaß der Auswirkungen definitiver Steuerbelastungen auf Gesellschaftsebene kann gewonnen werden, indem die Mindestrenditen für das kombinierte Kalkül unter der Annahme ermittelt werden, daß die Wiederanlagerendite p_w der Mindestrendite p entspricht. In diesem Fall gilt:

$$
\begin{aligned}
p &= \frac{i_s}{(1-s_{kt})\cdot\Theta} && \text{für } T=1 \\
p &= \frac{i_s}{(1-s_{kt})\cdot\sqrt{\Theta}}\cdot F && \text{für } T>1 \\
F &= \frac{1}{2}\cdot\left(\sqrt{4+4\cdot G+\Theta\cdot G^2}-G\cdot\sqrt{\Theta}\right) \\
G &= \frac{i_s\cdot T}{(1+i_s)^T-1-i_s\cdot T}
\end{aligned}
\tag{3.29}
$$

Eine Ausschüttungspolitik, bei der die Erfolge aus der als beteiligungsfinanziert geltenden Investition thesauriert werden und nur die Zahlungsüberschüsse ausgeschüttet werden, die aus den als selbstfinanziert geltenden Investitionen erzielt werden, führt zu Mindestrenditen, die unter denen für das isolierte Beteiligungsfinanzierungskalkül liegen, wenn Θ kleiner als eins ist.[1] Demgegenüber erhöht sich die Mindestrendite, wenn es bei der Ausschüttungsbesteuerung zu einer (teilweisen) Erstattung der Körperschaftsteuer an die Anteilseigner kommt $(\Theta>1)$. Diese Situation kann sich ergeben, wenn im Rahmen einer Einkommensteuer mit steigenden Grenzsteuersätzen ein Anrechnungsverfahren praktiziert wird, dessen Anrechnungssatz höher ist als der persönliche Steuersatz des Investors auf die Ausschüttung $(s_e<s_a)$. Das Ausmaß der Veränderung der Mindestrendite gegenüber der isolierten Beteiligungsfinanzierung ist durch den Faktor $F\cdot\sqrt{\Theta}$ bestimmt. Die folgende Abbildung zeigt die Entwicklung des Verhältnisses der Mindestrenditen für das kombinierte Thesaurierungskalkül und das iso-

---

[1] Ist $\Theta<1$, so ist die in Gleichung (3.29) bestimmte Mindestrendite immer kleiner als die für das Beteiligungsfinanzierungskalkül ermittelte Mindestrendite:

$$
\begin{aligned}
& \frac{i_s}{(1-s_{kt})\cdot\sqrt{\Theta}}\cdot F && < \frac{i_s}{(1-s_{kt})\cdot\Theta} \\
\Leftrightarrow\ & F\cdot\sqrt{\Theta} && < 1 \\
\Leftrightarrow\ & \Theta\cdot\left(4+4\cdot G+\Theta\cdot G^2\right) && < 4+4\cdot G\cdot\Theta+G^2\cdot\Theta^2 \\
\Leftrightarrow\ & \Theta && < 1
\end{aligned}
$$

lierte Beteiligungsfinanzierungskalkül in Abhängigkeit vom Investitionshorizont T für verschiedene Werte für Θ:

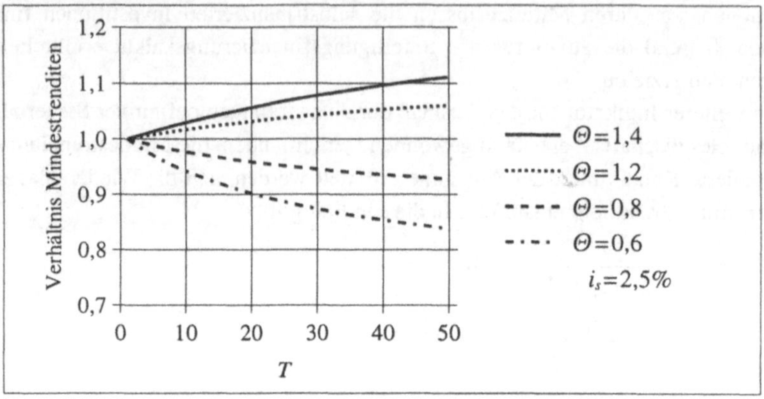

Abbildung 3.11: Verhältnis der Mindestrenditen des kombinierten und des reinen Beteiligungsfinanzierungskalküls

Wie die Abbildung 3.11 zeigt, führt auch das in diesem Abschnitt unterstellte Thesaurierungsverhalten mit zunehmendem Investitionshorizont T gegenüber der isolierten Betrachtung der Beteiligungsfinanzierung zu steigenden Mindestrenditen, wenn Θ größer als eins ist, und zu sinkenden Mindestrenditen, wenn Θ eins unterschreitet. Die relative Veränderung verhält sich wie bei der vorangegangenen Annahme über die Thesaurierungspolitik, so daß die relative Zunahme der Mindestrenditen für Θ größer eins geringer ausfällt als ihre relative Minderung für Θ kleiner eins. Für große Zeiträume T ist der Faktor F annähernd eins[1], so daß sich $i_s / \left((1 - s_{kt}) \cdot \sqrt{\Theta} \right)$ für die Mindestrendite ergibt. Für das in Abbildung 3.11 dargestellte Verhältnis aus den Mindestrenditen des kombinierten Kalküls und des isolierten Beteiligungsfinanzierungskalküls folgt daraus, daß lediglich der zeitliche Verlauf dieses Verhältnisses von der Höhe des Diskontierungszinssatzes i_s abhängig ist, während die maximale Veränderung der Mindestrendite, die durch die Thesaurierungsstrategie gegenüber dem isolierten Beteiligungsfinanzierungskalkül erreicht werden kann, lediglich durch den die Ausschüttungsbesteuerung abbildenden Faktor Θ bestimmt ist. Die modellierte Thesaurierungspolitik führt somit bei den Steuersystemen zu einer wesentlichen Absenkung der Mindestrenditen, bei denen Ausschüttungen gegenüber dem Gewinneinbehalt einer deutlich stärkeren Besteuerung unterliegen, so daß Θ deutlich kleiner als eins ist. Die folgende Tabelle zeigt die Grenzwerte für ausgewählte Werte für Θ:

---

[1] Dies ergibt sich wegen: $\lim\limits_{T \to \infty} \dfrac{i_s \cdot T}{(1+i_s)^T - 1 - i_s \cdot T} = 0$

Θ	1,40	1,20	0,80	0,60
$\sqrt{\Theta}$	1,18	1,10	0,89	0,77

Abbildung 3.12: Verringerung der Mindestrenditen durch eine Thesaurierungspolitik

Zur Einordnung der hier unterstellten Thesaurierungspolitik sollen zum Vergleich die Thesaurierungsquoten γ bestimmt werden, die im Kalkül mit konstanten Thesaurierungsquoten des vorangegangenen Abschnitts zu den gleichen Mindestrenditen führen, wie sie für das in diesem Abschnitt vorgestellte Kalkül mit konstanten Thesaurierungsbeträgen ermittelt wurden. Im Unendlichkeitskalkül ergeben sich für die beiden unterschiedlichen Thesaurierungsannahmen gleiche Mindestrenditen, wenn die folgende Bedingung erfüllt ist:

$$\frac{1}{\sqrt{\Theta}} = \frac{1}{\Theta\cdot(1-\gamma)+\gamma} \qquad (3.30)$$

$$\Leftrightarrow \quad \gamma = \frac{\sqrt{\Theta}}{1+\sqrt{\Theta}}$$

Die zu der hier modellierten Thesaurierungspolitik äquivalenten Thesaurierungsquoten des Kalküls mit konstanten Thesaurierungsquoten lauten für verschiedene Werte für Θ:

Θ	1,40	1,20	0,80	0,60
γ	0,54	0,52	0,47	0,44

Abbildung 3.13: Vergleich der kombinierten Thesaurierungskalküle: Äquivalente Thesaurierungsquoten

Wie die Abbildung 3.13 zeigt, führen die alternativen Thesaurierungspolitiken im Unendlichkeitskalkül zu gleichen Mindestrenditen, wenn die Thesaurierungsquote γ im Kalkül mit konstanter Thesaurierungsquote für die betrachteten Integrationsgrade von Einkommen- und Körperschaftsteuer zwischen 44% und 54% liegt. Höhere Thesaurierungsquoten führen im Vergleich zu der betrachteten Modellierung zu geringeren Mindestrenditen, wenn Θ kleiner als eins ist. Für Θ größer als eins sind die Mindestrenditen im Kalkül mit konstanter Thesaurierungsquote höher, wenn die Thesaurierungsquote die in der Tabelle angegebenen Werte überschreitet.

3.2.3.2.2 Einbezug der Veräußerungsgewinnbesteuerung

Wie zuvor erwähnt, gelten diese Ergebnisse jedoch nur, wenn Wertsteigerungen der Anteile bei den Eigenkapitalgebern unberücksichtigt bleiben. Die unterstellte Thesaurierungspolitik führt nämlich dazu, daß die Gewinnrücklage der Gesellschaft laufend in Höhe der Erfolge aus der primären beteiligungsfinanzierten Investition wächst. Die damit verbundene Reinvestition bewirkt einen im Zeitablauf steigenden Barwert der Ausschüttungen und somit dem Bewertungskalkül folgend einen steigenden Anteilswert.

Wird wiederum unterstellt, daß Wertänderungen nur im Rahmen von Veräußerungsvorgängen steuerpflichtig sind, so müssen Hypothesen über das Veräußerungsverhalten formuliert werden. Hier soll angenommen werden, daß die Veräußerung in regelmäßigen Abständen stattfindet. Der Abstand zwischen Erwerbs- und Veräußerungsvorgang möge V betragen. Die Bemessungsgrundlage ergibt sich unter diesen Annahmen jeweils als Differenz zwischen dem Barwert der Ausschüttungen im Erwerbszeitpunkt und deren Barwert im Veräußerungszeitpunkt.

Unter der Annahme eines unendlichen Planungshorizontes kann mit Hilfe der Gleichung (3.26) der Barwert der Ausschüttungen in Abhängigkeit vom Veräußerungszeitpunkt bestimmt werden. Hierzu ist lediglich zu beachten, daß bis zum Veräußerungszeitpunkt bereits $n \cdot V$ der Betrag von $p \cdot (1-s_{kt})$ thesauriert wurde und daß bezogen auf den Veräußerungszeitpunkt der Zeitindex für die Diskontierung der Ausschüttungen bei eins beginnen muß:

$$\text{(3.31)} \quad \begin{aligned} BWZ(n) &= p \cdot p_w \cdot (1-s_{kt})^2 \cdot \Theta \cdot \sum_{t=1+n \cdot V}^{\infty} \frac{t-1}{(1+i_s)^{t-n \cdot V}} \\ &= \frac{p \cdot p_w \cdot (1-s_{kt})^2 \cdot \Theta \cdot (1+i_s \cdot n \cdot V)}{i_s^2} \end{aligned}$$

In Gleichung (3.31) bezeichnet n die Anzahl der Veräußerungsvorgänge. Die Differenz zwischen den Barwerten der Ausschüttungen im Erwerbs- und Veräußerungszeitpunkt, die die Bemessungsgrundlage für die Wertzuwachsbesteuerung darstellt, lautet:

$$\text{(3.32)} \quad BWZ(n+1) - BWZ(n) = \frac{p \cdot p_w \cdot (1-s_{kt})^2 \cdot \Theta \cdot i_s \cdot V}{i_s^2}$$

Für einen unendlichen Planungshorizont kann folgender Barwert der Veräußerungsgewinnsteuerzahlungen ermittelt werden:

$$\text{(3.33)} \quad \begin{aligned} SV &= \frac{p \cdot p_w \cdot (1-s_{kt})^2 \cdot \Theta}{i_s^2} \cdot \sum_{n=1}^{\infty} \frac{s_v \cdot i_s \cdot V}{(1+i_s)^{n \cdot V}} \\ &= \frac{p \cdot p_w \cdot (1-s_{kt})^2 \cdot \Theta}{i_s^2} \cdot \frac{s_v \cdot i_s \cdot V}{(1+i_s)^V - 1} \end{aligned}$$

Wird der Barwert der Veräußerungsgewinnsteuerzahlungen von dem in Gleichung (3.26) ermittelten Barwert der Ausschüttungen subtrahiert, so ergibt sich der Barwert der Nettozahlungen an die Anteilseigner:

$$BWZ = \frac{p \cdot p_w \cdot (1-s_{kt})^2 \cdot \Theta}{i_s^2} \cdot \left(1 - \frac{s_v \cdot i_s \cdot V}{(1+i_s)^V - 1}\right)$$

(3.34)
$$= \frac{p \cdot p_w \cdot (1-s_{kt})^2 \cdot \Theta \cdot (1-s_v^*)}{i_s^2}$$

$$s_v^* = \frac{s_v \cdot i_s \cdot V}{(1+i_s)^V - 1}$$

Gegenüber dem isolierten Selbstfinanzierungskalkül kommt es bei einer Verknüpfung des Beteiligungsfinanzierungs- und des Selbstfinanzierungskalküls zu einer Erhöhung der effektiven Veräußerungsgewinnsteuersätze s_v, wie die folgende Abbildung im Vergleich zur Abbildung 3.6 auf S. 54 zeigt:

Nettozins i_s	Veräußerungszeitpunkt			
	5	10	15	20
2,50%	95,12%	89,26%	83,65%	78,29%
5,00%	90,49%	79,50%	69,51%	60,49%

Abbildung 3.14: Verhältnis aus effektivem und nominalem Veräußerungsgewinnsteuersatz im verknüpften Beteiligungs- und Selbstfinanzierungskalkül

Ursache für diese Erhöhung der effektiven Veräußerungsgewinnsteuersätze gegenüber dem isolierten Selbstfinanzierungskalkül ist eine abweichende Annahme hinsichtlich des Verlaufes der Realisation der entstandenen Wertzuwächse. Während im isolierten Selbstfinanzierungskalkül unterstellt wird, daß die durch die Reinvestition der thesaurierten Mittel ausgelösten Wertsteigerungen immer in einem bestimmten zeitlichen Abstand V zum Thesaurierungszeitpunkt besteuert werden, schwankt der zeitliche Abstand zwischen dem Zeitpunkt der Reinvestition der Erfolge aus der als beteiligungsfinanziert geltenden Investition und dem Zeitpunkt der Besteuerung der durch die Reinvestition ausgelösten Wertsteigerung im kombinierten Kalkül aufgrund der unterstellten Veräußerungsfolge jeweils zwischen null und $V-1$ Perioden. Durch die isolierte Betrachtung im reinen Selbstfinanzierungskalkül kann daher die effektive Höhe der Veräußerungsgewinnsteuer unterschätzt werden, wenn die Veräußerung der durch die Thesaurierungen ausgelösten Ausschüttungsströme nur zusammen mit einer Veräußerung des Beteiligungskapitals und damit mit allen dem Anteil zuzurechnenden Wertsteigerungen aus vorangegangenen Thesaurierungen möglich ist.[1)]

[1)] Vgl. z.B. Sinn, H.-W. (1991a), S. 31. *Sinn* verwendet als Schätzgröße für den effektiven Wertzuwachssteuersatz den halben nominalen Steuersatz. Wie der Abbildung 3.14 zu entnehmen ist, bedeutet eine solche Annahme, daß der Nettozinssatz i_s, mit dem die Ausschüttungen diskontiert werden, deutlich über fünf Prozent liegen muß oder daß Veräußerungsintervalle gelten, die jenseits von 20 Perioden liegen.

Bei einer Zuordnung einer Mindestrendite in Höhe von $i_s/((1\text{-}s_{kt})\cdot\Theta)$ zu der als beteiligungsfinanziert geltenden Investition kann für die zu reinvestierenden Beträge wiederum die Mindestrendite aus dem isolierten Selbstfinanzierungskalkül ermittelt werden, wobei der effektive Veräußerungsgewinnsteuersatz s_v^* durch den in Gleichung (3.34) dargestellten Zusammenhang bestimmt ist. Entspricht die Wiederanlagerendite p_w, zu der die Zahlungsüberschüsse reinvestiert werden, die aus der als beteiligungsfinanziert geltenden Investitionen fließen, der Mindestrendite p, so kann alternativ die Mindestrendite für die unterstellte Thesaurierungspolitik berechnet werden:

$$(3.35)\quad p = \frac{i_s}{(1-s_{kt})\cdot\sqrt{\Theta\cdot(1-s_v^*)}}$$

Das Verhältnis zwischen dieser Mindestrendite und der Mindestrendite bei Beteiligungsfinanzierung beträgt $\sqrt{\Theta/(1-s_v^*)}$, so daß durch die Veräußerungsgewinnbesteuerung insbesondere für Θ in der Nähe von eins Erhöhungen der Mindestrenditen gegenüber dem reinen Beteiligungsfinanzierungskalkül ermittelt werden können. Die folgende Tabelle zeigt für ausgewählte Einflußgrößen das Verhältnis zwischen den Mindestrenditen aus dem Kalkül mit einer Verknüpfung der Beteiligungs- und Selbstfinanzierung und dem isolierten Beteiligungsfinanzierungskalkül:

	Θ	Nettozins i_s=2,5 %				Nettozins i_s=5,0 %			
		Veräußerungsintervall				Veräußerungsintervall			
		1	5	10	15	1	5	10	15
s_v=20%	1,40	1,32	1,31	1,31	1,30	1,32	1,31	1,29	1,28
	1,20	1,22	1,22	1,21	1,20	1,22	1,21	1,19	1,18
	1,00	1,12	1,11	1,10	1,10	1,12	1,10	1,09	1,08
	0,80	1,00	0,99	0,99	0,98	1,00	0,99	0,98	0,96
	0,60	0,87	0,86	0,85	0,85	0,87	0,86	0,84	0,83
s_v=40%	1,20	1,41	1,39	1,37	1,34	1,41	1,37	1,33	1,29
	1,00	1,29	1,27	1,25	1,23	1,29	1,25	1,21	1,18
	0,80	1,15	1,14	1,12	1,10	1,15	1,12	1,08	1,05
	0,60	1,00	0,98	0,97	0,95	1,00	0,97	0,94	0,91

Abbildung 3.15: Verhältnis der Mindestrenditen für eine Verknüpfung von Beteiligungs- und Selbstfinanzierung und für die Beteiligungsfinanzierung

Die Abbildung 3.15 verdeutlicht, daß es im Rahmen der unterstellten Thesaurierungspolitik durch die Veräußerungsgewinnbesteuerung zu einer Erhöhung der Mindestrenditen über das Niveau des reinen Beteiligungsfinanzierungskalküls kommen kann. Dies gilt nicht nur, wenn es aufgrund geringer Grenzsteuersätze der Investoren zu Werten für Θ kommt, die deutlich über eins liegen, sondern auch wenn Θ kleiner als eins ist.

In dem zuletzt genannten Fall reichen die moderaten Thesaurierungsvorteile nicht aus, um die zusätzliche Veräußerungsgewinnbesteuerung zu kompensieren. Deutlich wird dies daran, daß das Maß der Besteuerung von Ausschüttungen, welches sich in der Höhe des Nettoausschüttungsfaktors Θ widerspiegelt, den größten Einfluß auf die Abweichung der Mindestrenditen hat, während sowohl der Nettozinssatz als auch das Veräußerungsintervall einen eher geringeren Einfluß auf diese Abweichung ausüben. Bei einem Nettozinssatz i_s von 2,5% und einer identischen Belastung von Veräußerungsgewinnen und Ausschüttungen $(s_v = 1 - \Theta)$ in Höhe von 40% ergibt sich eine Verringerung der Mindestrendite um ca. 5% durch die Verlängerung des Veräußerungsintervalls von einer auf 15 Perioden. Bei einem Nettozinssatz i_s von 5,0% beträgt diese Reduzierung ca. 9%.[1] Bedeutsamer für die Mindestrenditen ist das Ausmaß, in dem der Steuersatz auf Ausschüttungen von dem Steuersatz auf Veräußerungsgewinne abweicht. Nur wenn der Steuersatz auf Ausschüttungen deutlich höher als der Steuersatz auf Veräußerungsgewinne ist, sinken die Mindestrenditen im Kalkül der Kombination von Beteiligungs- und Selbstfinanzierung gegenüber dem reinen Beteiligungsfinanzierungskalkül.

Im Hinblick auf mögliche Wohlfahrtseffekte der Körperschaftsbesteuerung kann somit festgehalten werden, daß das Ausmaß dieser Effekte wesentlich durch den Umfang der Veräußerungsgewinnbesteuerung bestimmt ist. Werden Veräußerungsgewinne nicht besteuert, so können negative Folgen einer nicht vollständigen Anrechnung der auf Ausschüttungen entrichteten Körperschaftsteuer durch ein entsprechendes Finanzierungsverhalten abgemildert werden. Unterliegen die Veräußerungsvorgänge hingegen einer Besteuerung, so ist die durch die Finanzierungspolitik erzielbare Reduktion der Mindestrenditen deutlich geringer, so daß es durch die Besteuerung zu einer Benachteiligung von Investitionen kommt, für die eine rechtliche Organisationsform gewählt werden muß, die der Körperschaftsbesteuerung unterliegt.

3.2.3.3 Wachstumsmodell mit Thesaurierungs- und Ausschüttungsphase

Neben der Veräußerungsgewinnbesteuerung ist auch die Flexibilität der Kapitalgesellschaft im Rahmen ihrer Finanzierungspolitik für das Ausmaß von Wohlfahrtseffekten von Bedeutung. *Sinn* hat darauf hingewiesen, daß die Flexibilität der Finanzierungspolitik einer Unternehmung insbesondere von der Wachstumsphase abhängig ist, in der sich das Unternehmen gerade befindet.[2] Es kann danach festgestellt werden, daß neu gegründete Unternehmen darauf angewiesen sind, ihr Wachstum aus eigenen zuvor erzielten Erfolgen zu finanzieren, wenn ihnen der Zugang zu Fremdkapital verwehrt ist und ein Ausweichen auf die Erhöhung der Beteiligungsfinanzierung daran scheitert, daß die Mindestrenditen der Beteiligungsfinanzierung aufgrund einer geringen Integration der Einkommens- und der Körperschaftsbesteuerung den Marktzins i deutlich

[1] Vgl. dazu die Zeile für s_v=40% und Θ=0,6 in Abbildung 3.15.

[2] Vgl. Sinn, H.-W. (1991a), S. 39.

überschreiten. Bezogen auf diese Perspektive verändert sich das Thesaurierungskalkül dahingehend, daß über den Zeitraum des Unternehmenswachstums keine Ausschüttungen geleistet werden.[1] Erst wenn die Wachstumsmöglichkeiten ausgeschöpft sind, nimmt die Gesellschaft die Dividendenzahlung auf.

Zur Abbildung dieses Thesaurierungskalküls wird unterstellt, daß der Kapitalgesellschaft im Zeitpunkt null Eigenkapital in Höhe von einer Geldeinheit zugeführt wird. Dieses Eigenkapital wird durch die Unternehmung investiert und löst einen unendlichen Zahlungsstrom in Höhe von p aus. Über einen Zeitraum von T Perioden werden diese Erfolge durch die Unternehmung reinvestiert. Auch die Investitionserfolge, die aus dieser Reinvestition erzielt werden, werden thesauriert und reinvestiert. Des weiteren wird angenommen, daß alle Reinvestitionen eine Rendite von p_w erwirtschaften.[2] Nach T Perioden verfügt die Gesellschaft über eine Gewinnrücklage in Höhe von:

$$(3.36)\quad \begin{aligned} GR_T &= \sum_{t=1}^{T} p\cdot\left(1-s_{kt}\right)\cdot\left(1+p_w\cdot\left(1-s_{kt}\right)\right)^{T-t} \\ &= p\cdot\frac{\left(1+p_w\cdot\left(1-s_{kt}\right)\right)^{T}-1}{p_w} \end{aligned}$$

Wenn auf diese Gewinnrücklage eine Rendite von p_w erzielt werden kann und zusätzlich der Erfolg aus der ursprünglichen Investition des Beteiligungskapitals weiterhin p beträgt, so können bei einer Vollausschüttung der Investitionserfolge ab T folgende Zahlungen an die Anteilseigner ermittelt werden:

$$(3.37)\quad \begin{aligned} NZ_t &= \left(p+p\cdot\frac{\left(1+p_w\cdot\left(1-s_{kt}\right)\right)^{T}-1}{p_w}\cdot p_w\right)\cdot\left(1-s_{kt}\right)\cdot\Theta \\ &= p\cdot\left(1+p_w\cdot\left(1-s_{kt}\right)\right)^{T}\cdot\left(1-s_{kt}\right)\cdot\Theta \end{aligned}$$

Da ab T keine weiteren Investitionen vorgenommen werden, ändert sich der Zahlungsüberschuß, der an die Anteilseigner fließt, nicht mehr, so daß der folgende Barwert der Dividendenzahlungen bestimmt werden kann:

$$(3.38)\quad \begin{aligned} BWZ &= \sum_{t=T+1}^{\infty} \frac{p\cdot\left(1+p_w\cdot\left(1-s_{kt}\right)\right)^{T}\cdot\left(1-s_{kt}\right)\cdot\Theta}{\left(1+i_s\right)^{t}} \\ &= \frac{p\cdot\left(1+p_w\cdot\left(1-s_{kt}\right)\right)^{T}\cdot\left(1-s_{kt}\right)\cdot\Theta}{\left(1+i_s\right)^{T}\cdot i_s} \end{aligned}$$

Damit die Gesellschaft die Geldeinheit Beteiligungskapital erhält, muß dieser Barwert der Dividenden der im Zeitpunkt null überlassenen Geldeinheit entsprechen, so daß die

[1] Vgl. Sinn, H.-W. (1991), S. 282-283.

[2] Für ein ähnliches Kalkül vgl. Swoboda, P. (1967), S. 9.

Mindestrendite p, die durch die Gesellschaft auf das eingesetzte Beteiligungskapital erzielt werden muß, durch die folgende Gleichung beschrieben werden kann:

$$(3.39)\quad p \;=\; \frac{(1+i_s)^T \cdot i_s}{\left(1+p_w\cdot(1-s_{kt})\right)^T \cdot (1-s_{kt})\cdot \Theta}$$

Aus Gleichung (3.39) können die Mindestrenditen des isolierten Beteiligungsfinanzierungskalküls ermittelt werden, wenn $p_w = i_s/(1-s_{kt})$ gilt. Die Höhe der Mindestrendite für den Fall, daß p und p_w einander entsprechen, kann nur unter Vorgabe der Werte für den Zinssatz und die Steuersätze durch Iteration ermittelt werden. Da p_w bei einem Gleichsetzen der Mindestrenditen auf das Beteiligungskapital und auf die reinvestierten Beträge $i_s/(1-s_{kt})$ überschreitet[1], sinkt die Mindestrendite für diese Ausgestaltung der Thesaurierungspolitik erneut unter den Betrag, der im isolierten Beteiligungsfinanzierungskalkül ermittelt wurde.

Dieses Ergebnis weicht von dem von *Sinn* im Rahmen eines Optimierungskalküls ermittelten Ergebnis ab, da die Modellierung von *Sinn* annimmt, daß die Rendite p, die auf das im Zeitpunkt null überlassene Beteiligungskapital erzielt wird, im Zeitablauf abnimmt.[2] Hintergrund dieser sinkenden Rendite p ist die in der neoklassischen Analyse übliche Annahme der abnehmenden Grenzproduktivität des Kapitals. Die Entwicklung der Gewinnrücklage ist unter diesen Annahmen bestimmt durch:

$$(3.40)\quad GR_t \;=\; \sum_{u=1}^{t} p(GR_{t-1})\cdot(1-s_{kt})\cdot\left(1+p_{wp}\cdot(1-s_{kt})\right)^{t-u}$$

Ohne die Spezifikation des funktionalen Zusammenhangs zwischen der Höhe der Gewinnrücklage und der Mindestrendite p können über die Höhe der Mindestrendite p_{wp} keine quantitativen Aussagen getroffen werden. Im Modell setzt *Sinn* die Randbedingungen derart, daß zu Beginn des Wachstumsprozesses auf das Beteiligungskapital die im isolierten Beteiligungsfinanzierungskalkül ermittelte Mindestrendite erzielt wird.[3] Am Ende der Wachstumsphase der Unternehmung wird auf das gesamte eingesetzte Kapital, also auf das Beteiligungskapital und auf die Gewinnrücklage, nur noch die Mindestrendite des isolierten Selbstfinanzierungskalküls erzielt. Diese Annahme führt dazu, daß die Mindestrendite, zu der in der Wachstumsphase erzielte Erfolge reinvestiert werden, deutlich über die Mindestrendite des isolierten Beteiligungsfinanzierungskalküls steigen kann.[4] In der Wachstumsphase ist dann nicht nur das Entgelt für den Ausschüttungsverzicht der Anteilseigner zu erwirtschaften, sondern zusätzlich der

---

1) In diesem Fall gilt: $\dfrac{(1+i_s)^T}{\left(1+p_w\cdot(1-s_{kt})\right)^T} < 1$

2) Vgl. Sinn, H.-W. (1993), S. 336-342.

3) Vgl. Sinn, H.-W. (1993), S. 330.

4) Vgl. Sinn, H.-W. (1991a), S. 42.

Wertverlust des Beteiligungskapitals, der sich durch die Abnahme der Rendite auf das Beteiligungskapital infolge des Unternehmenswachstums ergibt.[1] Das folgende Beispiel verdeutlicht das Modell:

		1	2	3	4	5	6	7	8	9	10	11ff.
Zahlungen Beteiligungsfinanzierung		0,14	0,14	0,13	0,13	0,12	0,11	0,11	0,10	0,10	0,09	0,09
Zahlungen aus Wiederanlage		0,00	0,02	0,05	0,08	0,12	0,16	0,21	0,27	0,33	0,41	0,17
Körperschaftsteuer		0,04	0,05	0,06	0,06	0,07	0,08	0,10	0,11	0,13	0,15	0,08
Gewinnrücklage		0,10	0,21	0,34	0,49	0,66	0,85	1,08	1,34	1,64	1,98	1,98
Nettoausschüttung		0,00	0,00	0,00	0,00	0,00	0,00	0,00	0,00	0,00	0,00	0,11
Barwert Ausschüttungen	1,00	i=10%; s_{kl}= 30%; Θ=0,6; p=14,29%; p_{wp}=24,80%; p_w=8,57%										

Abbildung 3.16: Beispiel zum Modell des Unternehmenswachstums

In dem Beispiel wird unterstellt, daß im Zeitpunkt null eine Geldeinheit in die Kapitalgesellschaft eingezahlt wird. Bei der in der Abbildung 3.16 angegebenen Konstellation der Steuersätze und einem Marktzins i von 10,00% beträgt die Rendite p, die aus der Investition dieser Geldeinheit im Zeitpunkt eins erzielt wird, 14,29%. Für den weiteren Verlauf der Zahlungsüberschüsse aus der beteiligungsfinanzierten Investition wird angenommen, daß die Rendite dieser Investition linear auf 8,57% sinkt. Bis zum Zeitpunkt zehn werden alle Zahlungsüberschüsse durch die Kapitalgesellschaft reinvestiert. Unter diesen Bedingungen muß der Barwert der ab dem Zeitpunkt elf zu zahlenden Dividende im Zeitpunkt zehn 1,79GE betragen. Dieser Barwert ergibt sich, wenn die im Zeitpunkt null durch die Anteilseigner geleistete Einzahlung in die Unternehmung mit dem Nettozinssatz i_s auf den Zeitpunkt zehn aufgezinst wird. Damit ab dem Zeitpunkt elf bei einer Rendite auf das eingesetzte Gesamtkapital von p_w eine Dividende mit einem solchen Barwert gezahlt werden kann, muß das Gesamtkapital aus Eigenkapital und Gewinnrücklage 2,98GE betragen. Dem folgend ist die Rendite p_{wp} zu suchen, zu der die in den Perioden eins bis zehn anfallenden Zahlungsüberschüsse reinvestiert werden müssen, damit die Gewinnrücklage im Zeitpunkt zehn 1,98GE beträgt. Im Beispiel beträgt diese Rendite 24,80%. Sie liegt damit deutlich über der Mindestrendite des isolierten Beteiligungsfinanzierungskalküls von 14,29%.

Ein Konsistenzproblem einer solchen Modellierung ergibt sich daraus, daß auf der einen Seite die Rendite p der beteiligungsfinanzierten Investition im Zeitablauf sinkt, während andererseits eine Reinvestition zurückfließender Mittel zu Mindestrenditen möglich sein muß, die deutlich über den Mindestrenditen des isolierten Beteiligungsfinanzierungskalkül liegen. In dem vorangegangenen Beispiel verschärft sich das Konsi-

[1] Vgl. Sinn, H.-W. (1991), S. 285-286.

stenzproblem aufgrund der Vernachlässigung der Veräußerungsgewinnbesteuerung, da unterstellt wird, daß ab dem Zeitpunkt zehn durch die Gesellschaft nur noch eine Rendite erzielt werden kann, die unter dem Marktzins i liegt. Unter dem Eindruck einer solchen Modellierung stellt sich die Frage, ob unter den hier vorausgesetzten Annahmen rationalen Verhaltens eine Wachstumspolitik durchgeführt würde, die mit Wertverlusten für zuvor durchgeführte Investitionen verbunden ist.

Allerdings berühren diese Einwände nicht die grundsätzlichen Ergebnisse der Wirkungsanalyse von Körperschaftsteuersystemen, da sie lediglich den unterstellten funktionalen Zusammenhang zwischen in der Unternehmung vorhandenem Kapitalstock und Unternehmenserfolg betreffen. Festgehalten werden kann jedenfalls, daß ein geringer Integrationsgrad von persönlicher Besteuerung und Besteuerung von Kapitalgesellschaften das Investitionsvolumen der Kapitalgesellschaften einschränken kann, da immer sichergestellt sein muß, daß mit den als Beteiligungskapital ausgewiesenen Mitteln eine Rendite erwirtschaftet wird, die der des isolierten Beteiligungsfinanzierungskalküls entspricht. Eine Expansion kann dann mit den geringeren Renditen des isolierten Selbstfinanzierungskalküls erfolgen. Alternativ kann durch ein Thesaurierungskalkül eine zwischen diesen beiden Werten liegende Mindestrendite auf das Gesamtkapital erreicht werden. Welches Ausmaß die hier zu erzielende Verringerung gegenüber dem isolierten Beteiligungskalkül erreicht, ist kaum abzuschätzen. Die hier ermittelten Mindestrenditen führen aufgrund des jeweils unterstellten Unendlichkeitskalküls vermutlich zu Überschätzungen der Mindestrenditenverringerung.[1] Wenn nicht sicher ist, in welchem Umfang die nicht bei den Anteilseignern anrechenbare Körperschaftsteuer erwirtschaftet werden kann, so ergeben sich hieraus die von *Sinn* beschriebenen Wirkungen einer tendenziellen Verringerung der Kapitalausstattung von Kapitalgesellschaften, die im Verlauf des Unternehmenswachstums durch eine Thesaurierungspolitik in gewissem Maße kompensiert werden können.[2] Ob es für dieses Wachstum eine Begrenzung gibt, etwa in Form der bei *Sinn* modellierten abnehmenden Grenzproduktivität des Kapitals oder durch steuerrechtliche Vorschriften, die die Abschirmwirkung der Kapitalgesellschaft durchbrechen, wenn die Gesellschaft umfangreiche Kapitalmarktanlagen tätigt, ist ein empirisches Problem.[3]

3.2.4 Rückkauf von Gesellschaftsanteilen

3.2.4.1 Keine Veräußerungsgewinnbesteuerung

Eine weitere Möglichkeit, der Besteuerung von Ausschüttungen auszuweichen, besteht darin, daß die Gesellschaft die erzielten Erfolge für einen Rückkauf von Gesellschaftsanteilen einsetzt. Für die Abbildung dieser Verwendung der Investitionserfolge im

---

1) Vgl. auch Wenger, E. (1989), S. 194-199.

2) Vgl. Sinn, H.-W. (1991), S. 280-287.

3) Vgl. auch Sinn, H.-W. (1993), S. 337, Fußnote 14.

Rahmen eines Kalküls mit zeitlich begrenztem Horizont ist jedoch zu beachten, daß sich durch den Rückkauf die steuerliche Einordnung der im Investitionszeitpunkt in die Gesellschaft eingezahlten Geldeinheit ändert.[1] Die folgende Abbildung verdeutlicht diesen Sachverhalt anhand der zeitlichen Entwicklung des steuerlichen Vermögensvergleichs jeweils unmittelbar nach der Durchführung des Rückkaufs:

Bilanzposition		Zeit			
		1	2	...	T
Aktiva	Sonstige	1	1	...	1
	Eigene Anteile	$p \cdot (1-s_{kt})$	$2 \cdot p \cdot (1-s_{kt})$	...	$T \cdot p \cdot (1-s_{kt})$
Passiva	Eigenkapital	1	1	...	1
	Gewinnrücklage	$p \cdot (1-s_{kt})$	$2 \cdot p \cdot (1-s_{kt})$	...	$T \cdot p \cdot (1-s_{kt})$
Bilanzsumme		$1+p \cdot (1-s_{kt})$	$1+2 \cdot p \cdot (1-s_{kt})$	...	$1+T \cdot p \cdot (1-s_{kt})$

Abbildung 3.17: Entwicklung der Bilanzen bei Erwerb eigener Anteile

Zur Durchführung des Aktienrückkaufs muß die Gesellschaft den jeweils erzielten Erfolg einbehalten, so daß sich die Gewinnrücklage im Zeitablauf erhöht. Parallel dazu erhöht sich der Bestand an aktivierten eigenen Anteilen. Für das Kalkül zur Ermittlung der Mindestrendite ist nun zu entscheiden, wie die Rückzahlung der im Investitionszeitpunkt überlassenen Geldeinheit im Zeitpunkt T steuerlich zu behandeln ist. Eine Rückgewähr dieses Betrages, ohne daß dieser steuerlich zu beachten ist, würde bedeuten, daß im Zeitpunkt T der Bestand an eigenen Anteilen mit der Gewinnrücklage zu saldieren wäre. Für diesen Fall kann der folgende Barwert der Zahlungen aus der Beteiligung bestimmt werden:

$$\begin{aligned} BWZ &= \sum_{t=1}^{T} \frac{p \cdot (1-s_{kt})}{(1+i_s)^t} + \frac{1}{(1+i_s)^T} \\ &= \frac{p \cdot (1-s_{kt})}{i_s} \cdot \left(1 - \frac{1}{(1+i_s)^T}\right) + \frac{1}{(1+i_s)^T} \end{aligned} \tag{3.41}$$

Unter Beachtung der Indifferenzbedingung, daß der Barwert dieses Zahlungsstromes der im Investitionszeitpunkt überlassenen Geldeinheit gleichen muß, kann für die Mindestrendite die zuvor für das Selbstfinanzierungskalkül ermittelte Mindestrendite von $i_s/(1-s_{kt})$ ermittelt werden.[2]

Ein anderer Zahlungsverlauf und folglich eine abweichende Mindestrendite ergibt sich, wenn am Zeithorizont T der Bestand an aktivierten eigenen Anteilen mit dem Ei-

---

[1] Vgl. dazu auch Rogall, M. (2000), S. 372-375.

[2] Vgl. Sinn, H.-W. (1991a), S. 44.

genkapital zu verrechnen ist. Unter diesen Voraussetzungen kann die im Investitionszeitpunkt in die Gesellschaft eingezahlte Geldeinheit nicht unbesteuert durch die Gesellschaft zurückgezahlt werden, so daß sich der Nettozufluß im Zeitpunkt T verringert. In welchem Ausmaß die Rückzahlung der eingezahlten Geldeinheit der Ausschüttungsbesteuerung unterliegt, ist durch den Zeithorizont T bestimmt. Da sich der Betrag, der am Investitionshorizont T ohne Ausschüttungsbesteuerung ausgezahlt werden kann, aufgrund der Verrechnung der zurückerworbenen Gesellschaftsanteile mit dem Eigenkapital in jeder Periode um $p \cdot (1-s_{kt})$ verringert, beträgt das Eigenkapital nach $1/(p \cdot (1-s_{kt}))$ Perioden null. Ab diesem Zeitpunkt unterliegt die Rückgewähr der im Investitionszeitpunkt in die Gesellschaft eingezahlten Geldeinheit vollständig der Ausschüttungsbesteuerung. Dementsprechend können in Abhängigkeit vom Investitionshorizont T folgende Zahlungsströme ermittelt werden:

$$(3.42)\quad BWZ = \begin{cases} \sum_{t=1}^{T} \frac{p\cdot(1-s_{kt})}{(1+i_s)^t} + \frac{1-T\cdot p\cdot(1-s_{kt})\cdot(1-\Theta)}{(1+i_s)^T} & \text{für } T < \frac{1}{p\cdot(1-s_{kt})} \\ \sum_{t=1}^{T} \frac{p\cdot(1-s_{kt})}{(1+i_s)^t} + \frac{\Theta}{(1+i_s)^T} & \text{für } T \geq \frac{1}{p\cdot(1-s_{kt})} \end{cases}$$

$$= \begin{cases} \frac{p\cdot(1-s_{kt})}{i_s}\cdot\left(1-\frac{T\cdot i_s\cdot(1-\Theta)}{(1+i_s)^T-1}\right) & \text{für } T < \frac{1}{p\cdot(1-s_{kt})} \\ \frac{p\cdot(1-s_{kt})}{i_s}\cdot\left(1-\frac{1}{(1+i_s)^T}\right)+\frac{\Theta}{(1+i_s)^T} & \text{für } T \geq \frac{1}{p\cdot(1-s_{kt})} \end{cases}$$

Unter Beachtung der Indifferenzbedingung betragen die Mindestrenditen für den Aktienrückkauf unter diesen Annahmen:

$$(3.43)\quad p = \begin{cases} \frac{i_s}{1-s_{kt}}\cdot\frac{1}{1-\frac{T\cdot i_s\cdot(1-\Theta)}{(1+i_s)^T-1}} & \text{für } T < \frac{1}{p\cdot(1-s_{kt})} \\ \frac{i_s}{1-s_{kt}}\cdot\left(1+\frac{1-\Theta}{(1+i_s)^T-1}\right) & \text{für } T \geq \frac{1}{p\cdot(1-s_{kt})} \end{cases}$$

Wie die Gleichung (3.43) zeigt, liegen die Mindestrenditen zwischen den oben ermittelten Mindestrenditen für die Beteiligungsfinanzierung und den Mindestrenditen des isolierten Selbstfinanzierungskalküls[1]. Wird dieses Ergebnis mit dem kombinierten Beteiligungs- und Selbstfinanzierungskalkül verglichen, das einen konstanten Thesau-

[1] Es gilt: $p(T=1)=\frac{i_s}{(1-s_{kt})\cdot\Theta}$ und $\lim_{T\to\infty} p=\frac{i_s}{1-s_{kt}}$.

rierungsbetrag vorsieht, so zeigt sich, daß es bei einem Rückkauf von Gesellschaftsanteilen, zu einer größeren Verringerung der Mindestrenditen kommt. Die folgende Abbildung verdeutlicht dies:

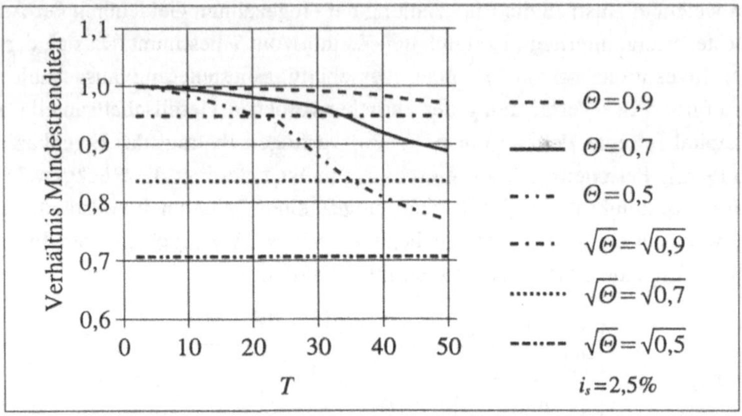

Abbildung 3.18: Verhältnis der Mindestrenditen für den Aktienrückkauf und das kombinierte Beteiligungs- und Selbstfinanzierungskalkül

Die Abbildung 3.18 zeigt das Verhältnis aus der Mindestrendite für den Aktienrückkauf und der Mindestrendite für das kombinierte Kalkül aus Beteiligungs- und Selbstfinanzierung in Abhängigkeit vom Investitionshorizont T und für verschiedene Werte für Θ. Zur Orientierung sind jeweils die Grenzwerte für dieses Verhältnis in Höhe von $\sqrt{\Theta}$ in der Abbildung eingezeichnet. Die Abbildung dokumentiert für die angegebenen Prämissen die Überlegenheit einer ausschließlich auf Aktienrückkäufen basierenden Finanzierungspolitik gegenüber der durch das kombinierte Kalkül repräsentierten Thesaurierungspolitik. Zu beachten ist, daß diese Überlegenheit deutlich zunimmt, wenn der Investitionshorizont T so groß ist, daß keine steuerbefreiten Auszahlungen aus der Gesellschaft mehr möglich sind, das Eigenkapital mithin vollständig mit den zurückerworbenen Anteilen verrechnet ist. Deutlich wird dies jeweils an den Knickstellen der Funktionen, die das Verhältnis der Mindestrenditen beschreiben.

3.2.4.2 Berücksichtigung der Veräußerungsgewinnbesteuerung

Zur Vervollständigung des Vergleichs mit dem kombinierten Beteiligungs- und Selbstfinanzierungskalkül, das einen konstanten Thesaurierungsbetrag unterstellt, soll nun noch die Veräußerungsgewinnbesteuerung in das Kalkül zum Aktienrückkauf einbezogen werden. Die Modellierung geht entsprechend dem Vorgehen im Rahmen des kombinierten Kalküls von einem unendlichen Investitionshorizont T aus. Auch für die Berücksichtigung der Veräußerungsgewinnbesteuerung im Zuge des Aktienrückkaufs müssen Annahmen für die Ermittlung der Veräußerungspreise und damit über die Höhe der Veräußerungsgewinne getroffen werden, die im Einklang mit den Modellannahmen stehen, auf denen die gesamte Analyse beruht. Zur Vereinfachung der Darstellung des Kalküls enthält die folgende Abbildung eine Übersicht über die Einflußgrößen, die für die Ableitung des Kalküls von Bedeutung sind:

Zeit	1	2	...	t	...
Zahlungsüberschuß	$p\cdot(1-s_{kt})$	$p\cdot(1-s_{kt})$	...	$p\cdot(1-s_{kt})$	...
Barwert Zahlungsstrom	$\frac{p\cdot(1-s_{kt})}{i_s}$	$\frac{p\cdot(1-s_{kt})}{i_s}$	...	$\frac{p\cdot(1-s_{kt})}{i_s}$	...
Barwert je Anteil	$\frac{p\cdot(1-s_{kt})}{i_s}$	$\frac{p\cdot(1-s_{kt})}{i_s\cdot(1-i_s)}$	...	$\frac{p\cdot(1-s_{kt})}{i_s\cdot(1-i_s)^{t-1}}$	...
Zurückerworbene Anteile	$\frac{p\cdot(1-s_{kt})\cdot i_s}{p\cdot(1-s_{kt})}=i_s$	$i_s\cdot(1-i_s)$	...	$i_s\cdot(1-i_s)^{t-1}$	...
Anzahl Anteile nach Rückkauf	$1-i_s$	$1-i_s-i_s\cdot(1-i_s)$ $=(1-i_s)^2$	...	$(1-i_s)^t$	...
Veräußerungsgewinn	$p\cdot(1-s_{kt})-i_s$	$p\cdot(1-s_{kt})$ $-i_s\cdot(1-i_s)$	...	$p\cdot(1-s_{kt})$ $-i_s\cdot(1-i_s)^{t-1}$	...

Abbildung 3.19: Ermittlung des Veräußerungsgewinns beim Aktienrückkauf

Die Analyse geht wiederum vom Zahlungsüberschuß nach Körperschaftsteuer auf Ebene der Gesellschaft aus. Dieser Betrag steht für den Erwerb der eigenen Anteile zur Verfügung. Im Modell wird weiterhin unterstellt, daß dieser Zahlungsüberschuß auch für die Bewertung der Anteile herangezogen wird. Eine Bewertung der Anteile ist erforderlich, um festzustellen, in welchem Umfang die Gesellschaft jeweils in der Lage ist, eigene Anteile zurückzuerwerben. Da sich der Kapitaleinsatz der Gesellschaft nicht ändert, ergibt sich ein im Zeitablauf konstanter Wert aller Anteile. Dieser Wert ist durch den mit dem Nettozins i_s ermittelten Barwert der Zahlungsüberschüsse nach Körperschaftsteuer bestimmt. Der sich nicht verändernde Barwert der Zahlungsüberschüsse, die die Gesellschaft erzielt, bedeutet jedoch gleichzeitig, daß sich der Wert eines einzelnen Anteiles im Zeitablauf erhöhen muß, da sich die Anzahl der insgesamt umlaufenden Anteile infolge der laufenden Aktienrückkäufe ständig verringert.[1)] In der Abbildung 3.19 können diese Zusammenhänge in den Zeilen „Barwert je Anteil“ und „Zurückerworbene Anteile“ abgelesen werden. Die Anzahl der Anteile, die durch die Gesellschaft erworben werden können, ist durch den Quotienten aus dem laufenden Zahlungsüberschuß und dem Barwert je Anteil bestimmt. Aufgrund der Normierung

1) Vgl. Sinn, H.-W. (1991a), S. 44.

der Anzahl der Anteile, die im Investitionszeitpunkt ausgegeben wurden, auf eins, entspricht die Anzahl der zurückgekauften Anteile den Anschaffungskosten, die im Rahmen der Veräußerungsgewinnbesteuerung durch den Anteilseigner geltend gemacht werden können. Der Zahlungsüberschuß unter Berücksichtigung der Veräußerungsgewinnbesteuerung beträgt demnach:

$$(3.44)\quad NZ_t = p\cdot(1-s_{kt})-s_v\cdot\left(p\cdot(1-s_{kt})-i_s\cdot(1-i_s)^{t-1}\right)$$

Für einen unendlichen Planungshorizont T ergibt sich daraus der folgende Barwert der Zahlungsüberschüsse:

$$(3.45)\quad BWZ = \frac{p\cdot(1-s_{kt})\cdot(1-s_v)}{i_s}+\frac{s_v}{2}$$

Unter Beachtung der Indifferenzbedingung, daß dieser Barwert der im Investitionszeitpunkt null in die Gesellschaft eingezahlten Geldeinheit entsprechen muß, ergibt sich für die Mindestrendite der folgende Zusammenhang:

$$(3.46)\quad \begin{aligned} p &= \frac{i_s}{(1-s_k)\cdot(1-s_v^*)} \\ s_v^* &= \frac{s_v}{2-s_v} \end{aligned}$$

Die Berücksichtigung der Veräußerungsgewinnbesteuerung im Kalkül für den Aktienrückkauf führt entsprechend den vorangegangenen Ergebnissen zu einer Erhöhung der Mindestrendite um einen effektiven Veräußerungsgewinnsteuersatz s_v^*. Die Verringerung des nominellen Veräußerungsgewinnsteuersatzes s_v resultiert dabei aus der im Zuge der laufenden Veräußerungsgewinnbesteuerung geltend gemachten Anschaffungsauszahlung. Das Ausmaß der Verringerung für verschiedene nominelle Veräußerungsgewinnsteuersätze zeigt die folgende Übersicht:

s_v	10,00%	20,00%	30,00%	40,00%	50,00%
s_v^*	5,26%	11,11%	17,65%	25,00%	33,33%

Abbildung 3.20: Effektive Veräußerungsgewinnsteuersätze bei Aktienrückkäufen

Wie der Abbildung 3.20 zu entnehmen ist, verringert sich der effektive Veräußerungsgewinnsteuersatz gegenüber dem nominellen Steuersatz deutlich. Für einen Veräußerungsgewinnsteuersatz von 10% reduziert sich der effektive Satz nahezu auf die Hälfte des nominellen Satzes. Bei einem Steuersatz von 50% wird der nominelle Satz um ein Drittel gekürzt.

Zur Fortsetzung des Vergleichs zwischen dem Kalkül zum Aktienrückkauf und dem kombinierten Kalkül der Beteiligungs- und Selbstfinanzierung mit konstanten Thesaurierungsbeträgen ist in der folgenden Abbildung das Verhältnis aus den Mindestrenditen, die für die beiden Finanzierungspolitiken ermittelt wurden, für ausgewählte Steuersätze in Abhängigkeit vom Veräußerungsintervall dargestellt:

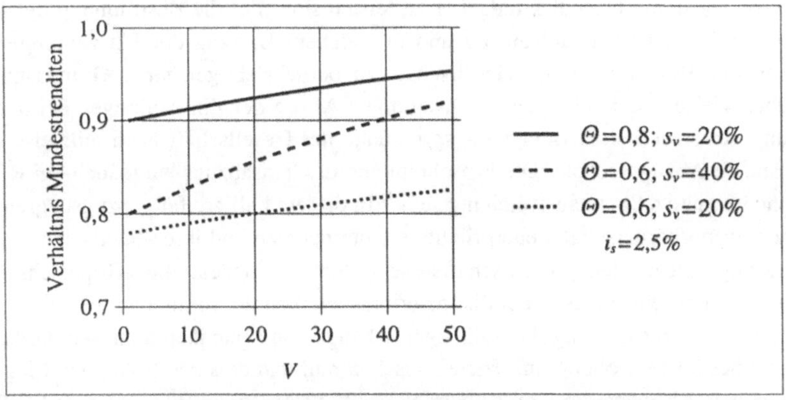

Abbildung 3.21: Verhältnis der Mindestrenditen für den Aktienrückkauf und das kombinierte Beteiligungs- und Selbstfinanzierungskalkül

Die Abbildung bestätigt, daß auch unter Berücksichtigung der Veräußerungsgewinnsteuer die Mindestrendite des kombinierten Kalküls für die unterstellten Steuersatzkonstellationen im Regelfall höher ausfällt als für eine Finanzierungspolitik, bei der es gelingt, die Erfolge der Unternehmung in Form von Aktienrückkäufen an die Anteilseigner auszuzahlen. Aufgrund des konstanten effektiven Veräußerungsgewinnsteuersatzes im Fall des Aktienrückkaufs verringert sich mit zunehmendem Veräußerungsintervall die relative Vorteilhaftigkeit des Aktienrückkaufs gegenüber der Thesaurierungspolitik, die durch das kombinierte Kalkül unterstellt wird. Deutliche Anreize für Aktienrückkäufe ergeben sich, wenn der Integrationsgrad von Körperschaft- und Einkommensteuer gering ist und gleichzeitig für Veräußerungsgewinne eine niedrigere Besteuerung vorgesehen ist als für Gewinnausschüttungen. Eine solche Konstellation besteht z.B. im Steuerrecht der USA, wo Aktienrückkäufe einen nennenswerten Anteil an den Zahlungen haben, die Kapitalgesellschaften an ihre Anteilseigner leisten.[1]

3.2.5 Fremdfinanzierung

Zum Abschluß der Wirkungsanalyse von Körperschaftsteuersystemen soll die Mindestrendite von Fremdfinanzierungsmaßnahmen bestimmt werden. Ausgangspunkt der Analyse bleibt dabei die Perspektive der Unternehmenseigner.[2]

Mit der Aufnahme des Fremdkapitals verpflichtet sich die Gesellschaft, den ihr überlassenen Betrag zuzüglich der vereinbarten Verzinsung zu einem bestimmten Zeitpunkt

[1] Vgl. Bagwell, L. S./ Shoven, J. B. (1989), S. 130-136.

[2] Vgl. zu einem solchen Vorgehen auch Sinn, H.-W. (1991a), S. 28.

zurückzuzahlen. Für die Analyse wird unterstellt, daß der Kredit am Ende der Kreditlaufzeit vollständig getilgt wird und zwischenzeitlich ausschließlich Zinszahlungen in Höhe von i_{FK} an die Fremdkapitalgeber zu leisten sind. Für die Bestimmung der Mindestrendite kommt es darauf an, ob und in welchem Umfang die Zinszahlungen im Rahmen der Besteuerung der Gesellschaft zu berücksichtigen sind. Grundsätzliche Vorgehensweisen sind neben dem vollständigen Abzug der Zinszahlungen bei der Ermittlung der steuerlichen Bemessungsgrundlage der Gesellschaft auch teilweise oder vollständige Abzugsverbote. Die Einschränkung des Zinsabzugs kann auch ein Reflex auf eine vermutete Steuerausweichung sein.[1] In diesem Fall greifen Abzugsbegrenzungen erst, wenn körperschaftsteuerpflichtige Unternehmen und ihre Anteilseigner in einem wenig integrierten Körperschaftsteuersystem versuchen, die Körperschaftsbesteuerung durch ein hohes Fremdfinanzierungsvolumen zu vermeiden.[2] Für die Modellierung wird der Umfang des zulässigen Abzugs von Fremdkapitalzinsen durch den Faktor β bestimmt, wobei β auf Werte zwischen null und eins beschränkt ist. Liegt ein vollständiges Abzugsverbot vor, so beträgt β null, während ein Wert von eins für β die vollständige Abzugsfähigkeit der gezahlten Fremdkapitalzinsen impliziert.

Wird aus der Investition des aufgenommenen Fremdkapitals in Höhe von einer Geldeinheit durch die Gesellschaft die Rendite p erzielt, so beträgt der Nettozahlungsüberschuß, der infolge der fremdfinanzierten Investition an die Anteilseigner fließen kann:

$$\text{(3.47)} \quad \begin{aligned} NZ_t &= p - s_{kt}\cdot\left(p - \beta\cdot i_{FK}\right) - i_{FK} \\ &= p\cdot\left(1 - s_{kt}\right) - \left(1 - \beta\cdot s_{kt}\right)\cdot i_{FK} \end{aligned}$$

Die fremdfinanzierte Investition führt unter den vorliegenden Annahmen nur dann nicht zu einem Vermögensverlust der Anteilseigner der Unternehmung, wenn der Barwert der Nettozahlungen an die Anteilseigner, die aus der Durchführung der fremdfinanzierten Investition resultieren, null beträgt. In diesem Fall sind die Anteilseigner indifferent gegenüber einer derartigen Investition. Die Indifferenzbedingung und die Mindestrendite für eine fremdfinanzierte Investition lauten daher:

$$\text{(3.48)} \quad \begin{aligned} BWZ &= \sum_{t=1}^{T} \frac{\left(p\cdot\left(1-s_{kt}\right) - \left(1-\beta\cdot s_{kt}\right)\cdot i_{FK}\right)\cdot\Theta}{\left(1+i_s\right)^t} \\ &= 0 \\ \Leftrightarrow \quad p &= i_{FK}\cdot\frac{1-\beta\cdot s_{kt}}{1-s_{kt}} \\ &= i_{FK}\cdot\left(1+\frac{s_{kt}\cdot\left(1-\beta\right)}{1-s_{kt}}\right) \end{aligned}$$

---

1) Vgl. Scholes, M. S./ Wolfson, M. A. (1992), S. 376-377.

2) Vgl. für die Bundesrepublik Deutschland § 8a KStG.

In Abhängigkeit vom Umfang des möglichen Abzuges von gezahlten Fremdkapitalzinsen liegt die Mindestrendite einer fremdfinanzierten Investition zwischen dem Fremdkapitalzins i_{FK} und dem um $1/(1-s_{kt})$ erhöhten Fremdkapitalzins. Dementsprechend ergeben sich insbesondere bei wenig integrierten Körperschaftsteuersystemen Anreize zu einer Ausweitung der Fremdfinanzierung, wenn gleichzeitig ein vollständiger Abzug der gezahlten Fremdkapitalzinsen möglich ist. Eine Verringerung des Umfanges, in dem geleistete Zinszahlungen bei der Ermittlung der Bemessungsgrundlage geltend gemacht werden können, führt dazu, daß sich die Mindestrenditen des isolierten Beteiligungsfinanzierungskalküls und des Fremdfinanzierungskalküls einander annähern. Eine Identität der Mindestrenditen der Beteiligungs- und der Fremdfinanzierung kann erreicht werden, wenn der Umfang des zulässigen Zinsabzugs an den Integrationsgrad von Einkommen- und Körperschaftsteuer angepaßt wird. Wird unterstellt, daß $i_{FK}=i_s/(1-s_z)$ gilt, so muß der Umfang des Zinsabzugs folgendermaßen bestimmt werden, damit die Identität der Mindestrenditen erreicht wird:

$$\text{(3.49)} \quad \begin{aligned} \frac{i_s}{(1-s_{kt})\cdot\Theta} &= \frac{i_s}{1-s_z}\cdot\frac{1-\beta\cdot s_{kt}}{1-s_{kt}} \\ \Leftrightarrow \quad \beta &= \frac{\Theta-(1-s_z)}{s_{kt}\cdot\Theta} \end{aligned}$$

Unter der Annahme, daß $\Theta=(1-s_z)/(1-s_a)$ gilt, ergibt sich für β:

$$\text{(3.50)} \quad \beta = \frac{s_a}{s_{kt}}$$

Wie die Gleichung (3.50) zeigt, ist β durch das Verhältnis aus dem Körperschaftsteuersatz s_{kt} und dem effektiven Anrechnungssatz s_a bestimmt. Für β kann daher in einem klassischen Körperschaftsteuersystem ein Wert von null bestimmt werden, während sich in einem Vollanrechnungssystem ein Wert von eins ergibt. Der Wert für β sinkt mit zunehmendem Körperschaftsteuersatz s_{kt}, während eine Zunahme des effektiven Anrechnungssatzes s_a zu einem steigenden Wert für β führt.

Zur Beantwortung der Frage nach den allokativen Effekten der Körperschaftsbesteuerung läßt sich somit festhalten, daß zu erwartenden negativen Auswirkungen eines geringen Integrationsgrades der Körperschaft- und der Einkommensteuer nicht nur durch Maßnahmen der Selbstfinanzierung ausgewichen werden kann, sondern auch durch eine Ausweitung der Fremdfinanzierung, soweit die damit verbundenen Zinszahlungen keinem Abzugsverbot bei der Besteuerung unterliegen. Bei einem geringen Integrationsgrad der Körperschaft- und Einkommensteuer mit gleichzeitiger Einschränkung des Abzugs von gezahlten Fremdkapitalzinsen sind aus theoretischer Perspektive ausgeprägtere negative Wohlfahrtseffekte zu erwarten, die in zweierlei Hinsicht wirken. Zum einen führen sie dazu, daß die Renditeanforderungen an Investitionen, die von Unternehmen durchgeführt werden, die nicht der Körperschaftsteuer unterliegen, regelmäßig unter den Mindestrenditen liegen, die von körperschaftsteuerpflichtigen Unternehmen erzielt werden müssen. Darüber hinaus segmentiert eine solche Besteuerungsstruktur auch zwischen den körperschaftsteuerpflichtigen Unternehmen, indem sie den Gesellschaften, die über ein umfangreiches Selbstfinanzierungspotential verfügen, Vorteile gegenüber denjenigen verschafft, die auf externe Finanzierungsquellen angewiesen sind. Die letztgenannte Segmentierung kann durch eine Annäherung der Steuersätze auf Veräußerungsgewinne und Ausschüttungen weitgehend verhindert werden, was jedoch zur Konsequenz hat, daß alle Investitionen von körperschaftsteuerpflichtigen Unternehmen die Körperschaftsteuer erwirtschaften müssen. Die Körperschaftsteuer wirkt unter dieser Konstellation als zusätzliche Steuer auf Investitionen.

3.2.6 Vermeidung der Ausschüttungsbesteuerung durch die Kapitalgeber

3.2.6.1 Beteiligungsfinanzierung oder Fremdfinanzierung

Die Modellierung der Auswirkungen der Körperschaftsbesteuerung auf das Investitions- und Finanzierungsverhalten erfolgte in diesem Kapitel bislang unter der Annahme, daß die Besteuerungsregeln für alle Kapitalgeber identisch sind. Ein Blick in die Realität der praktizierten Steuersysteme zeigt sehr schnell, daß eine solche Bedingung einer Überprüfung kaum standhält. So ergeben sich aufgrund der praktizierten Steuersysteme mit steigenden Grenzsteuersätzen regelmäßig Gruppen von Kapitalgebern mit unterschiedlichen Steuersätzen. Darüber hinaus unterliegen bestimmte Formen der Ersparnisbildung einer Steuerermäßigung oder einer Steuerbefreiung.[1] Diese Differenzierung in der Besteuerung kann für die Analyse nicht unbeachtet bleiben. Im folgenden sollen daher einige Gestaltungsmöglichkeiten, die den Umfang der Ausschüttungsbesteuerung beeinflussen, exemplarisch herausgegriffen werden.[2] Anhand dieser Beispiele sollen Gestaltungsmöglichkeiten skizziert werden, die gegenüber den zuvor ermittelten Mindestrenditen für die Investitionen von Kapitalgesellschaften zu Abweichungen führen. Während in der Analyse der vorangegangenen Abschnitte jeweils die Unternehmung Träger der Maßnahmen zur Verringerung der Besteuerung war, werden nun auch Handlungsmöglichkeiten der Kapitalgeber in die Betrachtung einbezogen.[3]

---

1) Eine Übersicht über die Besteuerung verschiedener Formen der Ersparnis in Deutschland findet sich in Wagner, F. W. (1999), S. 1524-1526.

2) Im Hinblick auf legale Strategien zur Steuervermeidung lassen sich drei prinzipielle Vorgehensweisen unterscheiden: Die Verschiebung von Steuerzahlungen auf der Zeitachse, die Verlagerung von Einkommensströmen von Personen, deren Einkommen einem hohen Grenzsteuersatz unterliegen, zu Personen, deren Grenzsteuersatz gering ausfällt und die Zuordnung von Einkommensströmen zu Tatbeständen, die einer geringeren Besteuerung unterliegen. Vgl. z.B. Stiglitz, J. E. (1985), S. 325. Während auf Unternehmensebene vorrangig die erste und dritte Möglichkeit genutzt werden können, stehen den Kapitalgebern alle drei Möglichkeiten zur Verfügung.

3) In die Untersuchung werden ausschließlich legale Steuervermeidungsmaßnahmen einbezogen. Zu ethischen Aspekten legaler und illegaler Steuervermeidung vgl. Schneider, D. (1997), S. 685-698.

Der Vergleich der Mindestrenditen für die einzelnen Finanzierungsformen hat gezeigt, daß in einem Körperschaftsteuersystem, das einen geringen Integrationsgrad aufweist, die Fremdfinanzierung die Finanzierungsform mit der geringsten Mindestrendite darstellt, wenn die gezahlten Zinsen die körperschaftsteuerliche Bemessungsgrundlage mindern. Vor diesem Hintergrund wäre aus rein steuerlicher Perspektive zu erwarten, daß der Anteil der Fremdfinanzierung in den beobachtbaren Steuersystemen mit abnehmendem Integrationsgrad zwischen Einkommen- und Körperschaftsteuer zunimmt. Für die USA, die traditionell eine geringe Integration von Einkommen- und Körperschaftsteuer pflegen, ließ sich ein solcher Zusammenhang allerdings nicht feststellen, was *Miller* dazu veranlaßt hat, die relative Vorteilhaftigkeit der Fremd- gegenüber der Beteiligungsfinanzierung für ein wenig integriertes Steuersystem in Frage zu stellen.[1] Die Überlegungen *Millers* basieren dabei auf den gleichen Annahmen, wie sie zuvor von *Modigliani* und *Miller* für die Ableitung der Irrelevanz der Kapitalstruktur ohne Berücksichtigung der Besteuerung verwendet wurden.[2] Während die Modellüberlegungen zur Bestimmung der Mindestrenditen jeweils davon ausgingen, daß die Besteuerung die Mindestanforderungen an die Erfolge der Unternehmung ändert, geht *Miller* davon aus, daß die Zahlungsüberschüsse der Unternehmen gegeben sind. Die Finanzierungsform, die die Unternehmung wählt, um das Kapital aufzubringen, mit dem die Investitionen finanziert werden sollen, die diesen Zahlungsstrom generieren, bestimmt unter diesen Annahmen lediglich darüber, welchen steuerlichen Vorschriften ihre Kapitalgeber unterliegen. Insoweit wählt die Unternehmung durch die Finanzierungspolitik lediglich ihre Anteilseigner. Die folgende Modellierung verdeutlicht dies:

Unter der Annahme, daß die Unternehmung durch die Investition einer Geldeinheit einen (unendlich fließenden) Zahlungsstrom von p erzielen kann, erhalten die Kapitalgeber nach Steuern einen Betrag von $p \cdot (1-s_z)$, wenn die Zahlungsüberschüsse als Zinsen an die Kapitalgeber fließen. Werden die Zahlungsüberschüsse als Gewinnausschüttungen an die Kapitalgeber ausgezahlt, so beträgt der Nettoertrag $p \cdot (1-s_{kl}) \cdot \Theta$. Dementsprechend werden die Kapitalgeber für die $(1-s_z) > (1-s_{kl}) \cdot \Theta$ gilt, Fremdkapitaltitel erwerben, während die übrigen Kapitalgeber Beteiligungstitel der Unternehmen präferieren.[3] In einem Steuersystem mit zunehmendem Grenzsteuersatz kann der Steuersatz für Zinsen s_z z.B. dem persönlichen Grenzsteuersatz entsprechen, während für Ausschüttungen ein davon abweichender Steuersatz gilt. In diesem Fall kann es in Abhängigkeit von den Steuersätzen zu der beschriebenen Segmentierung der Kapitalgeber kommen. Gleichzeitig gilt jedoch auch, daß eine Lösung, bei der beide Finanzierungsformen durch die Unternehmen gewählt werden, nicht ermittelbar ist, wenn die Ausschüttungen dem gleichen Grenzsteuersatz unterliegen wie die Zinseinkünfte. Al-

1) Vgl. Miller, M. H. (1977).

2) Vgl. Miller, M. H. (1977), S. 267 und Modigliani, F./ Miller, M. H. (1958), S. 268.

3) Vgl. Miller, M. H. (1977), S. 268. Vgl. auch Auerbach, A. J. (1979), S. 433-435.

lerdings sind die durch diese Bedingung bewirkten Einschränkungen begrenzt, da zusätzlich zu bedenken ist, daß die durch $(1-s_{kt})\cdot\Theta$ beschriebene Besteuerung von Ausschüttungen den Fall von laufenden Ausschüttungen abbildet. Die Modellierung könnte natürlich auch die Überlegungen zur Thesaurierung mit einbeziehen. So würde die Gleichgewichtsbedingung unter Berücksichtigung des in Gleichung (3.27) auf S. 60 dargestellten Modells mit konstanten Thesaurierungsbeträgen für einen unendlichen Investitionshorizont folgendermaßen lauten:

$$(3.51)\quad \frac{p\cdot(1-s_z)}{i_s} = \frac{p^2\cdot(1-s_{kt})^2\cdot\Theta}{i_s^2}$$

Der kritische Steuersatz s_z, für den diese Bedingung erfüllt ist, lautet:

$$(3.52)\quad s_z = 1-\frac{p}{i_s}\cdot(1-s_{kt})^2\cdot\Theta$$

Ein Vergleich dieses Steuersatzes mit dem kritischen Steuersatz s_z, für den sich bei einer laufenden Vollausschüttung die Indifferenz zwischen dem Erwerb von Fremd- bzw. Beteiligungstiteln ergibt[1], zeigt, daß der erstgenannte kritische Steuersatz immer kleiner ist als der zuletzt genannte, wenn $i_s<p\cdot(1-s_{kt})$ gilt. Diese Bedingung ist erfüllt, wenn es neben der Körperschafts- zu einer effektiven weiteren Besteuerung kommt, d.h., wenn es nicht gelingt, die Ausschüttungsbesteuerung vollständig zu vermeiden.

Die Überlegungen von *Miller* lassen sich somit vereinfacht wie folgt zusammenfassen: Ausgehend von der durch die Kapitalgeber geforderten Mindestverzinsung in Höhe der Zeitpräferenzrate, müssen aus den Investitionen Zahlungsüberschüsse erzielt werden, die diesem Entgelt für den Konsumverzicht entsprechen. Unterliegen diese Entgelte der Besteuerung, so führt dies dazu, daß auch die für die Steuerzahlung notwendigen Zahlungsmittel durch die Unternehmensinvestitionen erzielt werden müssen. Während die Steuer auf die Zinseinkünfte regelmäßig durch den Grenzsteuersatz der Steuerpflichtigen bestimmt ist, ergeben sich im Fall von Ausschüttungen Gestaltungsspielräume, die es ermöglichen, den effektiven Steuersatz unter den Grenzsteuersatz zu drücken. Die Aufteilung der Ersparnisse auf die Finanzierungsformen richtet sich dann nach dem Volumen der Ersparnis der Steuerpflichtigen, für die die Grenzsteuersätze unter dem effektiven Steuersatz auf Ausschüttungen liegen. Diese Steuerpflichtigen werden Fremdfinanzierungstitel erwerben. Das Volumen des Beteiligungskapitals besteht demgegenüber aus der Ersparnis der Steuerpflichtigen, deren Grenzsteuersatz über dem effektiven Ausschüttungssteuersatz liegt. Steuerpflichtige, für die der Grenzsteuersatz dem effektiven Steuersatz auf Ausschüttungen entspricht und die somit indifferent hinsichtlich der rechtlichen Form sind, in der sie ihre Ersparnis den Unternehmen für Investitionen überlassen, werden auch als marginale Investoren bezeichnet.[2]

---

1) Dieser lautet: $1-(1-s_{kt})\cdot\Theta$.

2) Vgl. Swoboda, P. (1991), S. 853.

3.2.6.2 Unternehmenswachstum und steuerbefreite Kapitalgeber

Nach der Untersuchung der Auswirkungen, die Unterschiede in der Besteuerung von Fremdkapitalzinsen und Ausschüttungen haben können, werden in diesem Abschnitt mögliche Konsequenzen einer Differenzierung im Rahmen der Ausschüttungsbesteuerung untersucht. Konkret sollen hier die Wirkungen skizziert werden, die sich ergeben, wenn es gleichzeitig Steuerpflichtige gibt, die Ausschüttungen der Besteuerung zu unterwerfen haben, während andere Steuerpflichtige Ausschüttungen steuerfrei empfangen können. Gibt es eine solche Konstellation, so kann anhand des im Abschnitt 3.2.3.3 dargestellten Unternehmenswachstumsmodells gezeigt werden, daß die Ausschüttungsbesteuerung weitgehend vermieden werden kann. Ein solches Ergebnis kann erreicht werden, indem die Unternehmung die erzielten Erfolge reinvestiert, solange sie hierfür Investitionsgelegenheiten findet. Sobald das Wachstumspotential erschöpft ist, beginnt die Unternehmung mit der Ausschüttung ihrer Erfolge. In diesem Zeitpunkt kommt es zu dem Wechsel der Eigentümer. Während in der Wachstumsphase die Kapitalgeber Steuerpflichtige sind, die Ausschüttungen der Besteuerung zu unterwerfen haben, werden die Anteile nun von Kapitalgebern gehalten, die von der Ausschüttungsbesteuerung befreit sind. Unter der Annahme, daß die Kapitalgeber, bei denen die Ausschüttungen einer Ausschüttungsbesteuerung unterliegen, auch eine Veräußerungsgewinnsteuer zu entrichten haben, können die folgenden Kalküle der steuerpflichtigen und der steuerbefreiten Investoren formuliert werden:

$$1 = \frac{VE - s_v \cdot (VE - 1)}{(1+i_s)^V} \qquad \text{(a)}$$

$$\text{(3.53)} \quad VE = \frac{\left(1+p\cdot(1-s_{kt})\right)^V \cdot p\cdot(1-s_{kt})}{i_s}\cdot\left(1-\frac{1}{(1+i_s)^{T-V}}\right) + \frac{\left(1+p\cdot(1-s_{kt})\right)^V}{(1+i_s)^{T-V}} \qquad \text{(b)}$$

Die Gleichung (a) im Gleichungssystem (3.53) stellt das Kalkül des steuerpflichtigen Kapitalgebers dar. Dieser erwartet, daß der Veräußerungserlös *VE*, den er im Veräußerungszeitpunkt *V* erzielt, nach Abzug der Veräußerungsgewinnsteuer im Barwert einer Geldeinheit entspricht, die er im Investitionszeitpunkt an die Gesellschaft eingezahlt hat. Der Erwerber, dessen Kalkül die Gleichung (3.53) (b) beschreibt, stellt an den Zahlungsstrom, den er von der Gesellschaft erlangt, die Anforderung, daß dieser im Barwert seiner Anschaffungsauszahlung entspricht, wobei sich die Zahlungen, die der Anteilserwerber erhält, aus den laufenden Ausschüttungen und zusätzlich am Investitionshorizont *T* aus der Rückzahlung des Eigenkapitals und der Ausschüttung der vom Investitions- bis zum Veräußerungszeitpunkt *V* gebildeten Rücklage zusammensetzen.

Aus dem Gleichungssystem (3.53) ergeben sich folgende Bedingungen für den Veräußerungserlös *VE* und die Mindestrendite *p*:

$$VE = \frac{(1+i_s)^V - s_v}{1-s_v}$$

$$(3.54) \quad p = \frac{i_s}{(1-s_{kt})\cdot(1-s_v)}\cdot F$$

$$F = \frac{(1+i_s)^T}{(1+i_s)^T-(1+i_s)^V}\cdot\left(\frac{(1+i_s)^V-s_v}{(1+p\cdot(1-s_{kt}))^V}-\frac{(1-s_v)\cdot(1+i_s)^V}{(1+i_s)^T}\right)$$

Gleichung (3.54) zeigt, daß die gesuchte Mindestrendite *p* nur durch Iteration ermittelt werden kann. Für einen unendlichen Planungshorizont und einen deutlich geringeren Veräußerungszeitpunkt *V* lautet der Zusammenhang für die Mindestrendite:

$$(3.55) \quad p = \frac{i_s}{(1-s_{kt})\cdot(1-s_v)}\cdot\frac{(1+i_s)^V-s_v}{(1+p\cdot(1-s_{kt}))^V}$$

Da der zweite Faktor in Gleichung (3.55) kleiner als eins ist, wenn *p* größer als $i_s/(1-s_{kt})$ und s_v größer als null ist, wird die Erhöhung der Mindestrendite um $(1-s_v)$ durch die Veräußerungsgewinnbesteuerung abgeschwächt. Unterliegen Veräußerungsgewinne nicht der Besteuerung, so ergibt sich eine Mindestrendite von $i_s/(1-s_{kt})$. Die folgende Abbildung zeigt den Verlauf des Verhältnisses aus der Mindestrendite des Wachstumsmodells mit einer Anteilsveräußerung am Ende der Wachstumsphase an einen steuerbefreiten Investor und der Mindestrendite des isolierten Beteiligungsfinanzierungskalküls in Abhängigkeit vom Veräußerungszeitpunkt:

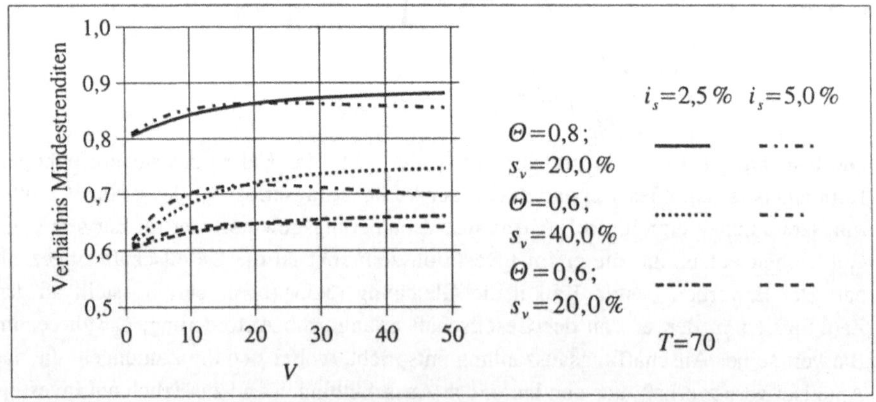

Abbildung 3.22: Mindestrenditen bei Veräußerung an steuerbefreite Investoren im Verhältnis zum isolierten Beteiligungsfinanzierungskalkül

Die Abbildung 3.22 verdeutlicht anschaulich das Ausmaß der Reduktion der Mindestrenditen, das sich im Rahmen eines Zusammenspiels von steuerpflichtigen und steuerbefreiten Kapitalgebern ergeben kann. Selbst bei einer der Ausschüttungsbesteuerung entsprechenden Besteuerung von Veräußerungsgewinnen, die in dem Diagramm durch den Fall Θ=0,6 und s_v=40,0% Berücksichtigung findet, ergibt sich in Abhängigkeit vom Diskontierungszins i_s eine Verringerung der Mindestrendite gegenüber dem isolierten Beteiligungsfinanzierungskalkül von 25% bis 30%. Der zunächst ansteigende und anschließend abfallende Verlauf der Mindestrendite für das Wachstumskalkül mit Veräußerung des Anteiles an einen steuerbefreiten Anteilseigner resultiert daraus, daß eine Verschiebung der Veräußerung um eine Periode im Zeitablauf zu einer sinkenden relativen Änderung des Veräußerungserlöses führt:

$$(3.56) \quad \frac{VE(V+1)-VE(V)}{VE(V)} = \frac{(1+i_s)^V}{(1+i_s)^V - s_v} \cdot i_s$$

Mit einer weiteren Verlagerung des Veräußerungszeitpunktes in die Zukunft verringert sich diese Veränderungsrate. Dieses Ergebnis hat zur Folge, daß es nicht zu einem Gleichlauf zwischen dem Wachstum der Gewinnrücklage und der Veränderung des Veräußerungserlöses kommt. Solange der Veräußerungserlös stärker zunimmt als die Gewinnrücklage, ergeben sich steigende Mindestrenditen, da die Gewinnrücklage und das Eigenkapital die Basis für die Ermittlung der Mindestrendite darstellen. Bezogen auf diese Basis ist eine höhere Mindestrendite erforderlich, damit vom Betrag her eine Verzinsung der durch den Veräußerungserlös bestimmten Anschaffungsauszahlung in Höhe des Diskontierungszinssatzes i_s erzielt werden kann. Wenn das Wachstum des Veräußerungserlöses unter das der Gewinnrücklage fällt, kehrt sich der Prozeß um, und die Mindestrendite verringert sich. Die Phase der Zunahme der Mindestrendite verkürzt sich mit steigendem Diskontierungszinssatz i_s, da diese Zunahme dazu führt, daß die Veränderungsrate des Veräußerungserlöses *VE* schneller unter die Rendite von $p \cdot (1 - s_{kt})$ fällt, zu der die Akkumulation auf Unternehmensebene stattfindet.

Der Einbezug von Unterschieden in der Besteuerung verschiedener Steuersubjekte zeigt eine weitere Möglichkeit, wie negative Folgen einer geringen Integration von Einkommen- und Körperschaftsteuer weitgehend vermieden werden können. Inwieweit sich eine solche Konstellation auch bei einer stark integrierten Einkommen- und Körperschaftsteuer auswirken kann, ist im wesentlichen davon abhängig, ob in diesem System den steuerbefreiten Kapitalgebern eine Erstattung der durch die ausschüttende Gesellschaft entrichteten Körperschaftsteuer gewährt wird. Ist dies nicht der Fall, so verringert sich das Ausmaß der Veränderung der Mindestrendite gegenüber dem isolierten Beteiligungsfinanzierungskalkül deutlich. In der Abbildung 3.22 deutet dies der Verlauf der Verhältnisse der Mindestrenditen für ein Θ von 0,8 an.

Da auch die hier gewählte Modellierung wiederum eine idealtypische Abbildung einer Finanzierungspolitik darstellt, mag der ermittelte Umfang der Änderung in der Mindestrendite durch das unterstellte Kalkül überzeichnet sein. Gleichwohl ist die in der Modellierung angenommene Konstellation von steuerbefreiten und steuerpflichtigen Kapitalgebern in den Steuersystemen vieler Staaten kein Sachverhalt, der vernachlässigt werden könnte. Insbesondere im Bereich der Ersparnisbildung für die Altersvorsorge sind vielfältige Institutionen geschaffen worden, durch deren Einschaltung es Wirtschaftssubjekten gelingt, die Investitionserfolge mit einer im Vergleich zu ihrer regulären Besteuerung geringen oder sogar ohne eine Besteuerung zu vereinnahmen. Für die USA ist hier z.B. an Pensionsfonds zu denken, die als steuerbefreite Kapitalgeber auftreten können.[1] In der Bundesrepublik Deutschland kann diese Rolle z.B. durch Versicherungsgesellschaften eingenommen werden, die insbesondere im Bereich der kapitalbildenden Lebensversicherungen Ersparnisse der Versicherungsnehmer investieren können, ohne daß die daraus erzielten Erfolge, soweit sie den Versicherungsnehmern zukommen, der Besteuerung unterliegen.[2] Daß die beschriebenen Einflüsse in der Tendenz von Bedeutung sein können, zeigt ein Blick auf den Kapitalanlagebestand der deutschen Versicherungswirtschaft. Danach entfielen im Jahr 1998 etwa 273 Mrd. DM des (in Bilanzwerten gemessenen) Anlagebestandes auf Unternehmensbeteiligungen, Aktien und in Aktien investierende Investmentfonds.[3] Zu bedenken ist jedoch auch, daß aufgrund der Anlagerestriktionen, denen diese institutionellen Kapitalgeber unterliegen, in erster Linie große an den Kapitalmärkten notierte Unternehmen von der verringerten Mindestrendite profitieren dürften.

3.2.6.3 Individuelle Fremdfinanzierung und steuerbefreite Ersparnisbildung

Das Wachstumsmodell beruhte auf der Annahme, daß es im Zeitablauf zu einem Wechsel der Kapitalgeber der Unternehmung kommt. Zu beachten ist jedoch, daß dieser Wechsel nicht bedeuten muß, daß es zu einem Austausch der Wirtschaftssubjekte kommt, die letztlich Anspruch auf den Zahlungsstrom aus der Unternehmung haben. Steuerbefreiungen sind nämlich regelmäßig an bestimmte rechtliche Formen der Kapitalüberlassung gebunden, wie die Beispiele Pensionsfonds oder Lebensversicherungsvertrag zeigen. Das führt, daß durch eine entsprechende Wahl der vertraglichen Form, in der die Investitionsmittel überlassen werden, das Ausmaß der Besteuerung beeinflußt werden kann. Das folgende Kalkül zeigt, unter welchen Bedingungen eine nach der rechtlichen Form der Kapitalüberlassung differenzierende Besteuerung herangezogen werden kann, um die Wirkungen der Ausschüttungsbesteuerung abzumildern.[4]

---

1) Vgl. Scholes, M. S./ Wolfson, M. A. (1992), S. 197 und S. 369-371.

2) Diese Steuerbefreiung beruht auf § 20 (1) Nr. 6 S. 2 EStG.

3) Vgl. GDV (1999), S. 105 und S. 109. Eine Aussage über den Umfang der steuerbefreiten Anlagen ist allerdings nicht möglich, da es sich um den Anlagebestand aller Versicherungszweige handelt.

4) Das Kalkül beruht auf Miller, M. H./ Scholes, M. S. (1978), S. 335-348.

In dem Modell gehen *Miller* und *Scholes* von einer Beteiligung an einer körperschaftsteuerpflichtigen Unternehmung aus, aus der der Kapitalgeber laufend steuerpflichtige Ausschüttungen erhält. Um die Besteuerung der Ausschüttung zu verhindern, muß es für den Kapitalgeber möglich sein, einen Kredit aufzunehmen, dessen Zinszahlungen steuermindernd geltend gemacht werden können. Die liquiden Mittel, die durch die Kreditaufnahme zufließen, werden für eine Investition verwendet, aus der steuerbefreite Erfolge erzielt werden. So könnte etwa ein Kredit bei einer Lebensversicherungsgesellschaft aufgenommen werden, um damit einen Lebensversicherungsvertrag abzuschließen, dessen Erfolge von der Besteuerung befreit sind.[1] Man mag einwenden, daß das Steuerrecht eine solche Gestaltung als einen Mißbrauch zurückweisen würde.[2] Dem ist jedoch entgegenzuhalten, daß die Nutzung der Gestaltungsmöglichkeiten nicht in dem Maße simultan verläuft, wie das hier zur Vereinfachung der Analyse unterstellt wird. Wird die rechtliche Strukturierung der Ersparnisbestände als Prozeß betrachtet, so kann das Steuerrecht die Nutzung des Spektrums der möglichen rechtlichen Formen der Kapitalüberlassung zur Optimierung der Erträge aus den Ersparnisbeständen kaum einschränken.

Gegenüber dem ausschließlichen Abschluß eines Lebensversicherungsvertrages ändert sich durch die beschriebene Gestaltung die unmittelbare Berechtigung an den Zahlungsüberschüssen aus der Unternehmensinvestition. Während die Einzahlung des zu investierenden Betrages in einen von der Steuer befreiten Lebensversicherungsvertrag die Investitionsentscheidung auf die Ebene der Institution verlagert, die die Steuerbefreiung vermitteln kann, ermöglicht es die beschriebene Vorgehensweise, die Investitionsentscheidung bei dem investierenden Wirtschaftssubjekt zu belassen. Unter der Annahme, daß der zu leistende Fremdkapitalzins dem Zins aus der steuerbefreiten Anlage entspricht und mit i_s bezeichnet wird, kann für das Kalkül der folgende Zahlungsüberschuß ermittelt werden:

$$(3.57)\quad Z_t = p\cdot\frac{1-s_{kt}}{1-s_a} - s_e\cdot\left(p\cdot\frac{1-s_{kt}}{1-s_a} - \beta\cdot i_s\right) + i_s - i_s$$

Der Zahlungsüberschuß des Investors besteht aus der Ausschüttung, für die eine etwaige Berücksichtigung der Körperschaftsteuer durch den Faktor $(1-s_a)^{-1}$ in die Modellierung einbezogen wird, abzüglich der Steuerzahlung, zuzüglich dem Erfolg aus der steuerbefreiten Investition und vermindert um die zu zahlenden Fremdkapitalzinsen. Für die Ermittlung der Steuerschuld wird der Umfang der Abzugsfähigkeit der gezahlten Fremdkapitalzinsen durch den Faktor β berücksichtigt. Werden Kapitaleinsatz und

---

1) Aufwendungen für die Transaktion, die in sich in einer Differenz zwischen dem zu leistenden Kreditzins und dem Erfolg aus der steuerbefreiten Anlage niederschlagen, bleiben unberücksichtigt.

2) Soweit in Einzelfällen keine expliziten Normen vorhanden sind, wird im Steuerrecht der Bundesrepublik Deutschland über die Norm des § 42 AO versucht, Gestaltungen zu verhindern, die ausschließlich die Steuervermeidung zum Ziel haben.

Kreditbetrag auf eins normiert, so kann aus der Indifferenzbedingung, die fordert, daß der Barwert des Zahlungsstroms der im Investitionszeitpunkt hingegebenen Geldeinheit entsprechen muß, die folgende Bedingung für die Mindestrendite ermittelt werden:

$$(3.58) \quad p = \frac{i_s \cdot (1-\beta \cdot s_e) \cdot (1-s_a)}{(1-s_{kt}) \cdot (1-s_e)}$$

Gleichung (3.58) zeigt, daß sich die Mindestrendite gegenüber dem isolierten Beteiligungsfinanzierungskalkül für ein Vollanrechnungssystem $(s_a{=}s_{kt})$ auf i_s und für ein klassisches Körperschaftsteuersystem $(s_a{=}0)$ auf $i_s/(1-s_{kt})$ verringert, wenn es gelingt, durch die Kürzung der steuerlichen Bemessungsgrundlage um die gezahlten Fremdkapitalzinsen die Besteuerung der empfangenen Ausschüttung bei den Anteilseignern zu vermeiden. Zu beachten ist, daß das Ergebnis darauf beruht, daß die zu leistenden und die empfangenen Zinszahlungen dem Diskontierungszinssatz i_s des Investors entsprechen. Weichen Fremdkapitalzins und Diskontierungszins voneinander ab, so ergibt sich unter der Annahme, daß der Diskontierungszins i_s dem um den Steuersatz s_e gekürzten Zinssatz i_{FK} für Fremdkapital entspricht, folgender Ausdruck für die Mindestrendite:

$$(3.59) \quad p = \frac{i_{FK} \cdot (1-s_e \cdot (1+\beta)) \cdot (1-s_a)}{(1-s_{kt}) \cdot (1-s_e)}$$

Wie Gleichung (3.59) zu entnehmen ist, führen die Annahmenmodifikationen dazu, daß nunmehr eine Mindestrendite für ein Vollanrechnungssystem ermittelt werden kann, die unter dem Fremdkapitalzins i_{FK} liegt. Für ein klassisches Körperschaftsteuersystem ergibt sich dieses Ergebnis, wenn der Steuersatz s_e größer ist als $s_{kt}/(1+s_{kt})$.

Ob diese Mindestrendite tatsächlich erreicht werden kann, ist vor dem Hintergrund der mit der Ermittlung der Mindestrendite verbundenen Annahmen jedoch fraglich. Ein Blick auf den Zahlungsüberschuß zeigt nämlich, daß das Ergebnis eine laufende Steuererstattung impliziert, wenn die Mindestrendite den geltend gemachten Fremdkapitalzinssatz unterschreitet.[1] Demzufolge müßten die dauerhaft negativen Bemessungsgrundlagen, die sich aus den Ausschüttungen und den gezahlten Fremdkapitalzinsen ergeben, durch positive Bemessungsgrundlagen aus anderen steuerpflichtigen Aktivitäten ausgeglichen werden. Sieht das Steuerrecht Regelungen vor, die eine solche laufende Verrechnung bzw. sich daraus ergebende Steuererstattungen verhindern, den Zinsabzug jedoch nicht generell unterbinden, so resultiert die Mindestrendite des isolierten Beteiligungsfinanzierungskalküls, mit dem Unterschied, daß bei den Kapitalgebern ein Nettoerfolg von i_{FK} statt i_s verbleibt. Im Ergebnis ändert sich somit für die Kapitalgeber nichts. Sie können weiterhin die Ausschüttungsbesteuerung vermeiden. Erst

[1] Die an die modifizierten Annahmen angepaßte Steuerbemessungsgrundlage aus Gleichung (3.57) beträgt $\left(p \cdot \frac{1-s_{kt}}{1-s_a} - \beta \cdot i_{FK}\right)$ und lautet für die ermittelte Mindestrendite $\frac{-s_e \cdot i_{FK}}{1-s_e}$.

ein Abzugsverbot für die gezahlten Fremdkapitalzinsen im Rahmen der Besteuerung der Ausschüttung bei den Kapitalgebern, würde das Ausweichen vor der Ausschüttungsbesteuerung verhindern.

Die Ergebnisse dieses Abschnitts verdeutlichen, jenseits einer möglichen Strategie zur Vermeidung der Ausschüttungsbesteuerung durch eine individuelle Verschuldung, ein Problem, das für die Ermittlung von Mindestrenditen bedeutsam ist, wenn nicht eindeutig ist, welcher Diskontierungszinssatz i_s für die Analyse zu wählen ist. In der Ausgangssituation stellt sich die Investitionsentscheidung nämlich so dar, daß dem Investor sowohl eine steuerbefreite als auch eine steuerpflichtige Investition zur Auswahl stehen. In der ersten Modellvariante wird dieses Problem dahingehend gelöst, daß die steuerbefreite Investition als Maßstab für die Analyse gewählt wird. Im Vordergrund steht hier somit die Eigenschaft des Diskontierungszinssatzes als Entgelt für den Konsumverzicht. Das bedeutet, daß die Modellierung auf der Annahme beruht, daß für die Kapitalüberlassung, unabhängig vom Ausmaß der Besteuerung, dem Kapitalgeber ein bestimmtes Entgelt für den Konsumverzicht verbleiben muß.[1] Eine solche Perspektive rechtfertigt auch, daß die Höhe der Rendite, die durch die steuerbefreite Institution für die Kapitalgeber erzielt wird, diesem Entgelt entspricht, mithin zwischen Diskontierungszins einerseits und steuerbefreitem Zins bzw. zu zahlendem Fremdkapitalzins andererseits nicht unterschieden werden muß.

Die alternative Modellierung geht hingegen davon aus, daß der Zahlungsstrom, der durch die betrachtete Gestaltung ausgelöst wird, an der Rendite einer steuerpflichtigen Kapitalmarktanlage zu messen ist, so daß der Diskontierungszins i_s dem zu zahlenden Fremdkapitalzins gekürzt um den Steuersatz auf empfangene Zinszahlungen entspricht. Diese Annahme erscheint deshalb problematisch, weil das Kalkül impliziert, daß der Zugang zu einer steuerbefreiten Kapitalanlage nicht beeinträchtigt ist, so daß die Wahl des um die Steuer gekürzten Zinssatzes als Maßstab für das Vorteilhaftigkeitskalkül die Annahme rationalen Verhaltens zu verletzen scheint. Dennoch muß daraus nicht folgen, daß die erstgenannte Perspektive überlegen ist. Dies liegt daran, daß die beiden Vorgehensweisen auf den gleichen Sachverhalt aus verschiedenen Richtungen blicken. Während im ersten Fall der Kapitalgeber zur Normierung herangezogen wird und damit die aus der Besteuerung resultierende Belastungswirkung beim Kapitalgeber gemessen wird, wählt die zweite Vorgehensweise das Ergebnis ohne die Berücksichtigung der Besteuerung als Maßstab, um dann mögliche Wirkungen auf beiden Seiten des Finanzierungsvertrages zu messen.

---

[1] Hinweise auf die empirische Relevanz dieser Perspektive sind zu finden in: Wenger, E. (1990) S. 177-180. *Wenger* untersucht in diesem Beitrag die Auswirkungen der 1987 kurzzeitig in Deutschland eingeführten Quellensteuer auf Zinsen. Er kommt zu dem Ergebnis, daß der Steueraufschlag durch Zinserhöhungen vollständig kompensiert wurde, so daß für die Kapitalgeber im Ergebnis keine unmittelbaren Einbußen entstanden.

Eine Lösung des Modellierungsproblems zeichnet sich damit nicht ab. Dies ist auch dadurch bedingt, daß eine Fülle weiterer Einflüsse auf den Diskontierungszinssatz nicht in die Modellierung einfließen. Neben den Auswirkungen der Unsicherheit sind dies insbesondere die mit der betrachteten Gestaltung zur Vermeidung der Ausschüttungsbesteuerung verbundenen Transaktionskosten.[1] Insoweit können die hier vorgestellten Kalküle lediglich mögliche Wirkungsrichtungen aufzeigen, die durch bestehende Gestaltungsmöglichkeiten eingeräumt werden.

3.3 Grenzüberschreitende Investitionstätigkeit und Körperschaftsteuersysteme

3.3.1 Unmittelbare Beteiligung an einer ausländischen Gesellschaft

Der Fokus der theoretischen Analyse der Körperschaftsteuersysteme war in den vorangegangenen Abschnitten ausschließlich auf die Besteuerung von Investitionen durch körperschaftsteuerpflichtige Unternehmen gerichtet, die innerhalb der Rechtsordnung durchgeführt werden, in der auch der Steuerpflichtige ansässig ist, der die Mittel für die Investition zur Verfügung stellt. In diesem Abschnitt soll der Frage nachgegangen werden, auf welche Weise die bisher gewonnenen Aussagen zu modifizieren sind, wenn diese Randbedingung aufgegeben wird. Die rechtliche Struktur der Investition ändert sich somit dahingehend, daß nunmehr unterstellt wird, daß der betrachtete Investor die Investitionsmittel einer körperschaftsteuerpflichtigen Unternehmung zur Verfügung stellt, für die nicht das Steuerrecht des Staates gilt, dem er unterliegt. Mit dieser Modifikation ist eine gewisse Veränderung in der Perspektive verbunden, da nun nicht mehr die rechtliche Ausgestaltung im Vordergrund steht, die für die Durchführung der Investition gewählt wird. Vielmehr wird nun analysiert, in welchem Ausmaß das Körperschaftsteuersystem die Entscheidung der Wirtschaftssubjekte beeinflussen kann, ob eine Beteiligung an einer in- oder an einer ausländischen körperschaftsteuerpflichtigen Unternehmung eingegangen werden soll.[2] In einem ersten Analyseschritt soll gezeigt werden, daß die aus der bisherigen Modellierung abgeleiteten Aussagen über die Wirkungen des Körperschaftsteuersystems für die Darstellung der Wirkungen des Zusammenspiels verschiedener Körperschaftsteuersysteme verwendet werden können. Eine Ergänzung dieser Ergebnisse ist jedoch dahingehend erforderlich, daß die Annahme einer ausschließlich unmittelbaren Beteiligung der Wirtschaftssubjekte an den jeweiligen Unternehmen für die Betrachtung internationaler Sachverhalte den Blick auf wichtige Zusammenhänge verstellt. In einem zweiten Analyseschritt wird das Modell daher um die Möglichkeit erweitert, daß sich der inländische Anteilseigner indirekt über eine in-

---

1) Vgl. zu Transaktionskosten im Zusammenhang mit Arbitragehandlungen Scholes, M. S./ Wolfson, M. A. (1992), S. 110-113.

2) Vgl. zu einer solchen Analyse auf der Basis von Indifferenzbedingungen auch Schreiber, U. (1992), S. 839-844 und Devereux, M. P./ Freeman, H. (1995), S. 87-91.

ländische körperschaftsteuerpflichtige Unternehmung an der ausländischen Gesellschaft beteiligt.[1)]

Die Gründung einer Kapitalgesellschaft im Ausland wird durch das inländische Steuerrecht anerkannt, wenn die Anteilseigner mit der Gesellschaft im Ausland wirtschaftliche Interessen verfolgen, die über das Ziel hinausgehen, durch die Abschirmwirkung der ausländischen Gesellschaft Steuerzahlungen im Inland zu vermeiden.[2)] Für die Modellierung wird unterstellt, daß infolge der Realinvestitionstätigkeit der Gesellschaft im Ausland ihre steuerrechtliche Anerkennung im Inland gewährleistet ist. Dies führt dazu, daß die Erfolge, die durch die Gesellschaft im Betätigungsstaat erzielt werden, der dortigen Körperschaftsbesteuerung unterliegen. Für die Modellierung folgt daraus, daß in den Formeln für die Mindestrenditen, die für die einzelnen Finanzierungsmöglichkeiten in den vorangegangenen Abschnitten ermittelt wurden, der inländische durch den ausländischen Körperschaftsteuersatz zu ersetzen ist.

Umfangreichere Besteuerungskonsequenzen ergeben sich erst, wenn die ausländische Gesellschaft ihre erzielten Erfolge an die inländischen Anteilseigner ausschüttet. In diesem Fall erheben in der Regel sowohl der Sitzstaat der Gesellschaft als auch der Wohnsitzstaat der Anteilseigner Besteuerungsansprüche. Die Ausschüttung an die Anteilseigner löst im Sitzstaat der Gesellschaft die beschränkte Steuerpflicht der Anteilseigner aus, während sie gleichzeitig Bestandteil des Welteinkommens der Anteilseigner ist, das im Wohnsitzstaat der Besteuerung unterliegt.[3)] Um die daraus resultierende mehrfache steuerliche Erfassung der Ausschüttungen abzumildern, werden von den einzelnen Staaten Maßnahmen zur Vermeidung der Doppelbesteuerung praktiziert. Diese können auf einseitigen Vorschriften oder auf zwischenstaatlichen Abkommen beruhen. Solche Vereinbarungen sehen für Ausschüttungen von Kapitalgesellschaften an natürliche Personen im Regelfall die Begrenzung des Steuersatzes vor, den der Sitzstaat der Gesellschaft bei der Bemessung der Steuerschuld im Rahmen der beschränkten Steuerpflicht des Ausschüttungsempfängers anwendet.[4)] Der Wohnsitzstaat der Ausschüttungsempfänger berücksichtigt die steuerliche Vorbelastung der Ausschüttung, indem er die im Sitzstaat der Gesellschaft entrichtete Steuer auf die inländische Steuerschuld anrechnet.[5)] Wird die gesamte Besteuerung der Ausschüttung bei den Anteilseignern mit Θ_A bezeichnet, so ergibt sich aus diesen Rahmenbedingungen der folgende Zusammenhang für Θ_A:

---

1) Eine detaillierte Analyse der Besteuerungswirkungen im Zusammenhang mit international tätigen Unternehmen ist auch zu finden in Alworth, J. S. (1988).

2) Zu Einzelheiten der Einordnung von Kapitalgesellschaften im internationalen Steuerrecht vgl. Jacobs, O. H. (Hrsg.) (1999), S. 419-444.

3) In Deutschland ergibt sich die Steuerpflicht der Ausschüttungen für die unbeschränkte Steuerpflicht aus den §§ 1 (1) und 20 (1) Nr. 1 EStG. Die beschränkte Steuerpflicht für Ausschüttungen an Ausländer im Sinne des EStG basiert auf den §§ 1 (4) und 49 (1) Nr. 5a EStG.

4) Vgl. Art. 10 (2) OECD-MA.

5) Unter Umständen wird der Anrechnungsumfang begrenzt. Vgl. für Deutschland § 34c (1) EStG.

$$(3.60)\quad \Theta_A = \frac{(1-s_q)\cdot(1-\max(s_e,s_q))}{1-s_q} = 1-\max(s_e,s_q)$$

In der Gleichung (3.60) bezeichnet s_q den Steuersatz, den der Sitzstaat der Gesellschaft auf die Ausschüttung anwendet. Darüber hinaus ist eine Anrechnungsbegrenzung berücksichtigt, wonach der Wohnsitzstaat des Ausschüttungsempfängers die Quellensteuer des Sitzstaates der Gesellschaft nur bis zur Höhe seines Steuersatzes s_e anrechnet. Diese Begrenzung wird dadurch abgebildet, daß die Ausschüttung um das Maximum aus dem Steuersatz s_e des Wohnsitzstaates und dem Steuersatz s_q des Sitzstaates der Gesellschaft zu kürzen ist. Für die weitere Analyse wird unterstellt, daß der Quellensteuersatz s_q nicht größer ist als der Steuersatz s_e, den die Anteilseigner aufgrund ihrer unbeschränkten Steuerpflicht zu entrichten haben, so daß die Ausschüttungen der ausländischen Gesellschaft jeweils um $1-s_e$ zu kürzen sind.

Diese Darstellung der Rahmenbedingungen zeigt, daß die Besteuerung der Erfolge der Gesellschaft durch die Körperschaftsteuer bei grenzüberschreitenden Sachverhalten regelmäßig nicht berücksichtigt wird. Somit ergeben sich immer dann Abweichungen zwischen den Mindestrenditen der Finanzierungsformen für eine in- bzw. eine ausländische Investitionsbetätigung in Form einer Beteiligung an einer körperschaftsteuerpflichtigen Unternehmung, wenn die Besteuerung von empfangenen Ausschüttungen bei den Anteilseignern nach der Herkunft der Ausschüttung differenziert. In den Kalkülen der vorangegangenen Abschnitte kann somit die Anteilseignerbesteuerung durch eine entsprechende Modifikation des Faktors Θ berücksichtigt werden. Wird damit in dem isolierten Kalkül der Beteiligungsfinanzierung begonnen, so kann das Verhältnis der Mindestrenditen ermittelt werden, die bei einer Beteiligung an einer ausländischen bzw. an einer inländischen Gesellschaft durch die Gesellschaft zu erzielen sind:

$$(3.61)\quad \frac{p_A^{BF}}{p_I^{BF}} = \frac{(1-s_{kti})\cdot\Theta_I}{(1-s_{kta})\cdot\Theta_A}$$

Unter der Annahme, daß der auf die Ausschüttung anzuwendende Steuersatz unabhängig von der Herkunft der Ausschüttung s_e beträgt, kann die Differenzierung in der Besteuerung von empfangenen in- und ausländischen Dividenden durch den Steuersatz s_a abgebildet werden, der das Ausmaß der Körperschaftsteueranrechnung beim Empfang einer zur Anrechnung berechtigenden inländischen Ausschüttung angibt. Es ergibt sich dann folgendes Verhältnis der Mindestrenditen im Fall der Beteiligungsfinanzierung:

$$(3.62)\quad \frac{p_A^{BF}}{p_I^{BF}} = \frac{1-s_{kti}}{(1-s_{kta})\cdot(1-s_a)}$$

Eine Steigerung der Mindestrendite der Beteiligungsfinanzierung einer Auslandsinvestition gegenüber der inländischen Betätigung ergibt sich nach Gleichung (3.62) immer dann, wenn der kombinierte Steuersatz aus ausländischem Körperschaftsteuersatz s_{kta}

und inländischem Anrechnungssatz s_a den inländischen Körperschaftsteuersatz s_{kti} überschreitet.[1] Eine auf der unterschiedlichen Berücksichtigung der körperschaftsteuerlichen Vorbelastung beruhende Benachteiligung von Beteiligungen an ausländischen Kapitalgesellschaften ist danach um so wahrscheinlicher, je stärker die Integration zwischen Einkommen- und Körperschaftsteuer im Inland ausfällt.

Die relative Vorteilhaftigkeit der isolierten Selbstfinanzierung richtet sich demgegenüber ausschließlich nach der Höhe der Körperschaftsteuersätze im In- und Ausland, wie das folgende Verhältnis der Mindestrenditen des isolierten Selbstfinanzierungskalküls für den Auslands- und den Inlandssachverhalt zeigt:

$$(3.63) \quad \frac{p_A^{SF}}{p_I^{SF}} = \frac{1-s_{kti}}{1-s_{kta}}$$

Für den Vergleich zwischen einer Beteiligung an einer in- bzw. an einer ausländischen körperschaftsteuerpflichtigen Unternehmung wird auf die Berücksichtigung der Veräußerungsgewinnbesteuerung verzichtet, da das Besteuerungsrecht für diese Erfolge regelmäßig dem Ansässigkeitsstaat der Anteilseigner zusteht[2] und grundsätzlich keine Veranlassung besteht, bei der Ermittlung dieser Erfolge zwischen im In- und im Ausland erzielten Veräußerungserfolgen zu differenzieren. Somit ist mit den in den Gleichungen (3.62) und (3.63) dargestellten Verhältnissen für die Mindestrenditen des isolierten Beteiligungs- und des isolierten Selbstfinanzierungskalküls die Bandbreite der möglichen relativen Vorteilhaftigkeit einer in- gegenüber einer ausländischen Investitionsbetätigung dargestellt. Die Verdichtung dieser Ergebnisse kann anhand des kombinierten Kalküls erfolgen, das die Aufnahme von neuem Eigenkapital und eine anschließende Gewinnverwendungspolitik im Zusammenhang betrachtet. Hierzu soll ein Blick auf die für große Investitionshorizonte T ermittelten Grenzwerte der Mindestrendite für das kombinierte Kalkül mit einem konstanten Thesaurierungsbetrag genügen. Wird eine etwaige unterschiedliche Besteuerung von in- und ausländischen Ausschüttungen in der Gleichung (3.29) auf S. 61 berücksichtigt, so beträgt das Verhältnis der Mindestrenditen für eine Beteiligung an einer aus- bzw. inländischen Gesellschaft unter der Voraussetzung, daß der Unterschied in der Ausschüttungsbesteuerung wiederum durch den Steuersatz s_a abgebildet wird:

$$(3.64) \quad \frac{p_A^{KK}}{p_I^{KK}} = \frac{1-s_{kti}}{\left(1-s_{kta}\right)\cdot\sqrt{1-s_a}}$$

Gegenüber dem isolierten Beteiligungsfinanzierungskalkül verringert sich das Verhältnis der Mindestrenditen um den Faktor $\sqrt{1-s_a}$, während es sich im Vergleich zum isolierten Selbstfinanzierungskalkül um den Kehrwert dieses Faktors erhöht. Das tendenzielle Ergebnis, daß eine zunehmende Integration von inländischer Einkommens- und

---

[1] Die Bedingung lautet formal: $s_{kti} \leq s_{kta} + s_a - s_{kta} \cdot s_a$.

[2] Vgl. Art. 13 (4) OECD-MA.

Körperschaftsbesteuerung die Wahrscheinlichkeit für eine Benachteiligung der Beteiligung an einer ausländischen Unternehmung erhöht, bleibt demzufolge bestehen. Praktiziert der Wohnsitzstaat des Anteilseigners eine Vollanrechnung $(s_a = s_{kti})$, so ergibt sich eine Indifferenz zwischen einer Beteiligung an einer in- und einer ausländischen Gesellschaft nur, wenn zwischen dem in- und dem ausländischen Körperschaftsteuersatz die Bedingung $s_{kta} \cdot (2 - s_{kta}) = s_{kti}$ erfüllt ist. Beträgt der inländische Steuersatz s_{kti} z.B. 40,0 %, so ergibt sich die Indifferenz bei einem ausländischen Satz s_{kta} von ca. 22,5 %.

3.3.2 Mittelbare Beteiligung an einer ausländischen Gesellschaft

3.3.2.1 Beteiligungsfinanzierung der Tochtergesellschaft

Gegen die bisherige Modellierung der Auslandsinvestition kann eingewendet werden, daß sie für Schlußfolgerungen über das Ausmaß der Auswirkungen der Besteuerungsunterschiede zwischen Beteiligungen an in- und ausländischen Kapitalgesellschaften nur bedingt geeignet ist, da die unterstellte Beteiligungsstruktur nicht diejenige ist, die vorwiegend für Realinvestitionen im Ausland gewählt wird. Auslandsinvestitionen werden im wesentlichen durch inländische Kapitalgesellschaften durchgeführt, die sich im Ausland an dortigen Gesellschaften beteiligen bzw. dort Gesellschaften errichten. Für eine derartige rechtliche Ausgestaltung der grenzüberschreitenden Investitionsbetätigung gibt es eine Reihe von Begründungen, die jenseits der Besteuerung zu suchen sind.[1] Dennoch soll im folgenden geprüft werden, ob bzw. unter welchen Bedingungen durch die Besteuerungsregeln zusätzlich Anreize für eine solche Strukturierung des Auslandsengagements geschaffen werden.

Wird die Auslandsinvestition nicht direkt durch den Kapitalgeber finanziert, sondern durch eine inländische Kapitalgesellschaft, der die inländischen Kapitalgeber zuvor die notwendige Kapitalausstattung zur Verfügung gestellt haben, so ändert sich die Besteuerung im Investitionsstaat nur dahingehend, daß nicht mehr der inländische Kapitalgeber im Betätigungsstaat der ausländischen Gesellschaft durch die Ausschüttung der beschränkten Steuerpflicht unterliegt, sondern die inländische Gesellschaft, die Eigentümerin der Anteile an der ausländischen Gesellschaft ist. Darüber hinaus wird durch ein etwaig bestehendes Abkommen zur Vermeidung der Doppelbesteuerung der anzuwendende Steuersatz verringert, wenn es sich bei dem Ausschüttungsempfänger um eine Kapitalgesellschaft handelt, deren Anteil an der ausschüttenden Gesellschaft eine bestimmte Beteiligungsquote überschreitet.[2] Im Sitzstaat der Gesellschaft, die die Ausschüttung empfängt, kommt es zu einer Besteuerung der empfangenen Ausschüttung im Rahmen der unbeschränkten Steuerpflicht der Gesellschaft. Allerdings wird

[1] Vgl. z.B. Alworth, J. S. (1988), S. 23-25 oder Weichenrieder, A. J. (1995), S. 5-8.

[2] Vgl. dazu Art. 10 (2) OECD-MA. In der Europäischen Union ist die Besteuerung von Ausschüttungen an Kapitalgesellschaften, die in anderen Mitgliedsstaaten ansässig sind, durch die Mutter-Tochter-Richtlinie beseitigt worden. Vgl. dazu z.B. Knobbe-Keuk, B. (1991), S. 310-311.

hier regelmäßig die steuerliche Vorbelastung der Ausschüttung berücksichtigt. Dies geschieht zum einen durch eine Anrechnung der Steuer, die die empfangende Gesellschaft im Zuge ihrer beschränkten Steuerpflicht im Sitzstaat der ausländischen Gesellschaft zu entrichten hatte. Möglich ist darüber hinaus auch eine sogenannte indirekte Anrechnung der Körperschaftsteuer, die die ausländische Gesellschaft gezahlt hat, wobei im allgemeinen eine Begrenzung der Anrechnung auf den Steuerbetrag erfolgt, der im Inland auf einen entsprechenden Erfolg zu entrichten wäre.[1] Zum anderen kann die steuerliche Vorbelastung des ausgeschütteten Erfolges durch eine Freistellung der Ausschüttung von der inländischen Besteuerung berücksichtigt werden.

Wird aus diesen skizzierten Möglichkeiten der Besteuerung der Betrag ermittelt, der für die Ausschüttung an die Anteilseigner auf Unternehmensebene zur Verfügung steht, so ergibt sich im Fall einer begrenzten direkten und indirekten Anrechnung:

$$
\begin{aligned}
D_t &= p\cdot\left(1-s^*_{aus}\right)\cdot\left(1-\frac{s_{kti}-s^*_{aus}}{1-s^*_{aus}}\right) \quad \text{für } s_{kti}>s^*_{aus} \\
&= p\cdot\left(1-s_{kti}\right) \qquad (3.65) \\
D_t &= p\cdot\left(1-s^*_{aus}\right) \quad \text{für } s_{kti}<s^*_{aus} \\
s^*_{aus} &= s_{kta}+s_q-s_q\cdot s_{kta}
\end{aligned}
$$

Die mögliche Ausschüttung an die Anteilseigner wird im Fall der begrenzten Anrechnung durch das Maximum aus dem kombinierten ausländischen Körperschaft- und Quellensteuersatz einerseits und dem inländischen Körperschaftsteuersatz andererseits bestimmt. Ist eine Freistellung der Ausschüttung bei der empfangenden Gesellschaft vorgesehen, so ist die mögliche Ausschüttung bestimmt durch:

$$(3.66)\quad D_t = p\cdot\left(1-s_{kta}\right)\cdot\left(1-s_q\right)$$

Die bestehende steuerliche Belastung der Ausschüttung auf der Ebene der empfangenden Gesellschaft wird unabhängig vom Körperschaftsteuersystem, dem die Gesellschaft unterliegt, berücksichtigt. Dahingegen wird den Kapitalgebern in Staaten, die ein Anrechnungssystem zur Integration von Einkommens- und Körperschaftsbesteuerung praktizieren, eine Anrechnung ausländischer Steuern regelmäßig nicht ermöglicht, wenn die Gesellschaft die aus dem Ausland empfangene Dividende an ihre Anteilseigner ausschüttet.[2] In diesem Fall findet sowohl die Körperschaftsteuer der ausländischen Gesellschaft als auch die im Ausland gegebenenfalls entrichtete Quellensteuer keine Berücksichtigung bei der Bemessung der Steuerschuld der Anteilseigner. Technisch kann die Anrechnung ausländischer Steuern grundsätzlich auf zwei Weisen verhindert werden. Zum einen können die Erfolge der Gesellschaft für spätere Aus-

[1] Im Steuerrecht der Bundesrepublik Deutschland ergeben sich diese Anrechnungsmöglichkeiten aus § 26 (1) (Anrechnung der Quellensteuer) und §26 (2) KStG (indirekte Anrechnung).

[2] Zu Ausnahmen von diesem Grundsatz in der Europäischen Union vgl. Jacobs, O. H. (Hrsg.) (1999), S. 129-132.

schüttungszwecke danach untergliedert werden, inwieweit sie einer inländischen Besteuerung unterlegen haben. In diesem Fall kann zusätzlich festgelegt sein, in welcher Reihenfolge besteuerte und nicht besteuerte Erfolge für Ausschüttungen heranzuziehen sind. Nur unter der Voraussetzung, daß Erfolge für eine Ausschüttung verwendet werden, die nach dieser Verwendungsreihenfolge als im Inland besteuert gelten, wird eine Anrechnung der Körperschaftsteuer bei den Ausschüttungsempfängern gewährt. Dies war das Prinzip des in Deutschland praktizierten Anrechnungsverfahrens.[1] Die andere Möglichkeit, die Anrechnung von im Ausland gezahlten Steuern in einem Anrechnungssystem zu verhindern, besteht darin, jede Ausschüttung durch die Gesellschaft zu einem körperschaftsteuerpflichtigen Tatbestand zu machen, so daß auf der Ebene der Empfänger jede Ausschüttung mit einem Anrechnungsanspruch verbunden ist. Eine Begrenzung der Anrechnung kann in diesem Fall erreicht werden, indem die durch die Ausschüttung ausgelöste Körperschaftsteuerschuld auf diejenige angerechnet wird, die aufgrund des erzielten Erfolges der Gesellschaft ermittelt wird. Die Verrechnung der Körperschaftsteuer, die durch Ausschüttungen ausgelöst wird, mit der aufgrund des Unternehmenserfolges ermittelten Körperschaftsteuer kann darüber hinaus dem Umfang nach begrenzt sein und durch überperiodische Verrechnungsmöglichkeiten ergänzt werden. Diese Vorgehensweise wurde im Prinzip zur Ausgestaltung des körperschaftsteuerrechtlichen Teilanrechnungsverfahrens in Großbritannien gewählt.[2]

Nachdem die Besteuerung ausländischer Dividenden, die inländische Anteilseigner über eine inländische Muttergesellschaft beziehen, dargestellt ist, müssen nun noch die Konsequenzen der auf Ebene der Muttergesellschaft bestehenden Refinanzierungsmöglichkeiten dargestellt werden, damit die Mindestrenditen für eine beteiligungsfinanzierte Investition einer ausländischen Tochtergesellschaft bestimmt werden können. Das Beteiligungskapital, das die Muttergesellschaft der Tochtergesellschaft zur Verfügung stellt, kann von der Muttergesellschaft durch eine Beteiligungs-, eine Selbst- oder eine Fremdfinanzierung aufgebracht werden. Während für den Beteiligungsfinanzierungsfall keine weiteren steuerlichen Randbedingungen zu beachten sind, müssen für den Selbst- und den Fremdfinanzierungsfall zusätzliche Unterscheidungen getroffen werden. Für den Selbstfinanzierungsfall ist danach zu differenzieren, ob die Gewinnrücklage, deren Verwendung für die Finanzierung der Kapitalerhöhung bei der Tochtergesellschaft unterstellt wird, zu einer Körperschaftsteueranrechnung berechtigt. Nimmt die Muttergesellschaft einen Kredit zur Finanzierung der Beteiligung auf, so kann ihr der Abzug der Zinszahlungen im Rahmen der Ermittlung ihrer steuerlichen Bemessungsgrundlage verwehrt sein. Besteht ein solches Abzugsverbot nicht, so unterliegen die Dividendenzahlungen der Tochtergesellschaft bei den Anteilseignern dem Besteuerungsregime für ausländische Dividenden, während die Zinszahlungen inländi-

[1] Zu Einzelheiten der Ausgestaltung vgl. z.B. Jacobs, O. H. (Hrsg.) (1999), S. 88-101.

[2] Vgl. zu Details z.B. Künne, T. (1997), S. 56-58.

sche Dividenden reduzieren. Die folgende Übersicht zeigt die Indifferenzbedingungen und die sich daraus ergebenden Mindestrenditen für die Investitionen der beteiligungsfinanzierten ausländischen Tochtergesellschaft, wobei unterstellt wird, daß ausländische Dividenden bei der Muttergesellschaft von der Besteuerung freigestellt sind:

Refinanzierung der Muttergesellschaft	Indifferenzbedingung	Mindestrendite
Beteiligungsfinanzierung	$1 = \frac{p \cdot \left(1 - s_{aus}^{*}\right) \cdot \Theta_A}{i_s} \cdot F + 1 - F$	$\frac{i_s}{\left(1 - s_{aus}^{*}\right) \cdot \Theta_A}$
Selbstfinanzierung	$\Theta = \frac{p \cdot \left(1 - s_{aus}^{*}\right) \cdot \Theta_A}{i_s} \cdot F + \left(1 - F\right) \cdot \Theta$	$\frac{i_s \cdot \Theta}{\left(1 - s_{aus}^{*}\right) \cdot \Theta_A}$
Fremdfinanzierung mit Begrenzung des Zinsabzuges	$0 = \frac{\left(p \cdot \left(1 - s_{aus}^{*}\right) - i_{FK}\right) \cdot \Theta_A}{i_s} \cdot F$	$\frac{i_{FK}}{1 - s_{aus}^{*}}$
Fremdfinanzierung ohne Begrenzung des Zinsabzuges	$0 = \frac{p \cdot \left(1 - s_{aus}^{*}\right) \cdot \Theta_A - i_{FK} \cdot \left(1 - s_{kti}\right) \cdot \Theta_I}{i_s} \cdot F$	$\frac{i_{FK} \cdot \left(1 - s_{kti}\right) \cdot \Theta_I}{\left(1 - s_{aus}^{*}\right) \cdot \Theta_A}$
$F = 1 - \frac{1}{\left(1 + i_s\right)^T}$; $s_{aus}^{*} = s_{kta} + s_q - s_{kta}$.		

Abbildung 3.23: Mindestrenditen der beteiligungsfinanzierten ausländischen Tochtergesellschaft

Wird von möglichen Unterschieden in den Quellensteuersätzen abgesehen, so ändert sich die Mindestrendite der Beteiligungsfinanzierung der Tochtergesellschaft gegenüber der Mindestrendite bei einer unmittelbaren Beteiligung der Anteilseigner nicht, wenn die Muttergesellschaft ebenfalls beteiligungsfinanziert ist. Hat die Muttergesellschaft ihr Engagement aus Gewinnrücklagen finanziert, kommt es zu einer Änderung der Mindestrendite, wenn bei den Anteilseignern die Besteuerung der verwendeten Gewinnrücklage von der Besteuerung der aus der Investition resultierenden Ausschüttungen abweicht $(\Theta \neq \Theta_A)$. Durch die Verwendung einer aus inländischen Erfolgen gebildeten Gewinnrücklage, wird in diesem Fall die für inländische Gewinne geltende Ausschüttungsbesteuerung für den Investitionszeitraum durch die für Auslandsdividenden gültige Besteuerung ersetzt. Bei einer Fremdfinanzierung der Muttergesellschaft ändert sich die Mindestrendite gegenüber der unmittelbaren Beteiligung, wenn die Fremdfinanzierungsaufwendungen die steuerliche Bemessungsgrundlage der Muttergesellschaft reduzieren. Entsprechen sich in diesem Fall die Besteuerung in- und ausländischer Dividenden bei den Anteilseignern, so reduziert sich die Mindestrendite um den inländischen Körperschaftsteuersatz. Dieser Effekt vermindert sich, wenn eine Anrechnung der Körperschaftsteuer für inländische Ausschüttungen erfolgt $(\Theta_I > \Theta_A)$.

3.3.2.2 Fremdfinanzierung der Tochtergesellschaft

Die Gestaltung der Investitionsbetätigung im Ausland über eine inländische Kapitalgesellschaft, die im Ausland eine Tochtergesellschaft gründet, eröffnet für die Muttergesellschaft auch Spielräume im Hinblick auf eine Fremdfinanzierung der Auslandsinvestitionen. Die Muttergesellschaft kann die als Kredit an die Tochtergesellschaft gezahlten Mittel ihrerseits mit Beteiligungskapital, Fremdkapital und mit Gewinnrücklagen refinanzieren. Für die Modellierung soll angenommen werden, daß die Fremdfinanzierungsmaßnahme durch das Steuerrecht des Sitzstaates der Tochtergesellschaft anerkannt wird.[1] Die Zinszahlungen der Tochtergesellschaft an die Muttergesellschaft mindern in diesem Fall die körperschaftsteuerliche Bemessungsgrundlage der Tochtergesellschaft. Durch die Zinszahlungen der Tochtergesellschaft an die Muttergesellschaft kann es zu einer beschränkten Steuerpflicht der Muttergesellschaft im Ansässigkeitsstaat der Tochtergesellschaft kommen.[2] In dem folgenden Modell wird unterstellt, daß diese Zinsen einem Quellensteuersatz in Höhe von s_q^z unterliegen, wobei die Muttergesellschaft diese Steuer im Zuge ihrer unbeschränkten Steuerpflicht anrechnen kann. Für den Fall, daß Ausschüttungen der Muttergesellschaft an ihre Anteilseigner ein Anrechnungsguthaben vermitteln, soll des weiteren angenommen werden, daß die angerechnete Quellensteuer nicht in das Anrechnungsguthaben der Anteilseigner eingeht.

Werden die durch die Fremdfinanzierung der Tochtergesellschaft ausgelösten Zahlungsströme betrachtet, so ergeben sich gegenüber der vorangegangenen Modellierung nunmehr zwei Zahlungsströme, die in das Modell einzubeziehen sind. Zum einen verändert die Fremdfinanzierung den von der Tochtergesellschaft an die Anteilseigner der Muttergesellschaft fließenden Dividendenstrom. Die Dividenden sind dabei durch den um die Zins- und die Steuerzahlungen verringerten Investitionserfolg bestimmt. Zum anderen ergibt sich ein über die Muttergesellschaft an die Anteilseigner fließender Zahlungsstrom aus den laufenden Zinszahlungen der Tochtergesellschaft. Die Mindestrendite kann bestimmt werden, indem der Barwert dieser beiden Zahlungsströme mit dem jeweiligen Kapitaleinsatz verglichen wird. Bleibt es bei einer Aufteilung der Zahlungsströme, so ist diese Bedingung gleichbedeutend mit der Forderung, daß der Barwert der Ausschüttungsveränderungen der Tochtergesellschaft aus der Perspektive der Anteilseigner null betragen muß, während der Barwert der Zins- und Tilgungszahlungen dem Kapitaleinsatz im Investitionszeitpunkt entsprechen muß. Die folgende Übersicht zeigt die Indifferenzbedingungen und die Mindestrenditen der Fremdfinanzierung einer ausländischen Tochtergesellschaft:

---

[1] Im deutschen Steuerrecht findet sich eine Begrenzung des möglichen Umfanges der Kreditvergabe durch die Muttergesellschaft in § 8a KStG.

[2] Die Voraussetzungen hierfür ergeben sich für das deutsche Steuerrecht aus § 49 (1) Nr. 5c EStG.

Refinanzierung der Muttergesellschaft	Indifferenzbedingung	Mindestrendite
Beteiligungsfinanzierung	$0 = \frac{\left(p-i_{FK}^{TO}\right)\cdot\left(1-s_{aus}^{*}\right)\cdot\Theta_A}{i_s}\cdot F$ $1 = \frac{i_{FK}^{TO}\cdot\left(1-s_{kti}\right)\cdot\Theta_I}{i_s}\cdot F+1-F$	$\frac{i_s}{\left(1-s_{kti}\right)\cdot\Theta_I}$
Selbstfinanzierung	$0 = \frac{\left(p-i_{FK}^{TO}\right)\cdot\left(1-s_{aus}^{*}\right)\cdot\Theta_A}{i_s}\cdot F$ $\Theta = \frac{i_{FK}^{TO}\cdot\left(1-s_{kti}\right)\cdot\Theta_I}{i_s}\cdot F+\left(1-F\right)\cdot\Theta$	$\frac{i_s\cdot\Theta}{\left(1-s_{kti}\right)\cdot\Theta_I}$
Fremdfinanzierung	$0 = \frac{\left(p-i_{FK}^{TO}\right)\cdot\left(1-s_{aus}^{*}\right)\cdot\Theta_A}{i_s}\cdot F$ $0 = \frac{\left(i_{FK}^{TO}-i_{FK}\right)\cdot\left(1-s_{kti}\right)\cdot\Theta_I}{i_s}\cdot F$	i_{FK}
$F=1-\frac{1}{\left(1+i_s\right)^T}$; $s_{aus}^{*}=s_{kta}+s_q-s_{kta}\cdot s_q$		

Abbildung 3.24: Mindestrenditen der fremdfinanzierten ausländischen Tochtergesellschaft

Die Mindestrenditen, die in der Abbildung 3.24 dargestellt sind, wurden jeweils bestimmt, indem aus dem Barwert der Zinszahlungen der von der Tochtergesellschaft zu entrichtende Zins i_{FK}^{TO} ermittelt wurde. Durch Einsetzen dieser Größe in den Barwert der Änderungen des Ausschüttungsstromes können die angegebenen Mindestrenditen ermittelt werden.

Wie der Abbildung 3.24 entnommen werden kann, sind die Mindestrenditen für die fremdfinanzierte Investition der ausländischen Tochtergesellschaft im wesentlichen durch die inländischen Steuersätze bestimmt. Der im Ausland geltende Quellensteuersatz s_q^z gewinnt unter den Annahmen der Modellierung nur dann Einfluß auf die Mindestrenditen, wenn ein Anrechnungsverfahren praktiziert wird, da sich in diesem Fall der Anrechnungsumfang verringert und damit Θ_I geringer ausfällt. Die anzuwendende Ausschüttungsbesteuerung geht wie auch im Beteiligungsfinanzierungsfall in die Mindestrendite ein, wenn die Mittel für den Kredit an die Tochtergesellschaft durch einbehaltene Gewinne der Muttergesellschaft aufgebracht werden. Finanziert die Muttergesellschaft den Kredit an die Tochtergesellschaft ebenfalls durch eine Kreditaufnahme, kann der Quellensteuersatz auf Zinsen Einfluß auf die Mindestrendite gewinnen, wenn für eine Anrechnung der Quellensteuer die inländische Körperschaftsteuer nicht ausreicht. In diesem Fall steht der Muttergesellschaft für ihre Zinszahlung lediglich die um die Quellensteuer gekürzte Zinszahlung der Tochtergesellschaft zur Verfügung, so daß sich der von der Tochtergesellschaft zu zahlende Zinssatz i_{FK}^{TO} gegenüber der in der Abbildung 3.24 dargestellten Mindestrendite auf $i_{FK}/\left(1-s_q^z\right)$ erhöht.

3.3.2.3 Selbstfinanzierung im Unternehmensverbund

Die Investitionsbetätigung der ausländischen Tochtergesellschaft kann nicht nur durch Beteiligungskapital und Kredite der Muttergesellschaft finanziert werden, sondern auch aus der Thesaurierung von Erfolgen, die die Tochtergesellschaft erzielt hat. Zu berücksichtigen ist darüber hinaus, daß die Gestaltung des Auslandsengagements unter Einschaltung einer inländischen Kapitalgesellschaft dazu führt, daß eine zusätzliche Ebene für die Thesaurierung zur Verfügung steht. Insbesondere können in einem körperschaftsteuerlichen Anrechnungsverfahren durch eine Reinvestition der Ausschüttungen aus dem Ausland im Inland inländische Erfolge erzielt werden, die ihrerseits bei einer Ausschüttung an inländische Anteilseigner zu einer Anrechnung der Körperschaftsteuer berechtigen. Wird dieser Sachverhalt in das Thesaurierungskalkül mit einem konstanten Thesaurierungsbetrag einbezogen, so kann entsprechend der Gleichung (3.26) auf S. 60 der folgende Barwert der Ausschüttungen ermittelt werden:

$$(3.67)\quad BWZ = \sum_{t=1}^{T} \frac{p\cdot\left(1-s_{aus}^{*}\right)\cdot(t-1)\cdot p_w\cdot\left(1-s_{kti}\right)\cdot\Theta_I}{\left(1+i_s\right)^t}$$

$$s_{aus}^{*} = s_{kta}+s_q-s_{kta}\cdot s_q$$

Die Gleichung (3.67) beschreibt ein Investitionskalkül, in dem im Investitionszeitpunkt eine Geldeinheit durch die ausländische Gesellschaft investiert wird. Aus dieser Investition werden in den Folgeperioden konstante Erfolge in Höhe von p erzielt, die im Sitzstaat der ausländischen Gesellschaft der Körperschaft- und der Quellensteuer auf Ausschüttungen unterliegen. Die Kürzung der Erfolge der ausländischen Tochtergesellschaft um den ausländischen Körperschaft- und Quellensteuersatz impliziert, daß der Sitzstaat der Muttergesellschaft die Ausschüttungen der Tochtergesellschaft von der Besteuerung freistellt bzw. daß es aufgrund höherer Steuersätze im Ausland gegenüber dem Inland zu einem Anrechnungsüberhang kommt. Die laufenden Ausschüttungen der ausländischen Gesellschaft an die inländische Muttergesellschaft werden durch die Muttergesellschaft im Inland investiert. Die aus dieser Reinvestition erzielten Erfolge werden unter Berücksichtigung der inländischen Körperschaftsbesteuerung an die inländischen Anteilseigner ausgeschüttet. Die steuerliche Behandlung dieser Ausschüttungen wird durch den Faktor Θ_I abgebildet. Am Investitionshorizont wird die im Investitionszeitpunkt eingezahlte Geldeinheit an die Anteilseigner ausgezahlt. Zusätzlich erhalten sie in diesem Zeitpunkt die bis dahin gebildete Gewinnrücklage, wobei unterstellt wird, daß diese Gewinnrücklage bei den Ausschüttungsempfängern einer Besteuerung unterliegt, die aufgrund der nur für inländische Beteiligungen geltenden Integration der inländischen Einkommen- und Körperschaftsteuer von der Besteuerung inländischer Ausschüttungen abweicht. Diese Besteuerung wird durch den Faktor Θ_A beschrieben. Der gesamte Barwert der Zahlungen an die Anteilseigner beträgt somit:

$$(3.68)\quad BWZ = \frac{p\cdot\left(1-s_{aus}^{*}\right)\cdot p_w\cdot\left(1-s_{kti}\right)\cdot\Theta_I}{i_s^2}\cdot\left(1-\frac{1+i_s\cdot T}{\left(1+i_s\right)^T}\right)+\frac{1+T\cdot p\cdot\left(1-s_{aus}^{*}\right)\cdot\Theta_A}{\left(1+i_s\right)^T}$$

Aus der Indifferenzbedingung der Kapitalgeber kann unter der Annahme, daß durch die ausländische Gesellschaft die Mindestrendite des isolierten Beteiligungsfinanzierungskalküls in Höhe von $i_s/\left(\left(1-s_{aus}^{*}\right)\cdot\Theta_A\right)$ erzielt werden kann, folgende Mindestrendite p_w für die Reinvestition durch die inländische Gesellschaft ermittelt werden:[1]

$$(3.69)\quad p_w = \frac{i_s\cdot\Theta_A}{\left(1-s_{kti}\right)\cdot\Theta_I} = i_s\cdot\frac{1-s_a}{1-s_{kti}}$$

Gleichung (3.69) zeigt, daß in einem Vollanrechnungssystem $(s_a = s_{kti})$ die Rendite p_w, zu der die Ausschüttungen der Tochtergesellschaft im Inland reinvestiert werden können, bis auf den Diskontierungszins i_s der Anteilseigner sinkt.[2] Konsequenz dieser Mindestrendite ist, daß die Gesellschaft positive Kapitalwerte für die Anteilseigner erzielen kann, wenn sie die Dividenden der Tochtergesellschaft am Kapitalmarkt anlegt.[3]

In einem körperschaftsteuerlichen Vollanrechnungssystem ergibt sich eine Abschwächung der Mindestrenditenverringerung, wenn der Sitzstaat der Muttergesellschaft ausländische Steuern auf die Körperschaftsteuer anrechnet, ohne daß es zu einem Anrechnungsüberhang kommt. In diesem Fall ist der laufende Zugang zur Rücklage, der für die Reinvestition im Inland zur Verfügung steht, durch den inländischen Körperschaftsteuersatz bestimmt, so daß in Gleichung (3.67) die Ausschüttung der Tochtergesellschaft in Höhe von $p\cdot\left(1-s_{aus}^{*}\right)$ jeweils durch den Betrag $p\cdot\left(1-s_{kti}\right)$ zu ersetzen ist, der nach inländischer Besteuerung und Anrechnung der ausländischen Steuer verbleibt. Dem Anteilseigner steht im Zeitpunkt der Ausschüttung der Rücklage ein Anrechnungsguthaben in Höhe der im Inland gezahlten Körperschaftsteuer zu, so daß der Besteuerungsfaktor Θ_A unter dieser Voraussetzung lautet:

$$(3.70)\quad \Theta_A = \frac{1-s_e}{1-\frac{s_{kti}-s_{aus}^{*}}{1-s_{aus}^{*}}}$$

Wird für die Rendite p der Investition der ausländischen Tochtergesellschaft wiederum die Mindestrendite $i_s/\left(\left(1-s_{kti}\right)\cdot\Theta_A\right)$ des isolierten Beteiligungsfinanzierungskalküls

1) Es wird wiederum unterstellt, daß $\Theta_A = \left(1-s_a\right)\cdot\Theta_I$ gilt.

2) Vgl. Weichenrieder, A. J. (1995), S. 131.

3) *Weichenrieder* führt die umfangreichen Kapitalmarktanlagen großer deutscher Aktiengesellschaften auf diesen Effekt zurück: Vgl. Weichenrieder, A. J. (1995), S. 135-137.

unterstellt[1)], so kann die folgende Anforderung an die Mindestrendite für die Reinvestitionen auf Ebene der Muttergesellschaft bestimmt werden:

$$(3.71)\quad p_w = i_s \cdot \frac{1 - s^*_{aus}}{1 - s_{kti}}$$

Da annahmegemäß $s^*_{aus} < s_{kti}$ gelten soll, liegt diese Mindestrendite über derjenigen, die sich für den Fall der Freistellung ausländischer Dividenden bzw. bei einem Anrechnungsüberhang ergibt. Ursache für dieses Ergebnis ist, daß die teilweise inländische Besteuerung der Ausschüttung aus dem Ausland zu einer Abweichung zwischen der möglichen Bruttoausschüttung an die Anteilseigner und dem Reinvestitionsbetrag auf Ebene der inländischen Gesellschaft führt. Bei gegebenen ausländischen Steuersätzen steht bei einer Anrechnung der ausländischen Steuern ein geringerer Investitionsbetrag auf Ebene der Muttergesellschaft zur Verfügung als bei Anwendung der Freistellungsmethode. Der Ausschüttungsverzicht der Anteilseigner durch die Thesaurierung ist jedoch in beiden Fällen gleich, so daß im Fall der Anrechnung ausländischer Steuern mit einem geringeren Thesaurierungsbetrag ein absolut gleich hoher Ausschüttungsbetrag erzielt werden muß. Dies führt zur Erhöhung der erforderlichen Mindestrendite.

Ein alternatives Maß zur Beurteilung der Auswirkungen einer Thesaurierung von ausländischen Erfolgen bei ausschließlicher Ausschüttung der durch die Thesaurierung erzielten Erfolge soll auch hier gewonnen werden, indem die Differenzierung zwischen den Renditen p und p_w aufgegeben wird und eine konstante Rendite für alle Investitionen unterstellt wird. Aus Gleichung (3.68) auf S. 101 kann für einen unendlichen Investitionshorizont T folgender Ausdruck für die Mindestrendite bestimmt werden:

$$(3.72)\quad p = \frac{i_s}{\sqrt{(1 - s_{kti}) \cdot (1 - s^*_{aus}) \cdot \Theta_I}}$$

Ein Vergleich dieses Ergebnisses mit der Mindestrendite für die Thesaurierungspolitik mit konstanten Thesaurierungsbeträgen und unmittelbarer Beteiligung des Kapitalgebers an der ausländischen Gesellschaft aus Gleichung (3.29) auf S. 61 zeigt ebenfalls, daß die Thesaurierung der ausländischen Erfolge im Inland in Abhängigkeit vom Ausmaß der zusätzlichen Besteuerung von Ausschüttungen, die aus ausländischen Quellen erzielt wurden, zu einer Verringerung der Mindestrenditen führen kann:

$$(3.73)\quad \frac{p^{KK}_{AI}}{p^{KK}_{AA}} = \sqrt{\frac{(1 - s^*_{aus}) \cdot \Theta_A}{(1 - s_{kti}) \cdot \Theta_I}}$$

1) Die Mindestrendite der ausländischen Tochtergesellschaft ändert sich formal gegenüber den Fällen einer Freistellung von Auslandsausschüttungen bzw. einem Anrechnungsüberhang nicht, da unter Beachtung der jeweiligen Definition für Θ_A die Mindestrendite der Auslandsgesellschaft durch $i_s / \left((1 - s^*_{aus}) \cdot (1 - s_e)\right)$ bestimmt ist.

Allerdings wird auch dieses Verhältnis, wie bereits angedeutet, erst für einen unendlichen Investitionshorizont erreicht. Deshalb wird in der folgenden Abbildung das Ausmaß der Verringerung der Mindestrenditen in Abhängigkeit vom Investitionshorizont T dargestellt. Dabei werden nicht nur die Wirkungen einer Verlagerung der Thesaurierung ins Inland berücksichtigt (a), sondern es erfolgt auch ein Vergleich der betrachteten Thesaurierungspolitik mit einer ausschließlich nationalen Thesaurierungspolitik (b). Ergänzend wird der Verlauf der Relation aus der Mindestrendite für das kombinierte Kalkül mit konstanten Thesaurierungsbeträgen einer unmittelbaren Auslandsbeteiligung und der Mindestrendite für den rein nationalen Sachverhalt dargestellt (c):

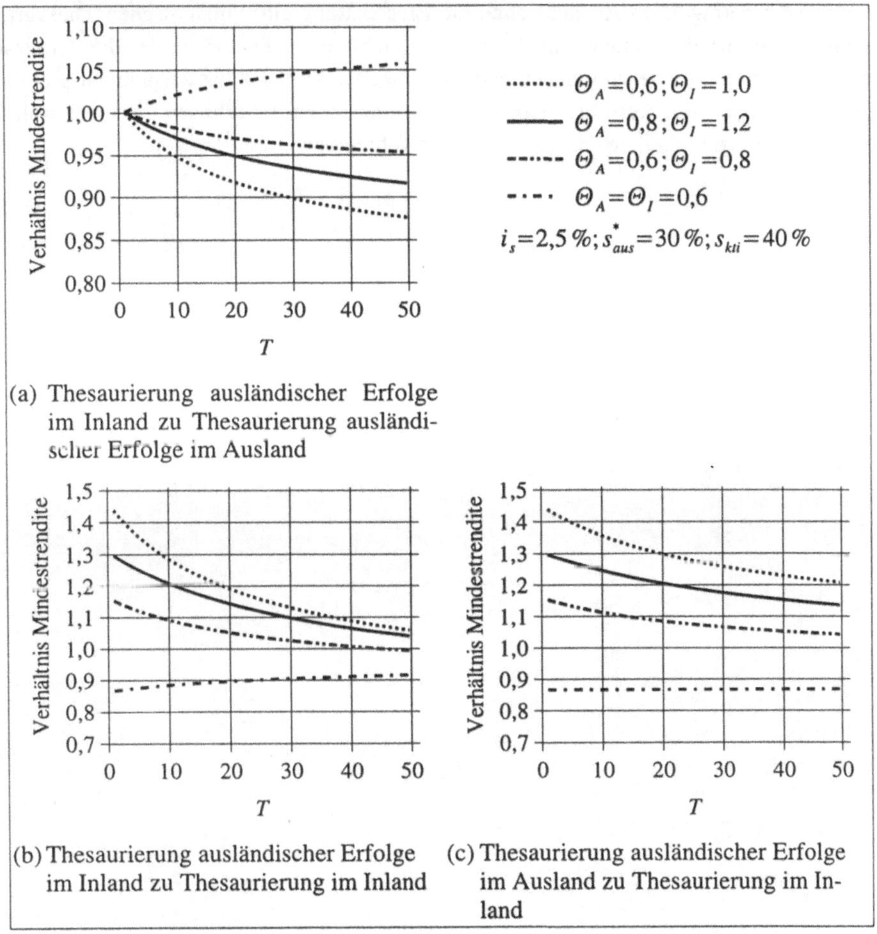

(a) Thesaurierung ausländischer Erfolge im Inland zu Thesaurierung ausländischer Erfolge im Ausland

(b) Thesaurierung ausländischer Erfolge im Inland zu Thesaurierung im Inland

(c) Thesaurierung ausländischer Erfolge im Ausland zu Thesaurierung im Inland

Abbildung 3.25: Mindestrenditen bei mittelbarer Beteiligung im Vergleich

Die Abbildung zeigt anschaulich die diskriminierende Wirkung einer Besteuerung von Ausschüttungen, die nach der Herkunft der Ausschüttung differenziert. Zwar deuten die Diagramme (a) und (b) der Abbildung 3.25 an, daß die relativen Unterschiede insbesondere durch die Gestaltung von Auslandsengagements über mittelbare Beteiligungen eingeebnet werden können. Zu beachten ist allerdings, daß dieses Resultat im wesentlichen auf der Kombination einer Auslandsbetätigung, die ihr Volumen nicht verändert, mit einer Inlandsbetätigung, deren Investitionsvolumen laufend zunimmt, beruht. Insofern spricht einiges dafür, daß der im Diagramm (c) dargestellte Verlauf des Verhältnisses der Mindestrenditen, der eine Thesaurierungspolitik mit konstanten Thesaurierungsbeträgen im Ausland ohne die Einschaltung einer inländischen Thesaurierungsebene mit einer solchen im Inland vergleicht, ein Indikator ist, der die Anreizsituation zutreffender beschreibt. Zu bedenken ist auch hier, daß das Zusammenspiel von Kapitalgebern, die unterschiedlichen Besteuerungsregeln unterliegen, zu einer Relativierung der ermittelten negativen Wirkungen führen kann.

4 Bemessungsgrundlagen, Ausschüttungsbemessung und Mindestrenditen

4.1 Aufbau der weiteren Untersuchung

Die Bedingungen, die erfüllt sein müssen, damit die Besteuerung das Vorteilhaftigkeitskriterium Kapitalwert, das zur Beurteilung von Investitionsentscheidungen herangezogen wird, so verändert, daß es durch den Steuereinfluß nicht zu einer Änderung der ohne die Berücksichtigung der Besteuerung ermittelten Rangfolgen der analysierten Investitionsprojekte kommt, wurden im zweiten Kapitel herausgearbeitet. Im dritten Kapitel wurde für die Analyse des Einflusses der Körperschaftsbesteuerung auf die Investitionsentscheidung zunächst davon ausgegangen, daß die zuvor ermittelten Voraussetzungen für eine Erfolgsermittlung, die Investitionsentscheidungen nicht beeinflußt, erfüllt sind. Diese Vereinfachung ermöglichte die Berücksichtigung der Kapitalrückzahlung aus dem Investitionsprojekt am Investitionshorizont, so daß aus den zwischenzeitlich anfallenden Zahlungsüberschüssen ausschließlich die Steuerzahlungen und die Entgelte für die Kapitalüberlassung zu bestreiten waren. Es war daher für diese Zeitpunkte nicht notwendig, einen auf die Kapitalrückzahlung entfallenden Anteil zu isolieren. Diese Annahme soll in diesem Kapitel aufgehoben werden, um das Zusammenspiel von Erfolgsermittlung, Körperschafts- und Anteilseignerbesteuerung insgesamt in einen Modellrahmen einzufügen. Das Augenmerk bleibt dabei auf die Ermittlung von Mindestrenditen gerichtet, die angeben, welcher Mindesterfolg aus einem Investitionsprojekt unter Beachtung ausgewählter steuerlicher Vorschriften erzielt werden muß, damit eine Indifferenz zwischen der betrachteten Investition und einer (fortlaufend wiederholten) einperiodigen Kapitalmarktanlage besteht. In einem ersten Schritt soll hierzu das auf der neoklassischen Investitionstheorie[1] basierende Modell dargestellt werden, das in einer von *King* und *Fullerton* herausgegebenen Studie[2] zum Umfang der Besteuerung von Kapitaleinkommen in den USA, Großbritannien, Schweden und Deutschland verwendet wurde. Dieser Ansatz hat eine weite Verbreitung für die Analyse der Wirkungen der Unternehmensbesteuerung gefunden.[3] Daran schließt sich in einem zweiten Schritt eine Modifikation dieses Modells an. Sie soll es zum einen ermöglichen, weitere institutionelle Rahmenbedingungen in die Modellierung aufzunehmen und zum anderen versuchen, die theoretischen Grundlagen des Modells auf der Basis der Annahmen zu präzisieren, die mit dem zugrundeliegenden Kapitalwert-

---

1) Einen Überblick über den Modellansatz geben z.B. Hall, R. E./ Jorgenson, D. W. (1971), S. 12-23, Biørn, E. (1989), S. 51-66 oder Sievert, O./ Naust, H./ Jochum, D. u.a. (1989), S. 117-133. Zum Begriff der neoklassischen Mikroökonomie, der das Investitionsmodell zuzurechnen ist, vgl. Schneider, D. (1995), S. 249-254.

2) Vgl. King, M. A./ Fullerton, D. (eds.) (1984).

3) Vgl. z.B. Claassen, F. (1994), Chennells, L./ Griffith, R. (1997), S. 36-64 und S. 82-97, Commission of the European Communities (1992), Hespel, A./ Mignoleit, M. (2000), OECD (1991), S. 87-161 und S. 207-243, Schaden, B. (1995), Schneider, D. (1992), S. 411-426, Schreiber, U. (1996), S. 91-97, Schreiber, U. (1998), S. 30-53, Spengel, C. (1999).

kalkül verbunden sind. Zum Abschluß des Kapitels soll versucht werden, Besteuerungswirkungen im Zusammenhang mit inframarginalen Investitionen aufzuzeigen.

4.2 Das Modell von King und Fullerton zur Ermittlung von Mindestrenditen

4.2.1 Die Modellierung der Unternehmensebene

Das Modell, das in der von *King* und *Fullerton* herausgegebenen Studie zur Messung des Umfanges der Kapitaleinkommensbesteuerung verwendet wurde, wählt ein zweistufiges Vorgehen. In der ersten Stufe wird durch die Anwendung der für Kapitalgesellschaften relevanten und für die Modellierung berücksichtigungsfähigen Besteuerungsregeln ein Nettozahlungsüberschuß ermittelt, der auf Ebene der körperschaftsteuerpflichtigen Unternehmung verfügbar ist. Die unterschiedlichen steuerlichen Konsequenzen, die sich aus der rechtlichen Form ergeben, in der das Kapital der Unternehmung zur Verfügung gestellt wurde, werden bei der Ermittlung des Zahlungsüberschusses auf Unternehmensebene nicht beachtet, sondern in einem zweiten Schritt bei der Diskontierung des ermittelten Nettozahlungsüberschusses berücksichtigt.

Die Modellierung geht auf der Unternehmensebene von der Investition einer Geldeinheit aus. Weiterhin wird angenommen, daß diese Investition einen Zahlungsstrom mit degressivem Verlauf und konstantem Degressionssatz d auslöst.[1] Da der Ermittlung von Mindestrenditen gerade die Fragestellung zugrunde liegt, welcher Zahlungsüberschuß das geforderte Entgelt für die Kapitalüberlassung und die Rückzahlung des überlassenen Kapitals garantiert, setzen sich die Zahlungsüberschüsse lediglich aus diesen beiden Komponenten zusammen. Gleichzeitig ist durch die Festlegung des Degressionssatzes d die Höhe der ökonomischen Abschreibung bestimmt, da diese gerade dem zurückfließenden Kapitalanteil entspricht. Der Verlauf des Zahlungsüberschusses, der Kapitalrückzahlung und des Kapitalbestandes ist durch die Annahme des degressiven Zahlungsverlaufes folgendermaßen vorgegeben:

Zeit	Zahlungsüberschuß	Entgelt für die Kapitalüberlassung	Kapitalrückzahlung	Kapitalbestand
0				1
1	$p+d$	p	d	$1-d$
2	$(p+d)\cdot(1-d)$	$p\cdot(1-d)$	$d\cdot(1-d)$	$(1-d)^2$
⋮	⋮	⋮	⋮	⋮
T	$(p+d)\cdot(1-d)^{T-1}$	$p\cdot(1-d)^{T-1}$	$d\cdot(1-d)^{T-1}$	$(1-d)^T$

Abbildung 4.1: Zusammensetzung der Zahlungsüberschüsse und des Kapitalbestandes bei degressivem Zahlungsstromverlauf

[1] Eine Würdigung von Untersuchungen, die versuchen, diese Annahme empirisch zu rechtfertigen, findet sich bei Claassen, F. (1994), S. 56-59.

Bedingt durch das zweistufige Vorgehen bleibt der Diskontierungszinssatz z_F, der für die Ermittlung des Barwertes der Zahlungsüberschüsse anzuwenden ist, zunächst unspezifiziert und wird erst später bei der Betrachtung der Finanzierungswege konkretisiert. Unter der Annahme eines unendlichen Planungshorizonts T kann mit Hilfe dieses Zinssatzes der Barwert des auf Unternehmensebene besteuerten Zahlungsüberschusses bestimmt werden:[1)]

$$\begin{aligned} BWZ &= \left(1-s_{kt}\right)\cdot\sum_{t=1}^{\infty}\frac{(p+d)\cdot(1-d)^{t-1}}{\left(1+z_F\right)^t} \\ &= \left(1-s_{kt}\right)\cdot\frac{p+d}{z_F+d} \end{aligned} \tag{4.1}$$

Da der ermittelte Barwert eine vollständige Erfassung des Zahlungsüberschusses unterstellt, wird dieser Barwert um die Verringerung der Steuerzahlungen modifiziert, die sich durch die steuerlichen Erfolgsermittlungsvorschriften ergibt. Wie in der Untersuchung von *Brown* zum Einfluß der Besteuerung auf Investitionsanreize[2)] geschieht dies, indem die Reduzierung der Steuerzahlungen durch die erfolgsverringernden Bestandteile der Bemessungsgrundlagen separat ermittelt wird.[3)] In der Studie werden dabei drei mögliche Bemessungsgrundlagenbestandteile berücksichtigt, die eine Minderung der Steuerzahlung gegenüber der vollständigen steuerlichen Erfassung des Zahlungsüberschusses auslösen. Neben der regelmäßigen Verrechnung von Periodisierungsbeträgen in Form von Abschreibungen sind dies zusätzliche Abschreibungen im Investitionszeitpunkt und eine Kürzung der Steuerzahlung durch einen (teilweisen) Abzug von Investitionsauszahlungen (Investitionszulagen bzw. -zuschüsse).[4)] Die Darstellung in diesem Abschnitt soll sich auf die Berücksichtigung einer degressiven Abschreibung mit der Rate a beschränken.[5)] Der Barwert der Steuerersparnis A, der sich infolge einer laufenden degressiven Abschreibung mit der Rate a bei einem unendlichen Planungshorizont T ergibt, beträgt:[6)]

---

1) Abweichend von der Modellierung in der von *King* und *Fullerton* herausgegebenen Studie wird hier eine diskrete Schreibweise für die Verzinsung verwendet. Darüber hinaus wird auf den Einbezug der Inflation verzichtet. Vgl. King, M. A./ Fullerton D. (eds.) (1984), S. 18.

2) Vgl. dazu Brown, E. C. (1948), S. 303 und King, M. A./ Fullerton D. (eds.) (1984), S. 19.

3) Wird von der Berücksichtigung der Finanzierung durch den Diskontierungsfaktor z_F abgesehen, so entspricht dieser Barwert dem Abschreibungsstock in der Analyse von *König*. Vgl. König, R. (1997), S. 137.

4) Vgl. King, M. A./ Fullerton D. (eds.) (1984), S. 19-20. Für einen auf dem Kapitalwertkalkül beruhenden Vergleich der verschiedenen steuerlichen Instrumente zur Investitionsförderung vgl. Hundsdörfer, J. (1999).

5) Eine ausführliche Berechnung des Barwertes der Verringerung der Steuerzahlungen durch die anderen genannten Erfolgsermittlungsbestandteile findet sich darüber hinaus z. B. bei Sievert, O./ Naust, H./ Jochum, D. (1989a), S. 371-393.

6) Setzt die Periodisierung im Investitionszeitpunkt ein, so ist der ermittelte Barwert mit $\left(1+z_F\right)$ zu multiplizieren.

$$(4.2)\quad \begin{aligned} A &= s_{kt}\cdot a\cdot\sum_{t=1}^{\infty}\frac{(1-a)^{t-1}}{(1+z_F)^t} \\ &= \frac{s_{kt}\cdot a}{z_F+a} \end{aligned}$$

Wie Gleichung (4.2) zeigt, ist der Barwert der Verringerung der Steuerzahlung durch die Verrechnung einer degressiven Abschreibung geringer als der Steuersatz s_{kt}, der auf Unternehmensebene anzuwenden ist. Verursacht wird dies durch die Begrenzung der Abschreibungssumme auf die Anschaffungsauszahlung von einer Geldeinheit[1] und durch den Beginn der Verrechnung der Abschreibungen im Zeitpunkt eins.

Die gesuchte Mindestrendite kann ermittelt werden, indem der Kapitaleinsatz des Kapitalgebers dem Barwert des Nettozahlungsüberschusses gegenüber gestellt wird. Der Kapitaleinsatz des Investors besteht aus seiner Einzahlung in die Unternehmung im Investitionszeitpunkt abzüglich des Barwertes der Steuererstattungen aus den negativen Bemessungsgrundlagenkomponenten, so daß ohne Berücksichtigung eines konkreten Abschreibungsverlaufes folgende Grundgleichung für die Bestimmung der Mindestrendite formulieren werden kann:[2]

$$(4.3)\quad 1-A = (1-s_{kt})\cdot\frac{p+d}{z_F+d}$$

Wird Gleichung (4.3) nach der Mindestrendite p aufgelöst, so ergibt sich:

$$(4.4)\quad p = \frac{1-A}{1-s_{kt}}\cdot(z_F+d)-d$$

Wie der Gleichung (4.4) entnommen werden kann, entspricht die Mindestrendite dem Diskontierungszinssatz z_F, wenn der Barwert der die Steuerzahlungen verringernden Bemessungsgrundlagenbestandteile multipliziert mit dem Körperschaftsteuersatz s_{kt} dem Körperschaftsteuersatz s_{kt} entspricht. Dies bedeutet, daß der Barwert der Steuerreduktion aus den negativen Erfolgsermittlungskomponenten A s_{kt} betragen muß, damit die Mindestrendite dem Diskontierungszinssatz z_F gleicht.[3] Wird für A der für eine degressive Abschreibung abgeleitete Ausdruck aus Gleichung (4.2) in Gleichung (4.4) eingesetzt, so kann der formale Zusammenhang für die Mindestrendite auch folgendermaßen notiert werden:[4]

$$(4.5)\quad p = \frac{z_F}{1-s_{kt}}\cdot\left(1-s_{kt}\cdot\frac{a-d}{z_F+a}\right)$$

---

1) Die Summe der Abschreibungen beträgt: $\sum_{t=1}^{T} a\cdot(1-a)^t = 1-(1-a)^T$. Für einen unendlichen Planungshorizont beträgt diese Summe eins, wenn $0<a\leq 1$ gilt.

2) Vgl. King, M. A./ Fullerton D. (eds.) (1984), S. 19.

3) Vgl. dazu auch Brown, C. E. (1948), S. 304.

4) Vgl. auch Sørensen, P. B. (1994), S. 439-440.

Diese Mindestrendite ist größer als der Diskontierungszins z_F, da der Faktor $(a-d)/(z_F+a)$ kleiner als eins ist, wenn der Wertebereich für a, d und z_F jeweils zwischen null und eins liegt. Ausgelöst wird dieses Ergebnis dadurch, daß der in die Berechnung eingehende Barwert der Abschreibungen kleiner als eins ist. Hinsichtlich der Struktur der Formel für die Mindestrendite ist zu erkennen, daß der erste Faktor den Finanzierungseinfluß abbildet, während der zweite Faktor die Auswirkungen der Bemessungsgrundlagenermittlung beschreibt. Wirksam wird dieser Bestandteil der Formel nur, wenn der Satz a für die degressive Abschreibung zur Ermittlung des steuerpflichtigen Erfolges von der Rate d abweicht, die den Anteil der Kapitalrückzahlung am jeweils noch vorhandenen Kapitalbestand angibt. Die Einflüsse der Parameter a und d auf die Mindestrendite lassen sich durch eine entsprechende Differentiation der Funktion für die Mindestrenditen ermitteln. Im einzelnen gilt:

$$\text{(4.6)} \quad \begin{aligned} \frac{\partial p}{\partial a} &= -\frac{z_F}{1-s_{kt}} \cdot \frac{s_{kt} \cdot (z_F+d)}{(z_F+a)^2} < 0 \\ \frac{\partial p}{\partial d} &= \frac{z_F}{1-s_{kt}} \cdot \frac{s_{kt}}{z_F+a} > 0 \end{aligned}$$

Eine Erhöhung des Satzes der degressiven Abschreibung a führt zu einer Reduktion der Mindestrenditen. Allerdings fällt diese nicht proportional aus, da die anfängliche Erhöhung der negativen Bemessungsgrundlagenbestandteile spätere Zunahmen der Steuerbemessungsgrundlage zur Folge hat. Die Änderung der Kapitalrückzahlung bezogen auf den jeweils noch vorhandenen Kapitalbestand führt hingegen zu einer proportionalen und gleichgerichteten Änderung der Mindestrendite: Eine Kürzung von d führt unter sonst gleichen Bedingungen auch zu einer Verringerung der Mindestrendite, während die Zunahme von d zu einer Steigerung der Mindestrendite führt.

Erhöhungen des Diskontierungszinses z_F und des Körperschaftsteuersatzes s_{kt} wirken sich mindestrenditesteigernd aus, wie die folgenden Ableitungen der Funktion für die Mindestrendite zeigen:

$$\text{(4.7)} \quad \begin{aligned} \frac{\partial p}{\partial z_F} &= \frac{1}{1-s_{kt}} \cdot \left(1 - s_{kt} \cdot a \cdot \frac{a-d}{(z_F+a)^2}\right) > 0 \\ \frac{\partial p}{\partial s_{kt}} &= \frac{z_F}{(1-s_{kt})^2} \cdot \left(1 - \frac{a-d}{z_F+a}\right) > 0 \end{aligned}$$

In beiden Fällen wird dieser Effekt durch den zweiten Faktor in den Ableitungen abgemildert, wenn die Abschreibungsrate a den Kapitalrückzahlungsanteil d überschreitet.

4.2.2 Die Berücksichtigung der Finanzierung bei den Kapitalgebern

Nachdem die Funktion für die Mindestrendite in ihrer Struktur dargestellt ist, muß nun noch der Einfluß der Finanzierungsarten auf die Mindestrendite bestimmt werden. In dieser zweiten Stufe geht es um die Konkretisierung des Diskontierungsfaktors z_F. Hierzu wird jeweils ohne den Einbezug der Bemessungsgrundlage gefragt, welcher steuerlichen Behandlung eine auf Unternehmensebene besteuerte Einheit Gewinn unterliegt, wenn sie als Erfolg im Rahmen der betrachteten Finanzierungsform an die Kapitalgeber ausgezahlt wird. Um eine Indifferenz zwischen einer Kapitalmarktanlage und der betrachteten Investition mit der unterstellten Finanzierung zu erreichen, muß der Nettozufluß bei den Kapitalgebern jeweils dem Nettoerfolg aus einer Kapitalmarktanlage entsprechen.[1] Dieser soll wiederum mit i_s bezeichnet werden.

Wurde die Investition durch einen Mittelzufluß finanziert, der im rechtlichen Sinne Eigenkapital darstellt, so unterliegt der durch die Körperschaftsteuer auf Unternehmensebene reduzierte Erfolg auch bei den Anteilseignern der Besteuerung, wenn er an diese ausgeschüttet wird. Für diese Besteuerung wurde bereits weiter vorne der Faktor Θ eingeführt, so daß für die Beteiligungsfinanzierung die folgende Indifferenzbedingung formuliert werden kann:

$$(4.8) \quad z_F \cdot \Theta = i_s$$

Aus dieser Indifferenzbedingung ergibt sich für eine beteiligungsfinanzierte Investition ein Diskontierungszins z_F von i_s/Θ. Der Zahlungsüberschuß nach Steuern ist demzufolge an dem um die effektive Dividendenbesteuerung erhöhten Nettozins zu messen.

Erfolgte der Mittelzufluß für die Investition hingegen durch die Aufnahme von Fremdkapital und sind Fremdkapitalzinsen bei der Ermittlung der Bemessungsgrundlage auf Unternehmensebene abzugsfähig, so muß die im ersten Schritt zur Bestimmung der Mindestrendite unterstellte Besteuerung rückgängig gemacht werden. Anschließend ist der Zufluß bei den Kapitalgebern der Zinsbesteuerung zu unterwerfen. Für die Indifferenzbedingung bedeutet dies, daß der Nettoerfolg auf Unternehmensebene um die darauf erhobene Körperschaftsteuer zu erhöhen und um die Zinsbesteuerung zu kürzen ist. Die Bedingung, aus der der Diskontierungszins z_F zu bestimmten ist, lautet unter diesen Voraussetzungen:

$$(4.9) \quad z_F \cdot \frac{1-s_z}{1-s_{kt}} = i_s$$

Daraus ergibt sich der Diskontierungszinssatz für eine fremdfinanzierte Investition:

$$(4.10) \quad z_F = i_s \cdot \frac{1-s_{kt}}{1-s_z}$$

Entspricht der Nettozins i_s dem um den Steuersatz s_z gekürzten Marktzins i, so ergibt sich als Diskontierungszins der Marktzins i gekürzt um den Körperschaftsteuersatz s_{kt}.

Für die Selbstfinanzierung wird der Diskontierungszins schließlich abgeleitet, indem die durch den Gewinneinbehalt ausgelöste Wertsteigerung mit der alternativ zu erzielenden Rendite aus der Kapitalmarktanlage verglichen wird. Dabei wird zusätzlich an-

[1] Zum folgenden vgl. King, M. A./ Fullerton, D. (eds.) (1984), S. 21-24.

genommen, daß die durch die Thesaurierung ausgelöste Wertsteigerung einer Wertzuwachssteuer unterliegt. Dementsprechend werden die jeweiligen Wertsteigerungen um diese Steuer gekürzt, so daß die Indifferenzbedingung zur Ableitung des Diskontierungszinssatzes wie folgt bestimmt ist:

$$(4.11)\quad z_F \cdot (1 - s_v) = i_s$$

Da die Wertsteigerung jedoch regelmäßig erst im Veräußerungszeitpunkt der Besteuerung unterliegt, wird ein effektiver Steuersatz angewendet, der aus zusätzlichen Annahmen über den Verlauf des Anfalles der Veräußerungsgewinnsteuer gewonnen wird. Demgemäß wird davon ausgegangen, daß ein im Zeitablauf mit der Rate w degressiv fallender Anteil des Wertzuwachses der Besteuerung unterliegt. Bezogen auf den Zeitpunkt des Gewinneinbehalts kann aus dem Barwert der Veräußerungsgewinnsteuerzahlungen, die ein Wertzuwachs von einer Geldeinheit auslöst, der effektive Veräußerungsgewinnsteuersatz berechnet werden:[1]

$$(4.12)\quad \begin{aligned} s_v^* &= s_v \cdot \sum_{t=0}^{\infty} \frac{w \cdot (1-w)^t}{(1+i_s)^t} \\ &= s_v \cdot \frac{w \cdot (1+i_s)}{i_s + w} \end{aligned}$$

Die Diskontierung der Veräußerungsgewinnsteuerzahlungen erfolgt mit dem Nettozins des Kapitalgebers, da es sich um Zahlungsverpflichtungen handelt, die direkt durch den Kapitalgeber zu erfüllen sind.

Anstelle der Interpretation des Modells in dem Sinne, daß ein bestimmter Verlauf der Veräußerungsgewinnsteuerzahlungen angenommen wird, kann das Modell auch stochastisch aufgefaßt werden.[2] In diesem Fall würde w nicht den Anteil des zu besteuernden am noch nicht besteuerten Wertzuwachs angeben, sondern die Wahrscheinlichkeit dafür, daß ein Wertzuwachs in einer Periode der Besteuerung unterliegt. Die Wahrscheinlichkeit, daß der im Zeitpunkt null entstandene Wertzuwachs in einer beliebigen Periode t nach der Bildung der Gewinnrücklage aufgedeckt wird, beträgt unter diesen Annahmen $w \cdot (1-w)^t$. Durch die Gleichung (4.12) wäre unter einem solchen Modellverständnis der Erwartungswert des Wertzuwachssteuerbarwertes bestimmt. Darüber hinaus läßt sich bei einer solchen Modellauffassung der Erwartungswert für den Zeitpunkt bestimmen, zu dem die Aufdeckung des Wertzuwachses erfolgt:[3]

---

[1] Vgl. King, M. A. (1977), S. 61. Die Abweichung zum effektiven Steuersatz, der in der von *King* und *Fullerton* herausgegebenen Studie verwendet wurde, ergibt sich daraus, daß in der Studie die erste Steuerzahlung eine Periode nach der Bildung der Gewinnrücklage erfolgt, während hier wie auch in King, M. A. (1977), S. 61 die erste Steuerzahlung im Zeitpunkt der Rücklagenbildung angenommen wird. Vgl. King, M. A./ Fullerton D. (eds.) (1984), S. 23.

[2] Vgl. King, M. A. (1977), S. 62.

[3] Der Faktor $1-w$ resultiert wiederum aus den unterschiedlichen Annahmen über den ersten möglichen Besteuerungszeitpunkt.

$$E(T^w) = w \cdot \sum_{t=1}^{\infty} t \cdot (1-w)^t = \frac{1-w}{w} \tag{4.13}$$

Wie Gleichung (4.13) zeigt, determiniert die Vorgabe der Wahrscheinlichkeit für die Besteuerung des Wertzuwachses in einer Periode den durchschnittlichen Besteuerungszeitpunkt. Durch Vorgabe des Erwartungswertes für den Besteuerungszeitpunkt kann umgekehrt der Wert für die Wahrscheinlichkeit der Besteuerung vorgegeben werden:

$$w = \frac{1}{E(T^w)+1} \tag{4.14}$$

Unter Beachtung dieser Annahmen über die Wertzuwachsbesteuerung lautet der Diskontierungszins z_F zur Berechnung der Mindestrendite für die Selbstfinanzierung somit $i_s/(1-s_v^*)$. Neben dem Entgelt für die Kapitalüberlassung in Höhe von i_s muß der Wertzuwachs die Finanzierung der effektiven Veräußerungsgewinnsteuer ermöglichen.

4.2.3 Bestimmung und Analyse der Mindestrenditen

Die Ermittlung der Mindestrendite kann nun erfolgen, indem die für die Diskontierung ermittelten Zinssätze z_F in die Formel (4.4) eingesetzt werden. Bleibt die Analyse auf einen degressiven Verlauf der steuerlichen Abschreibungsbeträge beschränkt, so läßt sich die begonnene Interpretation der Formel (4.5) durch die nun bekannten Diskontierungszinssätze ergänzen. Die folgende Übersicht zeigt die resultierenden Ergebnisse:

Beteiligungsfinanzierung	$\frac{i_s}{(1-s_{kt})\cdot\Theta}\cdot\left(1-\frac{s_{kt}\cdot\Theta\cdot(a-d)}{i_s+\Theta\cdot a}\right)$
Fremdfinanzierung	$\frac{i_s}{1-s_z}\cdot\left(1-\frac{s_{kt}\cdot(1-s_z)\cdot(a-d)}{i_s\cdot(1-s_{kt})+(1-s_z)\cdot a}\right)$
Selbstfinanzierung	$\frac{i_s}{(1-s_{kt})\cdot(1-s_v^*)}\cdot\left(1-\frac{s_{kt}\cdot(1-s_v^*)\cdot(a-d)}{i_s+(1-s_v^*)\cdot a}\right)$

Abbildung 4.2: Mindestrenditen nach dem Modellansatz von *King* und *Fullerton*

Wie die Zusammenstellung der Mindestrenditen verdeutlicht, ergeben sich bei einer entscheidungsneutralen Gewinnermittlung $(a=d)$ die im Kapitel drei im Rahmen der jeweiligen Kalküle bestimmten Mindestrenditen. Dies gilt für die Beteiligungsfinanzierung unmittelbar, während für die Fremdfinanzierung hierzu unterstellt werden muß, daß der Fremdkapitalzins i_{FK} durch $i_s/(1-s_z)$ bestimmt ist. Wird von den unterschiedlichen Annahmen über die Besteuerung der Veräußerungsgewinne abgesehen, ist auch die Formel der Mindestrendite für die Selbstfinanzierung strukturell gleich.

Die Berücksichtigung der Einflüsse aus der Bemessungsgrundlagenermittlung zeigt, daß die Besteuerung der jeweils betrachteten Finanzierungsform bei den Kapitalgebern Einfluß auf den Term nimmt, der die Höhe der Veränderung der Mindestrendite durch eine nicht entscheidungsneutrale Bemessungsgrundlage bestimmt. Im Zähler dieses Terms wird das Produkt aus dem Körperschaftsteuersatz s_{kt} und der Differenz der Raten der steuerrechtlichen und der ökonomischen Abschreibung um die jeweilige Besteuerung der analysierten Finanzierungsform gekürzt. Diese Kürzung wird allerdings durch den Nenner des Terms teilweise kompensiert, da dort die steuerliche Abschreibungsrate durch den entsprechenden Steuerfaktor vermindert wird. Unter der Voraussetzung, daß der steuerliche Periodisierungssatz a größer ist als der Satz d, der den Verlauf der Kapitalrückzahlungsanteile beschreibt, kann für das Modell zweierlei festgehalten werden: Zum einen kommt es infolge der Modellierung bei gegebenen Abschreibungs- und Steuersätzen nur bei einer Erhöhung des Körperschaftsteuersatzes zu gegenläufigen Effekten. Die Mindestrendite erhöht sich über den ersten Faktor der Formel, während sie durch den die Bemessungsgrundlage abbildenden zweiten Faktor eine Reduktion erfährt. Zum anderen führt eine Erhöhung der Steuersätze, die die Besteuerung der Kapitalgeber abbilden, zu gleichgerichteten Auswirkungen auf die Faktoren, die die Finanzierungs- und die Bemessungsgrundlageneinflüsse beschreiben. Dieses Ergebnis ist in der Modellierung angelegt, da sich eine Änderung der Bemessungsgrundlagenermittlung direkt nur auf die Steuerzahlung der Unternehmung auswirkt. Durch die Ermittlung der Diskontierungszinssätze mit Hilfe der Indifferenzbedingungen wird für die Kapitalgeber eine entscheidungsneutrale Erfolgsermittlung auf der Basis des durch die Indifferenzbedingung ermittelten Zinssatzes unterstellt. Eine Änderung der Bemessungsgrundlage auf Unternehmensebene führt demnach nur mittelbar zu einer Veränderung der Steuerzahlung der Kapitalgeber, da es hier infolge des geänderten Nettozahlungsüberschusses zu einer Variation in der entscheidungsneutralen Erfolgsermittlung kommt.[1)]

Daß die Modellierung infolge des gewählten Vorgehens zur Abbildung der Finanzierungsarten eine Besteuerung der Verzinsung des Barwertes der noch aus der Gesellschaft zufließenden Nettozahlungsüberschüsse mit dem Zinssatz z_F bedingt, soll verdeutlicht werden, indem nicht die Zahlungsüberschüsse der Gesellschaft, sondern die Nettozahlungsüberschüsse der Kapitalgeber bewertet werden. Unterliegt bei den Kapitalgebern die Verzinsung des Barwertes der Nettozahlungen auf Unternehmensebene der Besteuerung, so ist der Nettozahlungsüberschuß der Kapitalgeber bestimmt durch:

(4.15) $NZ_t^{KG} \;=\; NZ_t^U - s^* \cdot z_F \cdot BWZ_{t-1}^U$

1) Kritik an der Verwendung unterschiedlicher Diskontierungszinssätze zur Abbildung der Finanzierung übt auch Scott, M. FG. (1987), S. 256-262. Da *Scott* auf Bemessungsgrundlageneinflüsse nicht eingeht, ermittelt er gegenüber den in der Studie verwendeten Mindestrenditen nur abweichende Wirkungen aus der hier nicht einbezogenen Inflation. Darüber hinaus diskutiert er die Berücksichtigung der Wertzuwachsbesteuerung.

Die Höhe der Steuerzahlungen auf die Ertragswertverzinsung richtet sich dabei nach der betrachteten Finanzierungsart und wird durch den Steuersatz s^* beschrieben. Im Beteiligungsfinanzierungsfall wird aus der Ausschüttung einer Geldeinheit ein Nettoerfolg von Θ GE erzielt, so daß der Steuersatz s^* auf diese Ausschüttung $1 - \Theta$ beträgt. Da der Nettozahlungsüberschuß auf Unternehmensebene bei einer Fremdfinanzierung um die Körperschaftsteuer gekürzt ist, obwohl angenommen wird, daß Fremdkapitalzinsen die Bemessungsgrundlage der Unternehmung verringern, kommt es in diesem Fall bei den Kapitalgebern lediglich zu einer Steuerzahlung in Höhe der Differenz zwischen der auf Zinsen zu entrichtenden Steuer und der bereits als gezahlt unterstellten Körperschaftsteuer, so daß der Steuersatz s^* $(s_z - s_{kt})/(1 - s_{kt})$ lautet. Im Selbstfinanzierungsfall wird die Verzinsung des Barwertes der auf Unternehmensebene erzielten Nettozahlungsüberschüsse schließlich als Bemessungsgrundlage für die Wertzuwachssteuer interpretiert, so daß s^* dem effektiven Steuersatz auf Wertzuwächse s_v^* entspricht.

Um die Nettozahlungen der Kapitalgeber zu bestimmen, ist der Nettozahlungsüberschuß auf Gesellschaftsebene und der zugehörige Ertragswert dieser Zahlungen zu ermitteln. Für einen degressiven Verlauf der steuerlichen Abschreibungen beträgt der Nettozahlungsüberschuß auf Unternehmensebene:

(4.16) $$NZ_t^U = (1-s_{kt})\cdot(p+d)\cdot(1-d)^{t-1} + s_{kt}\cdot a\cdot(1-a)^{t-1}$$

Der mit dem Zinssatz z_F ermittelte Barwert dieser Zahlungen im Zeitpunkt t beträgt:

(4.17) $$\begin{aligned} BWZ_t^U &= \sum_{u=t+1}^{\infty} \frac{NZ_u^U}{(1+z_F)^{u-t}} \\ &= (1-s_{kt})\cdot\frac{(p+d)\cdot(1-d)^t}{z_F+d} + \frac{s_{kt}\cdot a\cdot(1-a)^t}{z_F+a} \end{aligned}$$

Unter diesen Annahmen lautet der Nettozahlungsüberschuß der Kapitalgeber:

(4.18) $$\begin{aligned} NZ_t^{KG} &= NZ_t^U - s^*\cdot z_F\cdot BWZ_{t-1}^U \\ &= (1-s_{kt})\cdot(p+d)\cdot(1-d)^{t-1}\cdot\left(1-\frac{s^*\cdot z_F}{z_F+d}\right) \\ &\quad + s_{kt}\cdot a\cdot(1-a)^{t-1}\cdot\left(1-\frac{s^*\cdot z_F}{z_F+a}\right) \end{aligned}$$

Der Barwert der Nettozahlungen auf Ebene der Kapitalgeber kann ermittelt werden, indem die einzelnen Nettozahlungen mit dem Nettozins i_s diskontiert werden:

(4.19) $$\begin{aligned} BWZ &= \sum_{t=1}^{\infty} \frac{NZ_t^{KG}}{(1+i_s)^t} \\ &= (1-s_{kt})\cdot\frac{p+d}{i_s+d}\cdot\frac{z_F\cdot(1-s^*)+d}{z_F+d} + \frac{s_{kt}\cdot a}{i_s+a}\cdot\frac{z_F\cdot(1-s^*)+a}{z_F+a} \end{aligned}$$

Unter Beachtung der von der Finanzierungsart abhängigen Definitionen für s^* und z_F kann in der Gleichung (4.19) $z_F \cdot (1-s^*)$ jeweils durch i_s ersetzt werden.[1)] Als Barwert der Nettozahlungen auf Ebene der Kapitalgeber ergibt sich nach diesen Modifikationen die Ausgangsgleichung für die Ermittlung der Mindestrendite:

$$(4.20)\quad BWZ = (1-s_{kt}) \cdot \frac{p+d}{z_F+d} + \frac{s_{kt} \cdot a}{z_F+a}$$

Dieses Ergebnis bestätigt, daß die Modellierung eine entscheidungsneutrale Ermittlung der Bemessungsgrundlage auf der Basis des Diskontierungszinssatzes z_F bedingt, wie sie in Gleichung (4.15) angenommen wurde. Die Erfolgsermittlung auf Unternehmensebene hat nur über die Änderung der Nettozahlungen der Unternehmung Einfluß auf die Höhe der Steuerzahlungen. Sie ist daher modellbedingt nur von untergeordneter Bedeutung für die Besteuerung der Kapitalgeber.

Hinsichtlich der hier gewählten Modelldarstellung ist noch darauf zu verweisen, daß der in der vorliegenden Arbeit verfolgte Ansatz der Ermittlung von Mindestrenditen etwas von der Zielsetzung des dargestellten Modells abweicht. Die Studien, in denen das Modell verwendet wurde, haben regelmäßig das Ziel, effektive Grenzsteuersätze zu ermitteln.[2)] Unter einem effektiven Grenzsteuersatz wird das Verhältnis aus der Differenz zwischen einer Rendite vor Steuern p und einer Rendite nach Steuern i_s bezogen auf die Rendite vor Steuern p verstanden:[3)]

$$(4.21)\quad \begin{aligned} e &= \frac{p-i_s}{p} \\ &= 1-\frac{i_s}{p} \end{aligned}$$

Der Vorteil dieser Definition besteht darin, daß die ermittelten effektiven Grenzsteuersätze direkt mit den nominellen Grenzsteuersätzen verglichen werden können, denen die als Maßstab herangezogene Kapitalmarktinvestition unterliegt.[4)] Ein Abweichen

1) Für $z_F \cdot (1-s^*)$ gilt in Abhängigkeit von der Finanzierung:

Beteiligungsfinanzierung: $\frac{i_s}{\Theta} \cdot (1-(1-\Theta)) = i_s$

Fremdfinanzierung: $i_s \cdot \frac{1-s_{kt}}{1-s_z} \cdot \left(1-\frac{s_z-s_{kt}}{1-s_{kt}}\right) = i_s$

Selbstfinanzierung: $\frac{i_s}{1-s_v^*} \cdot (1-s_v^*) = i_s$

2) Zu Maßgrößen, aus denen Aussagen über das Ausmaß der Besteuerung gewonnen werden können, vgl. z.B. Fullerton, D. (1984) oder Schneider, D. (1990).

3) Vgl. z.B. Schneider, D. (1992), S. 240.

4) Für eine Kapitalmarktinvestition mit einer Rendite vor Steuern von i, die einem Steuersatz von s_z unterliegt ergibt sich: $e = 1-\frac{i \cdot (1-s_z)}{i} = s_z$

des effektiven vom nominellen Grenzsteuersatz signalisiert unter diesen Annahmen Vergünstigungen oder Benachteiligungen, die die in die Berechnungen einbezogenen Besteuerungsregeln für das betrachtete Investitionsobjekt verursachen. Allerdings ist dieses Vorgehen daran gebunden, daß die Rendite vor Steuern, die als Basis gewählt wird, normiert wird, da andernfalls die ermittelten effektiven Grenzsteuersätze nicht vergleichbar sind. Dies hat im Rahmen der Berechnung der effektiven Grenzsteuersätze zur Folge, daß unter Vorgabe der Rendite p ein Wert für den Diskontierungsfaktor z_F bestimmt werden muß, der dazu führt, daß die durch Gleichung (4.3) beschriebene Gleichgewichtsbedingung erfüllt ist. Da der Barwert der Verringerung der Steuerzahlungen durch die Abschreibungsverrechnung bei komplexeren Abschreibungsverläufen regelmäßig nicht vereinfacht werden kann, lassen sich Lösungen für die Gleichgewichtsbedingung häufig nur durch Iteration bestimmen.[1] Im dargestellten Fall der degressiven Abschreibung ergibt sich eine quadratische Funktion. Ist der Diskontierungsfaktor z_F ermittelt, so kann durch die Berücksichtigung der Finanzierung der Nettoerfolg ermittelt werden. Hierzu wird auf den ermittelten Diskontierungsfaktor z_F der zur unterstellten Finanzierungsart gehörige Steuerfaktor angewendet.[2] Das so errechnete Ergebnis geht als Nettozins in die Berechnung des effektiven Grenzsteuersatzes ein.

Demgegenüber hat eine Normierung der Nettorendite nach Steuern den Vorteil, daß die Gleichung für die Mindestrendite immer explizit lösbar ist. Sollen die Ergebnisse für die Mindestrenditen zu Verhältniszahlen verdichtet werden, die Aufschluß über den Besteuerungsumfang geben, ist dies prinzipiell möglich, indem die Differenz zwischen Vorsteuer- und Nachsteuerrendite auf die Rendite nach Steuern bezogen wird:[3]

$$e = \frac{p - i_s}{i_s} = \frac{p}{i_s} - 1 \qquad (4.22)$$

Der Nachteil dieser Vorgehensweise besteht darin, daß diese Verhältniszahl nach oben nicht begrenzt ist und nicht direkt mit nominellen Steuersätzen zu vergleichen ist. Vor einem Vergleich der nominellen Steuersätze mit dem in Gleichung (4.22) ermittelten Steuersatz muß der nominelle Steuersatz s_z erst durch $s_z/(1 - s_z)$ transformiert werden.

Neben diesen Fragen der Ermittlung und Verdichtung der Ergebnisse ist die gewählte Vorgehensweise auch Ausdruck eines grundsätzlichen Verständnisses, aus dem heraus Besteuerungswirkungen betrachtet werden. Während die Vorgabe einer Bruttorendite p unterstellt, daß der finanzierungsbedingt unterschiedliche Umfang der Steuerzahlungen jeweils von den Kapitalgebern durch eine Verringerung ihres Nettoerfolges zu tragen

---

1) Vgl. King, M. A./ Fullerton, D. (eds) (1984), S. 25.

2) Die Steuerfaktoren entsprechen dem Steuersatz s^* aus Gleichung (4.15).

3) *Schneider* bezeichnet diese Größe als steuerbedingte Mindestrenditenerhöhung. Vgl. Schneider, D. (1992), S. 241.

ist, unterstellt die Vorgabe einer Nettorendite i_s, daß die Steuerzahlung durch eine Änderung der Erfolgsgrößen auf Unternehmensebene erwirtschaftet werden muß.[1)]

4.3 Das Modell zur Mindestrenditenermittlung auf der Basis des Nettozins

4.3.1 Ausschüttungsbemessung im Gesellschafts- und Steuerrecht

Die Darstellung des Modells zur Ermittlung von Mindestrenditen, das in der von *King* und *Fullerton* herausgegebenen Studie zur Ermittlung der Höhe der Kapitaleinkommensbesteuerung verwendet wurde, hat gezeigt, daß der Modellrahmen auf eine auf den Rechtsregeln basierende Ermittlung der Steuerbemessungsgrundlage bei den Kapitalgebern verzichtet. Die Frage, wie Ausschüttungen aus dem Zahlungsüberschuß der Kapitalgesellschaft zu isolieren sind und welche Auswirkungen diese Regeln auf die Höhe der Mindestrenditen haben, ist somit durch die Modellierung nicht zufriedenstellend beantwortet. Deshalb sollen in den nun zu entwickelnden Ansatz verschiedene Regelungen zur Ausschüttungsbemessung einbezogen werden.[2)]

Während die Körperschaftsbesteuerung und die Erfolgsermittlung dem steuerlichen Rechtsbereich zuzuordnen sind, werden mit der Ausschüttungsbemessung Regelungen in die Untersuchung einbezogen, die den gesellschaftsrechtlichen Rahmenbedingungen zuzurechnen sind. Die Berücksichtigung dieser Vorschriften ist erforderlich, da sie unmittelbare Auswirkungen darauf haben, in welchem Umfang erzielte Investitionserfolge durch die Kapitalgesellschaft an die Gesellschafter ausgezahlt werden können. Schließlich ist der Umfang der Auszahlungen an die Kapitalgeber grundlegender Bestandteil des Kalküls, aus dem die Mindestrenditen abgleitet werden. Bevor das Modell vorgestellt wird, mit dessen Hilfe der Einfluß des Zusammenwirkens des Körperschaftsteuersystems, der Bemessungsgrundlage und der Ausschüttungsbemessung auf die Mindestrenditen untersucht werden soll, werden im folgenden die Interdependenzen zwischen der Bemessung von Ausschüttungen und deren Besteuerung skizziert.

Das Gesellschaftsrecht ermöglicht die Errichtung haftungsbeschränkter Unternehmen, um Investitionsrisiken zu begrenzen. Das Ausmaß der Haftung ist durch die Eigenkapitalausstattung der Unternehmung bestimmt. Nun verlangt das Gesellschaftsrecht nicht nur eine Mindestkapitalausstattung für die Errichtung der Gesellschaft, sondern es versucht darüber hinaus, Einfluß darauf zu nehmen, daß diese Mindestausstattung erhalten bleibt, so daß Zahlungsansprüche der Gesellschafter erst dann entstehen können, wenn das Reinvermögen der Gesellschaft das festgelegte Eigenkapital überschreitet.[3)] Allerdings geht die Forderung nach einer Mindestkapitalausstattung nicht

---

1) Vgl. auch Claassen, F. (1994), S. 96-100 zur Diskussion möglicher alternativer Renditevorgaben.

2) Vgl. zu solchen Überlegungen auch Sørensen, P. B. (1994), S. 440-445.

3) Eine solche gesellschaftsrechtliche Haltung ist nicht zwingend. Im Gesellschaftsrecht der Bundesstaaten in den USA sind Ausschüttungsbemessungen, die auf bilanziellen Größen beruhen, im allgemeinen nicht vorgesehen. Vgl. z.B. Schreiber, U. (1999), S. 884-887. Die Aufteilung von Zahlungen in Erfolgs- und Kapitalrückzahlungskomponente ist dort allein im Steuerrecht relevant.

so weit, daß dieses Kapital laufend in liquider Form vorhanden sein muß. Aus diesem Grund sind in das deutsche Gesellschaftsrecht Rechnungslegungsvorschriften integriert, die darüber entscheiden, welche Geschäftsvorfälle Einfluß auf den Umfang der Mindestkapitalausstattung nehmen. Ein Blick auf die Bedingungen für das finanzielle Gleichgewicht einer Unternehmung zeigt, daß für diesen Zweck eine Zahlungsrechnung allein nicht ausreichend ist. Das finanzielle Gleichgewicht einer Unternehmung besteht darin, daß zu jedem Zeitpunkt die Einzahlungen in die Unternehmung den Unternehmensauszahlungen entsprechen müssen:

(4.23) $U_t + EK_t^+ + FK_t^+ \;=\; C_t + I_t + S_t + D_t + J_t + EK_t^- + FK_t^-$

Die Einzahlungen in die Unternehmung bestehen aus den Einzahlungen aus dem Leistungsprozeß (U_t), und den Zuflüssen aus der Erhöhung des Eigen- (EK_t^+) und des Fremdkapitalbestandes (FK_t^+). Auszahlungen sind zu leisten für die erworbenen Unternehmensleistungen (C_t), für Investitionen (I_t), für Steuern (S_t), für Dividenden (D_t) und für Zinsen auf das Fremdkapital (J_t). Daneben ergeben sich weitere Auszahlungen, wenn der Eigen- (EK_t^-) oder Fremdkapitalbestand (FK_t^-) verringert wird. Werden die Änderungen des Eigen- bzw. des Fremdkapitalbestandes zu ΔEK bzw. zu ΔFK zusammengefaßt, so kann aus der Bedingung für das finanzielle Gleichgewicht der folgende Zusammenhang für die Ausschüttungen an die Anteilseigner ermittelt werden:

(4.24) $D_t \;=\; U_t + \Delta EK_t + \Delta FK_t - C_t - I_t - S_t - J_t$

Dieses Ergebnis zeigt, daß es ohne weitere Restriktionen, die den Zugriff der Gesellschafter auf die Zahlungsüberschüsse einschränken, möglich wäre, Einzahlungen der Fremdkapitalgläubiger oder hinzutretender Eigenkapitalgeber an die Anteilseigner auszukehren, was zur Folge haben könnte, daß die geforderte Mindestkapitalausstattung unterschritten wird. Um dies zu verhindern, werden durch die Rechnungslegungsvorschriften Modifikationen an der aus dem finanziellen Gleichgewicht abgeleiteten Ausschüttungsrestriktion vorgenommen.[1] Diese Veränderungen bestehen zunächst darin, daß die Zahlungen im Zusammenhang mit Änderungen des Eigen- und des Fremdkapitalbestandes für die Ausschüttungsbemessung nicht berücksichtigt werden. Des weiteren werden aus dem Zahlungsüberschuß die Auszahlungen für Investitionen ausgesondert. Der so ermittelte Zahlungsüberschuß wird schließlich durch die Verrechnung von Periodisierungsbeträgen in die Ausschüttungsgröße transformiert:

(4.25) $D_t \;=\; U_t + PE_t - C_t - S_t - J_t - PA_t$

Periodisierungen finden sowohl im Bereich der Einzahlungen (PE_t) als auch bei den Auszahlungen (PA_t) statt. Eine Periodisierung von Einzahlungen liegt vor, wenn Erfolgsbeiträge gezeigt werden, die die Ausschüttungsgröße erhöhen, ohne daß es im Be-

[1] Nicht weiter verfolgt wird hier die Frage, inwieweit solche Regeln ihr Ziel erreichen können, die Eigenkapitalausstattung zu erhalten und auf diesem Weg die Gläubiger zu schützen. Vgl. für einen Überblick über die Diskussion dieses Aspektes Schreiber, U. (1999), S. 881-891.

trachtungszeitraum zu einem Zahlungsmittelzugang kommt. Durch Einzahlungsperiodisierungen werden Einzahlungen aus dem Leistungsbereich lediglich auf der Zeitachse verschoben, was dazu führt, daß die Summe dieser Periodisierungen null beträgt. So führt das Vorziehen des Ausweises eines Erfolgsbeitrages zu einer Verrechnung eines entsprechenden negativen Periodisierungsbetrages im Zeitpunkt des Zahlungszuganges, während bei einer Verschiebung des Erfolgsausweises auf einen Zeitpunkt nach dem Zahlungszugang ein negativer Periodisierungsbetrag im Zeitpunkt des Zahlungszuflusses zu verrechnen ist, der im Zeitpunkt des Erfolgsausweises kompensiert wird.[1] Periodisierungen von Auszahlungen ergeben sich insbesondere aus der Verrechnung der Investitionsauszahlungen durch Abschreibungen und der Antizipation zukünftiger Auszahlungen durch die Bildung von Rückstellungen. Wird die Aussonderung der Investitionsauszahlungen aus dem Zahlungsüberschuß den Auszahlungsperiodisierungen zugeordnet, so beträgt auch deren Summe null.

Unter der Annahme, daß die Ein- und Auszahlungen aus dem Leistungsbereich zum Zahlungsüberschuß Z_t zusammengefaßt und die Ein- und Auszahlungsperiodisierungen zu P_t^h saldiert werden, sind die Ausschüttungsmöglichkeiten bestimmt durch:

$$(4.26)\quad D_t = Z_t - P_t^h - S_t - J_t$$

Auswirkungen der Besteuerung auf diese Ausschüttungsgröße hängen nun von der Bestimmung des Steuerbetrages S_t und dem Vorgehen bei der Ermittlung der steuerlichen Bemessungsgrundlage ab. Grundsätzlich können hier drei Möglichkeiten unterschieden werden. Macht sich die Besteuerung die Periodisierung des Gesellschaftsrechts zu eigen, so gilt für die Steuerzahlung:

$$(4.27)\quad S_t = s\cdot\left(Z_t - J_t - P_t^h\right)$$

Dieser Fall wird als Maßgeblichkeit der auf dem Gesellschaftsrecht beruhenden Erfolgsermittlung für die steuerliche Gewinnermittlung bezeichnet, wobei das hier modellierte Verständnis des Begriffes enger ist als das in der Literatur unter dem Stichwort „Maßgeblichkeitsprinzip" diskutierte Gefüge aus handels- und steuerrechtlicher Gewinnermittlung.[2] Die mögliche Ausschüttung beträgt unter diesen Voraussetzungen:

$$(4.28)\quad D_t = (1-s)\cdot\left(Z_t - J_t - P_t^h\right)$$

Der infolge der Periodisierung auf der Gesellschaftsebene verbleibende Zahlungsüberschuß kann ermittelt werden, indem von dem aus der Investition resultierenden Zahlungsüberschuß die Ausschüttungen, die Steuerzahlungen und die Zinszahlungen sub-

[1] In der Rechnungslegungspraxis erfolgt keine explizite Verrechnung der kompensierenden Periodisierungen, da diese nicht unmittelbar an die Zahlungsüberschüsse anknüpft. Das beschriebene Ergebnis wird dort durch die Aufteilung des Rechenwerkes in die Bilanz und die Gewinn- und Verlustrechnung erreicht.

[2] Vgl. hierzu z.B. Schneider, D. (1997a), S. 89-91.

trahiert werden. Wird angenommen, daß sich der Eigen- und Fremdkapitalbestand nicht verändert, so ergibt sich auf Unternehmensebene ein Betrag von:

$$\begin{aligned} Z_t - D_t - S_t - J_t &= Z_t - (1-s)\cdot\left(Z_t - J_t - P_t^h\right) - s\cdot\left(Z_t - J_t - P_t^h\right) - J_t \\ &= P_t^h \end{aligned} \tag{4.29}$$

Formal die gleiche Ausschüttungsgröße ergibt sich, wenn der Steuerbetrag auf der Grundlage der gesellschaftsrechtlichen Periodisierung ermittelt wird. Periodisierte Steuerzahlungen im Rahmen der der Ausschüttungsbemessung dienenden Rechnungslegung werden als latente Steuern bezeichnet.[1] Da die tatsächlich zu leistende Steuerzahlung von dem ausgewiesenen Steuerbetrag abweicht, beträgt der infolge der Periodisierung auf Gesellschaftsebene verbleibende Betrag:

$$\begin{aligned} Z_t - D_t - S_t - J_t &= Z_t - (1-s)\cdot\left(Z_t - J_t - P_t^h\right) - s\cdot\left(Z_t - J_t - P_t^s\right) - J_t \\ &= P_t^h + s\cdot\left(P_t^s - P_t^h\right) \end{aligned} \tag{4.30}$$

In Gleichung (4.30) wird unterstellt, daß sich die Ermittlung der steuerlichen Bemessungsgrundlage für die Bestimmung der Steuerzahlung und für die Periodisierung der Steuerzahlungen nur dadurch unterscheidet, daß der Periodisierungsbetrag für die Ermittlung der Steuerzahlung P_t^s und nicht P_t^h beträgt. Des weiteren liegt der Modellierung die Annahme zugrunde, daß sich die Periodisierungsdifferenzen im Zeitablauf ausgleichen, mithin in der steuerlichen und der gesellschaftsrechtlichen Erfolgsermittlung die gleichen Totalerfolge ermittelt werden.

Schließlich ist es denkbar, daß nur die Steuerzahlungen in die Ausschüttungsbemessung eingehen, ohne daß Differenzen in der Rechnungslegung für steuer- und gesellschaftsrechtliche Zwecke beachtet werden. Die Ausschüttungsgröße lautet dann:

$$\begin{aligned} D_t &= Z_t - J_t - P_t^h - s\cdot\left(Z_t - J_t - P_t^s\right) \\ &= (1-s)\cdot\left(Z_t - J_t - P_t^h\right) + s\cdot\left(P_t^s - P_t^h\right) \end{aligned} \tag{4.31}$$

Wird dieser Betrag für die Ausschüttung verwendet, so verbleibt aus dem Zahlungsüberschuß der Periode ein Betrag von P_t^h auf Unternehmensebene.

Ein Vergleich der jeweiligen Ausschüttungsgrößen zeigt, daß die Ausschüttung zunächst am geringsten ausfällt, wenn ein Maßgeblichkeitsprinzip angewendet wird, und der in diesem Fall zu verrechnende Periodisierungsbetrag P_t^s größer ist als der für die Ausschüttungsbemessung zu verrechnende Betrag P_t^h. Der größte Ausschüttungsbetrag steht unter den vorherrschenden Annahmen zur Verfügung, wenn nur die Steuerzahlung für die Ausschüttungsbemessung berücksichtigt wird. Da ein isoliertes Investitionsprojekt mit einem gegebenen Totalerfolg betrachtet wird, kehrt sich diese Reihenfolge im Zeitablauf um. Für den Barwert der Ausschüttungen folgt aus diesem Ergebnis zunächst, daß die Diskontierung der nach den drei Vorgehensweisen ermittelten

[1] Vgl. z.B. Schneider, D. (1997a), S. 149.

Ausschüttungen den höchsten Barwert für die Ausschüttungsbemessung liefern würde, die ausschließlich die tatsächliche Steuerzahlung berücksichtigt.[1] Allerdings vernachlässigt ein solches Vorgehen, daß durch die unterschiedliche Höhe der möglichen Ausschüttungen voneinander abweichende Beträge für die Reinvestition auf Unternehmensebene bzw. für die Rückzahlung an die Kapitalgeber zur Verfügung stehen.

Wird dieser Aspekt mit einbezogen, so kann festgehalten werden, daß durch die Ausschüttungsbemessung der absolute Zahlungsüberschuß auf Unternehmensebene nicht verändert wird. Vielmehr entscheidet die Ausschüttungsbemessung über die Zusammensetzung des Zahlungsüberschusses für die Zurechnung bei den Kapitalgebern. Diese Zusammensetzung ist schließlich Anknüpfungspunkt für die Besteuerung bei den Investoren. Auf der Basis dieser Annahme sollen für die drei Vorgehensweisen der Ausschüttungsbemessung die Mindestrenditen aus der Perspektive der Eigenkapitalgeber der Unternehmung ermittelt werden. Bevor dies möglich ist, muß jedoch noch der Zahlungsstrom ermittelt werden, der für die Analyse verwendet werden soll.

4.3.2 Verlauf der Zahlungsüberschüsse zur Bestimmung der Mindestrendite

Während für das Modell, das in der von *King* und *Fullerton* herausgegebenen Studie verwendet wurde, eine explizite Annahme über den Verlauf des Zahlungsstromes getroffen wurde, wird darauf im hier zu entwickelnden Modell verzichtet. Um Renditen bestimmen zu können, werden lediglich alle Größen normiert, die in die Berechnungen eingehen, indem sie durch die Anschaffungsauszahlung Z_0 dividiert werden. Neben den Zahlungsüberschüssen Z_t betrifft diese Normierung, die in den Zahlungsüberschüssen enthaltenen Kapitalrückzahlungsanteile TA_t und die Periodisierungsgrößen für die Ermittlung der Steuerbemessungsgrundlage P_t^s bzw. der Ausschüttungsgröße P_t^h. Für die normierten Größen sollen die folgenden Bezeichnungen verwendet werden:

$$(4.32)\quad z_t = \frac{Z_t}{Z_0},\quad d_t = \frac{TA_t}{Z_0},\quad a_t = \frac{P_t^s}{Z_0},\quad h_t = \frac{P_t^h}{Z_0}$$

Ein Verzicht auf die Konkretisierung des Zahlungsverlaufes wird durch einen Rückgriff auf die vermögensorientierte Sichtweise der Ertragswertermittlung möglich. Danach müssen die Zahlungsüberschüsse der Gesellschaft ausreichen, um daraus über die Investitionsdauer das überlassene Kapital zurückzuzahlen und die Entgelte für die Kapitalüberlassung zuzüglich darauf zu entrichtender Steuern zu leisten. Im Rahmen der vermögensorientierten Sichtweise wird unterstellt, daß auf den jeweils als noch nicht zurückgezahlt geltenden Anteil der im Investitionszeitpunkt überlassenen Kapitalaus-

[1] Ein entsprechendes Ergebnis findet sich in Kanniainen, V./ Södersten, J. (1995) S. 426. Die Autoren verwenden ein Modell, das ausschließlich Dividenden einbezieht. Vgl. Kanniainen, V./ Södersten, J. (1995) S. 420-421. Darüber hinaus berücksichtigen sie nur das Maßgeblichkeitsprinzip und die Bildung latenter Steuern, so daß sich der größte Ausschüttungsbarwert für den letztgenannten Fall ergibt. Für eine Darstellung des Modells vgl. auch Sørensen, P. B. (1994), S. 440-445 und Sørensen, P. B. (1995), S. 285-288.

stattung die geforderte Verzinsung erreicht werden muß, die für das Bewertungskalkül zugrunde gelegt wird. Aus der Perspektive der kapitalaufnehmenden Unternehmung ist diese Rendite durch die Mindestrendite bestimmt. Die aus der Investition erzielten Zahlungsüberschüsse vor Berücksichtigung der Besteuerung lauten somit:

$$z_t = p\cdot\left(1-\sum_{u=1}^{t-1} d_u\right)+d_t \tag{4.33}$$

In Gleichung (4.33) bezeichnet der erste Summand die Verzinsung des bis zum Zeitpunkt t noch nicht zurückgezahlten Anteils an der im Investitionszeitpunkt in die Unternehmung eingezahlten Geldeinheit mit der gesuchten Mindestrendite p. Der zweite Summand d_t gibt den Umfang der Kapitalrückzahlung der betrachteten Periode an.

In die Mindestrenditenberechnung geht der Barwert der Zahlungsüberschüsse z_t ein, der bereits hier ermittelt werden soll. Werden die Zahlungsüberschüsse aus Gleichung (4.33) mit dem Zinssatz i_s diskontiert[1], so ergibt sich der folgende Barwert:

$$\begin{aligned}\sum_{t=1}^{T}\frac{z_t}{(1+i_s)^t} &= \sum_{t=1}^{T}\frac{p\cdot\left(1-\sum_{u=1}^{t-1} d_u\right)+d_t}{(1+i_s)^t}\\ &= \frac{p}{i_s}\cdot\left(1-\frac{1}{(1+i_s)^T}-i_s\cdot\sum_{t=1}^{T}\frac{\sum_{u=1}^{t-1} d_u}{(1+i_s)^t}\right)+\sum_{t=1}^{T}\frac{d_t}{(1+i_s)^t}\end{aligned} \tag{4.34}$$

Der Barwert der Zahlungsüberschüsse setzt sich aus dem Barwert der Verzinsung der jeweils noch nicht zurückgezahlten Kapitalanteile mit der gesuchten Mindestrendite und dem Barwert der Kapitalrückzahlung zusammen. Für den Barwert der Verzinsung gilt unter der Bedingung, daß die Summe der Kapitalrückzahlungsanteile eins beträgt:

$$\begin{aligned}i_s\cdot\sum_{t=1}^{T}\frac{\sum_{u=1}^{t-1} d_u}{(1+i_s)^t} &= i_s\cdot\left(\frac{d_1}{(1+i_s)^2}+\frac{d_1+d_2}{(1+i_s)^3}+\dots+\frac{\sum_{t=1}^{T-1} d_t}{(1+i_s)^T}\right)\\ &= \frac{i_s}{(1+i_s)}\cdot\left(\sum_{t=1}^{T-1} d_t\cdot\sum_{u=t}^{T-1}\frac{1}{(1+i_s)^u}\right)\\ &= i_s\cdot\sum_{t=1}^{T-1} d_t\cdot\left(\frac{1}{i_s}\cdot\left(\frac{1}{(1+i_s)^t}-\frac{1}{(1+i_s)^T}\right)\right)\\ &= \sum_{t=1}^{T}\frac{d_t}{(1+i_s)^t}-\frac{1}{(1+i_s)^T}\end{aligned} \tag{4.35}$$

[1] Der Zinssatz i_s wird hier verwendet, da er auch zur Mindestrenditenermittlung herangezogen wird.

Die Annahme, daß die Summe der Kapitalrückzahlungsanteile eins beträgt, ist Bedingung für den letzten Umformungsschritt.[1] Unter Berücksichtigung dieses Ergebnisses lautet der Ertragswert der aus der Investition erzielten Zahlungsüberschüsse:

$$(4.36)\quad \sum_{t=1}^{T}\frac{z_t}{(1+i_s)^t} = \frac{p}{i_s}\cdot\left(1-\sum_{t=1}^{T}\frac{d_t}{(1+i_s)^t}\right)+\sum_{t=1}^{T}\frac{d_t}{(1+i_s)^t}$$

Mit Hilfe der Gleichung (4.36) können Ertragswerte einer Zahlungsreihe durch die Vorgabe des Barwertes der Kapitalrückzahlungsanteile ermittelt werden. Konkrete Zahlungsverläufe lassen sich anhand von Annahmen über die Verteilung des Kapitalrückflusses bestimmen. Auf diese Weise kann z.B. ein degressiver Verlauf der Kapitalrückzahlungen mit einem unendlichen Investitionshorizont mit Zahlungsströmen, die einen endlichen Horizont haben, verglichen werden. Ein einfach zu handhabender Verlauf der Kapitalrückzahlungen ergibt sich etwa, wenn unterstellt wird, daß in jeder Periode ein konstanter Anteil der Investitionsauszahlung zurückfließt. Da in diesem Fall die Investitionsauszahlung von einer Geldeinheit auf einen Investitionszeitraum von T Perioden zu verteilen ist, ergibt sich ein Kapitalrückfluß von $1/T$ in jeder Periode. Wird diese Kapitalrückzahlung in die Bestimmungsgleichung für den Zahlungsüberschuß eingesetzt, so resultiert daraus ein arithmetischer Verlauf der Zahlungsüberschüsse: Die Differenz zwischen den Zahlungsüberschüssen zweier aufeinander folgender Perioden ist konstant und beträgt p/T. Der Barwert der Kapitalrückzahlungen einer solchen Zahlungsreihe lautet:

$$(4.37)\quad \begin{aligned} BWD &= \frac{1}{T}\cdot\sum_{t=1}^{T}\frac{1}{(1+i_s)^t} \\ &= \frac{1}{i_s\cdot T}\left(1-\frac{1}{(1+i_s)^T}\right) \end{aligned}$$

Mit Hilfe dieses Barwertes können die degressiven Zahlungsverläufe mit einem unendlichen Planungshorizont in endliche Zahlungsströme mit einem arithmetischen Verlauf umgerechnet werden. Der Barwert der Kapitalrückzahlungsanteile einer degressiven Zahlungsreihe mit einem Degressionssatz d beträgt $d/(i_s+d)$. Wird dieser Barwert mit dem durch Gleichung (4.37) bestimmten Barwert gleichgesetzt, so kann durch die Vorgabe eines Investitionshorizontes T der Degressionssatz d für eine degressive Zah-

---

[1] Zu beachten ist, daß die einzelnen d_t nicht auf Werte beschränkt sind, die größer als null sind. Eine zwischenzeitliche Erhöhung des Kapitalbestandes gegenüber der Vorperiode ergibt sich, wenn d_t kleiner als null ist. Eine stetige Kapitalrückzahlung liegt daher nur dann vor, wenn nicht nur die Summe der Kapitalrückzahlungsanteile eins beträgt, sondern auch die Summe der absoluten Beträge $\left(\sum_{t=1}^{T}|d_t|=1\right)$ sich zu eins addiert.

lungsreihe bestimmt werden, die über den gleichen Barwert der Kapitalrückzahlungen verfügt wie die ausgewählte arithmetische Zahlungsreihe:

$$(4.38)\quad d = \frac{i_s \cdot BWD}{1 - BWD}$$

In der folgenden Abbildung werden für verschiedene Investitionshorizonte die entsprechenden Degressionssätze für einen Diskontierungszinssatz i_s von 2,5% ermittelt:

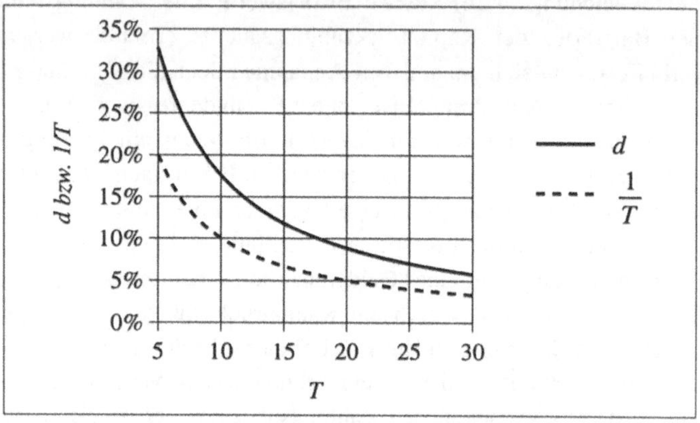

Abbildung 4.3: Identität der Barwerte der Kapitalrückzahlungsanteile bei arithmetischen und degressiven Zahlungsreihen

In der Abbildung 4.3 gibt die gestrichelt dargestellte Funktion den konstanten Kapitalrückzahlungsbetrag einer arithmetischen Zahlungsreihe mit einem Investitionshorizont von T Perioden an. Durch die darüber liegende Funktion wird den jeweiligen Investitionshorizonten einer arithmetischen Zahlungsreihe der Degressionssatz der degressiven Zahlungsreihe zugeordnet, der zu einer Identität der Barwerte der Kapitalrückzahlungsanteile beider Zahlungsreihen führt. Demzufolge kann der Abbildung für den unterstellten Diskontierungszinssatz i_s von 2,5% z.B. entnommen werden, daß der Barwert der Kapitalrückzahlungsanteile einer arithmetischen Zahlungsreihe, die über einen Investitionshorizont von zehn Perioden verfügt, dem einer degressiven Zahlungsreihe mit einem Degressionssatz d von ca. 17,5% entspricht.

Die Vorgabe von Zahlungsstromverläufen ist nicht auf stetig fallende Zahlungsüberschüsse beschränkt. Mit Hilfe der Restriktion, daß die Summe der Kapitalrückzahlungsbeträge eins betragen muß, läßt sich vielmehr ein Fülle von Zahlungsströmen konstruieren. Wird ein Barwert der Kapitalrückzahlungsanteile vorgegeben, so kann die Ermittlung der Zahlungsüberschüsse erleichtert werden, wenn ein funktionaler Zusammenhang zwischen dem Zeitpunkt des Kapitalrückflusses und seiner Höhe angenommen wird. Als zweites Beispiel soll deshalb der Zahlungsstrom ermittelt werden, der sich ergibt, wenn die Kapitalrückzahlungsanteile durch eine quadratische, von der

Zeit t abhängige Funktion beschrieben werden können. Eine solche Funktion wird gewählt, da sie wiederum verschiedene Verläufe der Kapitalrückzahlungen abbilden kann. Neben stetig steigenden und fallenden Rückzahlungen sind mit einer solchen Funktion zunächst steigende und anschließend fallende Rückzahlungen ebenso möglich, wie Verläufe, bei denen es zu Beginn zu fallenden Rückzahlungen gefolgt von steigenden Rückzahlungsbeträgen kommt. Die allgemeine Zuordnungsvorschrift für den Verlauf der Kapitalrückzahlungsanteile kann folgendermaßen beschrieben werden:

(4.39) $$d_t = m_2 \cdot (t - m_1 \cdot T)^2 + m_0$$

Der Vorteil dieser Schreibweise beruht darauf, daß durch die Verwendung der Scheitelpunktform für die quadratische Funktion der absolute Wert des Maximums bzw. des Minimums für die Kapitalrückzahlung durch den Summand m_0 direkt vorgegeben werden kann. Der Zeitpunkt, zu dem der vorgegebene Wert m_0 erreicht wird, ist in Gleichung (4.39) als Anteil m_1 vom Investitionshorizont T bestimmt. Ob der Wert m_0 ein Maximum oder ein Minimum ist, richtet sich nach dem Wert für m_2. Ist m_2 kleiner null, so liegt an dieser Stelle ein Maximum des Kapitalrückzahlungsbetrages vor, während m_0 bei einem positiven Wert für m_2 den minimalen Kapitalrückzahlungsbetrag angibt. Die Vorgabe eines Wertes für m_2 kann über die Nebenbedingung erfolgen, daß die Summe der Kapitalrückzahlungen eins betragen muß. Für m_2 kann demzufolge folgender Zusammenhang ermittelt werden:

(4.40) $$\begin{aligned} 1 &= \sum_{t=1}^{T} d_t \\ &= \sum_{t=1}^{T} \left(m_2 \cdot (t - m_1 \cdot T)^2 + m_0 \right) \\ &= \frac{m_2 \cdot T}{12} \cdot \left(3 \cdot (T \cdot (2 \cdot m_1 - 1) - 1)^2 + T^2 - 1 \right) + m_0 \cdot T \\ \Leftrightarrow \quad m_2 &= \frac{12 \cdot (1 - m_0 \cdot T)}{T \cdot \left(3 \cdot (T \cdot (2 \cdot m_1 - 1) - 1)^2 + T^2 - 1 \right)} \end{aligned}$$

Wird dieses Ergebnis in Gleichung (4.39) eingesetzt, so lassen sich die jeweiligen Kapitalrückzahlungsanteile für die Zeitpunkte von 1 bis T bestimmen. Auch die Ermittlung von Zahlungsstromverläufen durch die Vorgabe von Barwerten der Kapitalrückzahlungsanteile ist möglich. Hierzu kann die Bestimmungsgleichung für den Barwert nach m_0 aufgelöst werden, so daß lediglich der Zeitpunkt, zu dem die maximale bzw. die minimale Kapitalrückzahlung erfolgen soll, als Variable verbleibt.[1)] Sind die einzel-

---

1) Auf die Darstellung des Ergebnisses wird hier verzichtet. Die zu lösende Gleichung lautet:

$$BWD = \frac{12 \cdot (1 - m_0 \cdot T)}{T \cdot \left(3 \cdot (T \cdot (2 \cdot m_1 - 1) - 1)^2 + T^2 - 1 \right)} \cdot \sum_{t=1}^{T} \frac{(t - m_1 \cdot T)^2}{(1 + i_s)^t} + \sum_{t=1}^{T} \frac{m_0}{(1 + i_s)^t}$$

nen Kapitalrückzahlungen für die Zeitpunkte von 1 bist T ermittelt, so ergeben sich aus der Anwendung der Gleichung (4.33) die einzelnen Zahlungen.

In der folgenden Abbildung wird exemplarisch der Verlauf zweier Kapitalrückzahlungsreihen mit einem Barwert von 0,8649 dargestellt. Bezogen auf das Kalkül mit einem unendlichen Investitionshorizont T und einem degressiven Verlauf der Kapitalrückzahlungsanteile ergibt sich ein solcher Barwert bei dem angenommenen Zinssatz i_s von 2,5 %, wenn der Degressionssatz 16,0 % beträgt. Für die Variable m_l, die den Zeitpunkt bestimmt, zu dem es zur maximalen bzw. zur minimalen Kapitalrückzahlung kommt, werden Werte von 0,6 und 0,4 unterstellt, so daß bei einem Investitionshorizont von $T=10$ die jeweiligen Zeitpunkte durch $t=6$ bzw. $t=4$ bestimmt sind. Bedingt durch die Vorgabe des Barwertes der Kapitalrückzahlungen kommt es bei der Kapitalrückzahlungsreihe mit $m_l=0{,}4$ zum Zeitpunkt $t=4$ zu einem Minimum, während sich bei $m_l=0{,}6$ für den Zeitpunkt $t=6$ ein Maximum des Kapitalrückzahlungsbetrages ergibt. Zur Illustration der resultierenden Zahlungsverläufe sind in der folgenden Abbildung die Zahlungsreihen dargestellt, die sich bei einer hypothetischen Mindestrendite von $p=6{,}0\,\%$ ergeben:

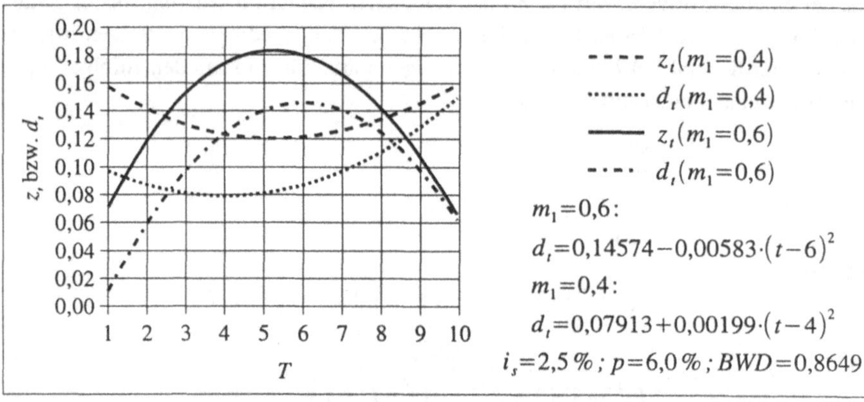

Abbildung 4.4: Zahlungsüberschüsse bei einem quadratischen Verlauf des Kapitalrückzahlungsanteiles

Die Abbildung 4.4 deutet den Spielraum an, der sich für die Konstruktion von Zahlungsreihen ergibt, wobei eine Variation des Investitionshorizontes T in der Abbildung noch nicht berücksichtigt ist. Mit den angegebenen Nebenbedingungen können auch Zahlungsreihen mit gleichen Barwerten der Kapitalrückzahlungsbeträge abgeleitet werden, die über einen unterschiedlichen Investitionshorizont verfügen.

Nachdem nunmehr Möglichkeiten für die Bestimmung von Zahlungsüberschüssen beschrieben sind, die für die Ermittlung der Mindestrenditen herangezogen werden können, und die Eigenschaften ihres Barwertes dargestellt wurden, geht der nächste

Abschnitt auf die Bestimmung der Mindestrenditen ein, die sich in Abhängigkeit von der Finanzierungsart, der Steuer- und der Ausschüttungsbemessung für die Investitionen körperschaftsteuerpflichtiger Unternehmen ergeben.

4.3.3 Ermittlung der Mindestrendite ohne den Einbezug einer Veräußerungsgewinnsteuer

4.3.3.1 Beteiligungsfinanzierung

Wie bereits im Abschnitt über die Ausschüttungsbemessungsregeln angedeutet, soll für die Bestimmung der Mindestrenditen davon ausgegangen werden, daß die Ermittlung der Steuerzahlungen auf Unternehmensebene durch die steuerlichen Periodisierungsregeln bestimmt ist, während über den Umfang der Besteuerung bei den Anteilseignern die gesellschaftsrechtlichen Periodisierungsregeln entscheiden. Zu beachten ist in diesem Zusammenhang, daß eine solche Vorgehensweise nur für die Grenzinvestition einer etablierten Unternehmung gerechtfertigt erscheint. Dies liegt daran, daß nur in einem solchen Fall die steuerlichen Regeln, die darüber entscheiden, in welchem Umfang eine Zahlung an Anteilseigner eine Gewinnausschüttung darstellt, keine Auswirkungen auf das Kalkül haben. Konkret bedeutet dies zunächst, daß die Unternehmung bei einer Differenzierung der Erfolgsermittlung für steuer- und gesellschaftsrechtliche Zwecke in beiden Vermögensvergleichen über Gewinnrücklagen verfügen muß. Wird unterstellt, daß die Totalerfolge in beiden Rechenwerken gleich sind, so wirken sich Periodisierungsdifferenzen zwischen der steuerlichen und der auf dem Gesellschaftsrecht beruhenden Gewinnermittlung in diesem Fall nur in einem unterschiedlichen Verlauf der Gewinnrücklagen aus. Da zunächst zusätzlich angenommen werden soll, daß der Periodisierungsbetrag, der in der gesellschaftsrechtlichen Erfolgsermittlung verrechnet wurde, ebenfalls an die Kapitalgeber ausgezahlt werden soll, muß des weiteren vorausgesetzt werden, daß diese Kapitalrückzahlung als solche vom Steuerecht akzeptiert wird und nicht der Besteuerung unterliegt.[1] Die Möglichkeit Kapitalherabsetzung durchführen zu können, setzt ebenfalls eine etablierte Unternehmung voraus, da eine solche Maßnahme nur bei einer Kapitalausstattung möglich ist, die die gesellschaftsrechtlichen Anforderungen deutlich überschreitet. Diese Unternehmen sind in der Grenzbetrachtung frei, ihre Kapitalausstattung zu verringern, wie es für das Kalkül unterstellt wird. Das folgende Beispiel verdeutlicht die dargestellten Zusammenhänge:

---

1) Diese Annahme kann z.B. bei einer Modellierung US-amerikanischer Sachverhalte problematisch sein. Da das Gesellschaftsrecht in den USA weitgehend auf Regeln für die Ausschüttungsbemessung verzichtet, ist die Steuerpflicht von Zahlungen, die eine Gesellschaft an ihre Anteilseigner leistet, allein von den auf Unternehmensebene vorhandenen und nach steuerrechtlichen Vorschriften zu ermittelnden Gewinnrücklagen (earnings and profits) abhängig. Solange eine körperschaftsteuerpflichtige Unternehmung über earnings and profits verfügt, sind diese für Zahlungen an die Anteilseigner zu verwenden und bei diesen der Besteuerung zu unterwerfen. Vgl. zu den earnings and profits Moussallem, S. (2001), S. 175-176.

Zeitpunkte	0	1	2	3
Zahlungsüberschuß		50	46	22
Gesellschaftsrechtlicher Periodisierungsbetrag		40	40	20
Steuerrechtlicher Periodisierungsbetrag		50	40	10
Steuerbemessungsgrundlage		0	6	12
Steuerzahlung (s_{kt}=50%)		0	3	6
Maßgeblichkeitsprinzip				
Gewinn Gesellschafts- und Steuerrecht		0	3	6
Kapitalrückzahlung	-100	50	40	10
Latente Steuern				
Gewinn Gesellschaftsrecht (nach Steuerperiodisierung)		5	3	1
Kapitalrückzahlung	-100	45	40	15
Gewinnrücklage Steuerbilanz		-5	0	5
Zahlungsrechnung				
Gewinn Gesellschaftsrecht (nach Steuerzahlung)		10	3	-4
Kapitalrückzahlung	-100	40	40	20
Gewinnrücklage Steuerbilanz		-10	0	10

Abbildung 4.5: Ausschüttungsbemessung und Verlauf der Gewinnrücklagen

Das Beispiel in der Abbildung 4.5 geht von einem Eigenkapitalzufluß von 100 GE aus. Die Investition dieses Betrages durch die Unternehmung löst den angegebenen Zahlungsstrom aus. In Abhängigkeit von der gesellschaftsrechtlichen Erfolgsermittlung kommt es zu einer unterschiedlichen Zusammensetzung der Zahlungen an die Anteilseigner. Gilt ein Maßgeblichkeitsprinzip, so entscheidet die steuerrechtliche Periodisierung über die Zusammensetzung der Zahlungen. Weichen die Periodisierungsregeln zwischen dem Steuer- und dem Gesellschaftsrecht voneinander ab, so ist in dem Beispiel für den Fall der Bildung latenter Steuern unterstellt, daß der durch die Steuerperiodisierung entstehende ausschüttungsgesperrte Betrag für eine Kapitalrückzahlung verwendet wird. Gegenüber dem Maßgeblichkeitsprinzip kommt es daher zu einer Verringerung der Kapitalrückzahlung in der ersten Periode um fünf Geldeinheiten. Die bei den Kapitalgebern der Besteuerung zu unterwerfende Dividende erhöht sich um diesen Betrag. Da die steuerrechtliche Erfolgsrechnung eine solche Ausschüttung nicht ermöglicht, ist dieser Betrag in der steuerrechtlichen Vermögensrechnung der Gewinnrücklage zu entnehmen. In der dritten Periode werden diese Differenzen wieder aufgehoben. Nach der Auflösung der Steuerperiodisierung weist die gesellschaftsrechtliche Erfolgsermittlung einen Ausschüttungsbetrag von einer Geldeinheit aus, während die steuerrechtliche Erfolgsermittlung einen Gewinn von sechs Geldeinheiten zeigt. Die Ausschüttung des Gewinns, der in der gesellschaftsrechtlichen Erfolgsermittlung bestimmt wurde, führt dazu, daß die in der ersten Periode in der steuerrechtlichen Vermögensrechnung getätigte Entnahme aus der Gewinnrücklage rückgängig gemacht wird. Analoge Ergebnisse lassen sich auch für den Unterschied zwischen dem Maßgeblichkeitsprinzip und einer gesellschaftsrechtlichen Erfolgsermittlung, die nur die Steuerzahlungen berücksichtigt, ermitteln. Der Unterschied besteht lediglich darin, daß unter dieser Konstellation die auftretenden Differenzen durch die Abweichungen in den Periodisierungsbeträgen bestimmt sind, während sie im vorangegangenen Fall durch die periodisierte Steuerzahlung bestimmt waren, die sich aus dem Steuersatz multipliziert mit der Periodisierungsdifferenz ergibt.

Eine weitere Annahme, die die Gültigkeit der Mindestrenditenermittlung auf die Grenzinvestition einer etablierten Unternehmung beschränkt, ist die modellbedingte Konsequenz einer negativen steuerlichen Bemessungsgrundlage. In diesem Fall wird unterstellt, daß die Gesellschaft eine Steuereinzahlung in Höhe der Bemessungsgrundlage multipliziert mit dem Steuersatz erhält, wobei eine derartige Steuereinzahlung auch als sofortiger Verlustausgleich bezeichnet wird.[1)] Diese Annahme kann aufrecht erhalten werden, solange die Unternehmung neben dem betrachteten Investitionsobjekt über weitere Investitionen verfügt, aus denen positive Bemessungsgrundlagenbeiträge erzielt werden, da unter diesen Bedingungen der negative Bemessungsgrundlagenbeitrag der betrachteten Investition die Steuerzahlung der Unternehmung verringert. Des weiteren ist diese Annahme unproblematisch, wenn eine solche Steuereinzahlung tatsächlich erfolgt, wovon z.B. ausgegangen werden kann, wenn ein Rücktrag der negativen Bemessungsgrundlage möglich ist.

Die Ableitung der Mindestrendite erfolgt nun wiederum aus der Indifferenzbedingung, die fordert, daß der Barwert der Nettozahlungen der Unternehmung an die Kapitalgeber der im Investitionszeitpunkt hingegebenen Kapitaleinheit entsprechen muß. Unter Beachtung der Normierung von Zahlungsüberschüssen und Periodisierungsbeträgen können für die einzelnen Formen der Ausschüttungsbemessung die folgenden Nettozahlungen ermittelt werden:

	Nettozahlungs-überschuß		=	Nettodividende	+	steuerlich unterstellte Kapitalrückzahlung
(4.41)	Maßgeblichkeit:	nz_t	=	$(z_t - a_t)\cdot(1 - s_{kt})\cdot\Theta$	+	a_t
	Latente Steuern:	nz_t	=	$(z_t - h_t)\cdot(1 - s_{kt})\cdot\Theta$	+	$h_t + s_{kt}\cdot(a_t - h_t)$
	Zahlungsrechnung:	nz_t	=	$(z_t - s_{kt}\cdot(z_t - a_t) - h_t)\cdot\Theta$	+	h_t

Werden diese Zahlungsüberschüsse jeweils in die Indifferenzbedingung eingesetzt, so lassen sich die Mindestrenditen bestimmen. Für den Barwert der Zahlungsüberschüsse z_t wird dabei jeweils der im vorangegangenen Abschnitt ermittelte allgemeine Zusammenhang verwendet:

1) Vgl. Schneider, D. (1992), S. 211.

$$1 = \sum_{t=1}^{T} \frac{nz_t}{(1+i_s)^t}$$

Maßgeblichkeitsprinzip:

$$\Leftrightarrow \quad p = \frac{i_s}{(1-s_{kt})\cdot\Theta}\cdot\left(1-\left(1-(1-s_{kt})\cdot\Theta\right)\cdot\frac{BWA-BWD}{1-BWD}\right)$$

Latente Steuern:

$$\Leftrightarrow \quad p = \frac{i_s}{(1-s_{kt})\cdot\Theta}\cdot F$$

(4.42)
$$F = 1-\left(1-(1-s_{kt})\cdot\Theta\right)\cdot\frac{BWA-BWD}{1-BWD}+(1-s_{kt})\cdot(1-\Theta)\cdot\frac{BWA-BWH}{1-BWD}$$

Zahlungsrechnung:

$$\Leftrightarrow \quad p = \frac{i_s}{(1-s_{kt})\cdot\Theta}\cdot F$$

$$F = 1-\left(1-(1-s_{kt})\cdot\Theta\right)\cdot\frac{BWA-BWD}{1-BWD}+(1-\Theta)\cdot\frac{BWA-BWH}{1-BWD}$$

$$BWA = \sum_{t=1}^{T}\frac{a_t}{(1+i_s)^t}\ ; \quad BWD = \sum_{t=1}^{T}\frac{d_t}{(1+i_s)^t}\ ; \quad BWH = \sum_{t=1}^{T}\frac{h_t}{(1+i_s)^t}$$

Die erste Zeile der Gleichung (4.42) gibt die Indifferenzbedingung an, aus der die Mindestrenditen bestimmt werden. Danach muß der Barwert der aus der Investition an die Anteilseigner fließenden Zahlungen dem im Investitionszeitpunkt in das Unternehmen eingezahlten Betrag entsprechen. In den einzelnen Formeln für die Mindestrenditen, die in den folgenden Zeilen dargestellt sind, bezeichnet *BWA* den Barwert der steuerrechtlichen Periodisierungsbeträge, *BWH* den Barwert der auf dem Gesellschaftsrecht beruhenden Periodisierungen und *BWD* den Barwert der in den Zahlungsüberschüssen enthaltenen Kapitalrückzahlungsanteile.[1)] Diese Barwerte sind jeweils mit dem Nettozinssatz i_s zu ermitteln. Unter der Voraussetzung, daß der Faktor Θ, der die Anteilseignerbesteuerung abbildet, eins nicht überschreitet, zeigt ein Vergleich der Ergebnisse, daß die Mindestrendite unter einem Maßgeblichkeitsprinzip am geringsten ausfällt, wenn der Barwert der steuerrechtlichen Periodisierungsbeträge größer ist als der Barwert der Periodisierungsbeträge, die in der Rechnungslegung zur Ermittlung der Ausschüttungsgröße geltend gemacht werden ($BWA > BWH$). Unter dieser Konstellation ergibt sich für die Ausschüttungsbemessung, die nur die Steuerzahlungen berücksichtigt,

1) Zu beachten ist, daß die steuerrechtlichen und die auf dem Gesellschaftsrecht beruhenden Periodisierungsbeträge sich nicht nur aus der Verrechnung von Abschreibungen ergeben. Vielmehr können alle in die Erfolgsermittlung eingehenden Zahlungsperiodisierungen einbezogen werden.

die größte Mindestrendite. Die Reihenfolge kehrt sich um, wenn $BWA<BWH$ gilt. Für $BWA=BWH$ sind die Mindestrenditen unabhängig von der Ausschüttungsbemessung.

Die weitere Untersuchung der formalen Zusammenhänge, die die Mindestrenditen beschreiben, soll schrittweise erfolgen, um die einzelnen Einflüsse verdeutlichen zu können. Zunächst soll deshalb unterstellt werden, daß es im Rahmen der Periodisierung zur Ermittlung der Ausschüttungsgröße gelingt, den für die Modellierung angenommenen Verlauf der Kapitalrückzahlungen abzubilden $(BWH=BWD)$. Nach dieser Vereinfachung ergeben sich die folgenden Formeln für die Mindestrenditen:

Maßgeblichkeitsprinzip:

$$p = \frac{i_s}{(1-s_{kt})\cdot\Theta}\cdot\left(1-\left(1-(1-s_{kt})\cdot\Theta\right)\cdot\frac{BWA-BWD}{1-BWD}\right)$$

Latente Steuern:

(4.43)
$$p = \frac{i_s}{(1-s_{kt})\cdot\Theta}\cdot\left(1-s_{kt}\cdot\frac{BWA-BWD}{1-BWD}\right)$$

Zahlungsrechnung:

$$p = \frac{i_s}{(1-s_{kt})\cdot\Theta}\cdot\left(1-s_{kt}\cdot\Theta\cdot\frac{BWA-BWD}{1-BWD}\right)$$

Die Formeln für die Mindestrenditen unterscheiden sich nunmehr nur durch den kombinierten Steuersatz, der in den Faktor eingeht, der die Einflüsse der Bemessungsgrundlagenermittlung und der Ausschüttungsbemessung abbildet. Ohne eine Abweichung zwischen den Barwerten der Kapitalrückzahlungsanteile und der gesellschaftsrechtlichen Periodsierungsbeträge bestimmt die Ausschüttungsbemessung demzufolge, ob sich nur die Steuersätze auf Ebene der Gesellschaft oder auch die Steuersätze der Anteilseigner auf den Bemessungsgrundlageneinfluß auswirken. Während im Rahmen des Maßgeblichkeitsprinzips der originäre Bemessungsgrundlageneffekt in Höhe von $(BWA-BWD)/(1-BWD)$ mit dem kombinierten Unternehmens- und Ausschüttungssteuersatz multipliziert wird, wirkt bei einer Ausschüttungsbemessung mit einer Berücksichtigung von latenten Steuern ausschließlich der Körperschaftsteuersatz. Werden lediglich die Steuerzahlungen für die Ausschüttungsbemessung berücksichtigt, so erfolgt eine Kürzung des Körperschaftsteuersatzes um die Ausschüttungsbesteuerung.

Ein Bemessungsgrundlageneffekt ergibt sich allerdings erst, wenn der Barwert der steuerrechtlichen Periodisierung BWA vom Barwert der Kapitalrückzahlungsanteile BWD abweicht. Die Abweichung der Barwerte wird zur Ermittlung des eigentlichen Bemessungsgrundlageneffektes ins Verhältnis zu $1-BWD$ gesetzt. Unter Verwendung der Gleichung (4.35) auf S. 122 kann gezeigt werden, daß $1-BWD$ dem Barwert der Verzinsung der Kapitalrückzahlungsanteile, die bezogen auf die jeweiligen Periodenanfänge noch zurückzugewinnen sind, mit dem Zinssatz i_s entspricht:

$$(4.44)\quad \sum_{t=1}^{T}\frac{i_s\cdot\left(1-\sum_{u=1}^{t-1}d_u\right)}{\left(1+i_s\right)^t} = 1-\sum_{t=1}^{T}\frac{d_t}{\left(1+i_s\right)^t} = 1-BWD$$

$1-BWD$ bezeichnet somit den Barwert der Nettoentgelte für die Kapitalüberlassung, die sich auf der Grundlage des Verlaufes der Kapitalrückzahlungsanteile ergeben. Wird der Zähler des Bruches $(BWA-BWD)/(1-BWD)$ um eins erweitert, so lassen sich zwei weitere Schreibweisen gewinnen, die den Umfang des Bemessungsgrundlageneffektes im engeren Sinn anschaulich erklären können:

$$(4.45)\quad \frac{BWA-BWD}{1-BWD} = \frac{(1-BWD)-(1-BWA)}{1-BWD} = 1-\frac{1-BWA}{1-BWD}$$

Wie durch $1-BWD$ der Barwert der Nettoentgelte für die Kapitalüberlassung auf der Basis der Kapitalrückzahlungsanteile definiert ist, so kann $1-BWA$ als Barwert der Nettoentgelte für die Kapitalüberlassung auf der Basis der steuerrechtlichen Periodisierung verstanden werden. Voraussetzung hierfür ist lediglich, daß die Summe der steuerlichen Periodisierungen eins beträgt. Für die Bestimmung von Mindestrenditen bedeutet dies, daß durch die Vorgabe eines Barwertes der Kapitalrückzahlungen gleichzeitig die Bemessungsgrundlage nach Abzug der darauf zu entrichtenden Steuern vorgegeben wird. Durch das Steuerrecht wird hingegen der Barwert der Bemessungsgrundlage nach Steuern auf der Grundlage der steuerlichen Periodisierungsbeträge ermittelt. Der originäre Bemessungsgrundlageneffekt ergibt sich dann aus der Differenz dieser beiden Nettobemessungsgrundlagen bezogen auf die Nettobemessungsgrundlage, die der unterstellte Barwert der Kapitalrückzahlungen bedingt.

Die zweite Zeile der Gleichung (4.45) gibt unter diesen Annahmen an, um wieviel Prozent der Barwert der steuerlichen Bemessungsgrundlage nach Abzug der darauf zu entrichtenden Steuern vom Barwert der Nettobemessungsgrundlage auf der Basis der Kapitalrückzahlungsanteile abweicht. Sie gibt damit den Anteil des Barwertes der aus dem Zahlungsverlauf resultierenden Entgelte für die Kapitalüberlassung an, der durch die steuerrechtlichen Periodisierungsregeln nicht $(BWA>BWD)$ bzw. zuviel $(BWA<BWD)$ erfaßt wird. Für die Berechnung der Mindestrendite ist diese prozentuale Abweichung v mit dem durch die Ausschüttungsbemessung determinierten Steuersatz s_{AB}^* zu multiplizieren, so daß allgemein gilt:

$$(4.46)\quad p = \frac{i_s}{\left(1-s_{kt}\right)\cdot\Theta}\cdot\left(1-s_{AB}^*\cdot v\right)$$

Die folgende Abbildung zeigt den Verlauf der Mindestrenditen in Abhängigkeit von v für die betrachteten Formen der Ausschüttungsbemessung, wobei angenommen wird, daß Θ kleiner als eins ist:

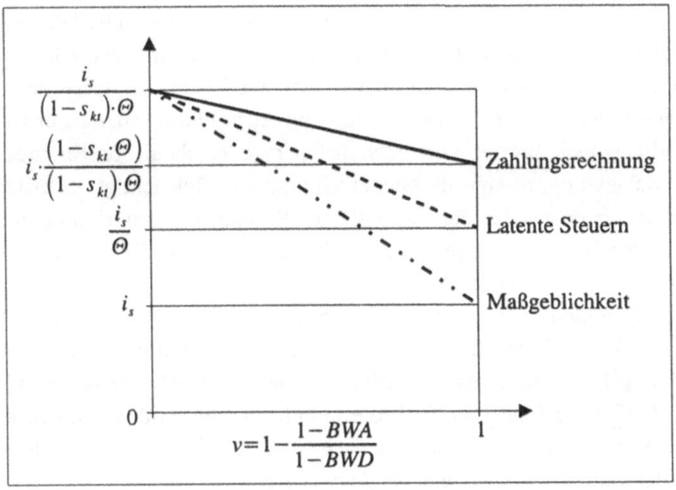

Abbildung 4.6: Mindestrenditenverläufe bei alternativen Ausschüttungsbemessungen

Der Abbildung kann entnommen werden, daß die minimalen Mindestrenditen erreicht werden, wenn v eins beträgt. Zu diesem Ergebnis kommt es, wenn die Anschaffungsauszahlung im Investitionszeitpunkt steuerlich geltend gemacht werden kann, der Barwert der steuerlichen Periodisierungsbeträge *BWA* mithin eins beträgt. Entspricht der Barwert der steuerlichen Periodisierungsbeträge dem Barwert der Kapitalrückzahlungsanteile, so ist v gleich null. Dem Wertebereich von null bis eins entspricht damit ein Barwert der steuerlichen Periodisierungsbeträge von *BWD* bis eins. Zu Mindestren diten der Beteiligungsfinanzierung, die über den Werten liegen, die ohne den Einbezug der Bemessungsgrundlageneffekte ermittelt wurden, kommt es, wenn *BWA* kleiner als *BWD* ist. Im Vergleich zu den Fällen einer Trennung von Steuer- und Ausschüttungsbemessung bedingt die Identität der Bemessungsgrundlagen für die Steuer- und die Ausschüttungsbemessung im Rahmen des Maßgeblichkeitsprinzips unter diesen Rahmenbedingungen einen stärkeren Anstieg der Mindestrenditen.

Nachdem der originäre Bemessungsgrundlageneffekt beschrieben ist, verdeutlicht ein Blick auf die Steuerfaktoren, mit denen der originäre Bemessungsgrundlageneffekt zu multiplizieren ist, den Einfluß der Ausschüttungsbemessung. Gelten für die Steuer- und die Ausschüttungsbemessung gleiche Periodisierungsregeln, so werden die Abweichungen zwischen den steuerrechtlichen Periodisierungen und den vorgegebenen Kapitalrückzahlungsbeträgen an die Anteilseigner durchgereicht. Deshalb wirkt sich auf den Bemessungsgrundlageneffekt der kombinierte Steuersatz aus Körperschafts- und Ausschüttungsbesteuerung aus. Weichen die Periodisierungsregeln zur Steuer- und Ausschüttungsbemessung voneinander ab, so führt eine den Kapitalrückzahlungsanteilen folgende Periodisierung für die Ausschüttungsbemessung im Fall einer Berücksichtigung latenter Steuern dazu, daß Abweichungen zwischen der steuerlichen Periodisierung und den Kapitalrückzahlungsanteilen nur auf Ebene der Gesellschaft wirksam sind, so daß in dem Faktor für den Einfluß von Ausschüttungsbemessung und Bemessungsgrundlage auch nur der Körperschaftsteuersatz erscheint. Im Rahmen einer Ausschüttungsbemessung, die nur die Steuerzahlungen berücksichtigt, unterliegen die auf Unternehmensebene aus den unterschiedlichen Periodisierungen resultierenden Abweichungen in den Steuerzahlungen bei den Kapitalgebern der Besteuerung, so daß sich ein Steuerfaktor von $s_{kt} \cdot \Theta$ ergibt.

Mit diesem Wissen kann nun auch die Annahme aufgehoben werden, daß die Periodisierung für Ausschüttungsbemessungszwecke den Kapitalrückzahlungsanteilen folgt. Die für diesen Fall resultierenden umfangreicheren Formeln für die Mindestrenditen, die in der Gleichung (4.42) auf S. 130 ermittelt wurden, bilden nämlich lediglich die Unterschiede in der Anteilseignerbesteuerung ab. Um dies zu verdeutlichen, werden die Ausdrücke für die Mindestrenditen folgendermaßen notiert:

Latente Steuern:

$$p = \frac{i_s}{(1-s_{kt})\cdot\Theta}\cdot\left(1-\left(1-(1-s_{kt})\cdot\Theta\right)\cdot\frac{BWH-BWD}{1-BWD}-s_{kt}\cdot\frac{BWA-BWH}{1-BWD}\right)$$

(4.47)

Zahlungsrechnung:

$$p = \frac{i_s}{(1-s_{kt})\cdot\Theta}\cdot\left(1-\left(1-(1-s_{kt})\cdot\Theta\right)\cdot\frac{BWH-BWD}{1-BWD}-s_{kt}\cdot\Theta\cdot\frac{BWA-BWH}{1-BWD}\right)$$

Gleichung (4.47) zeigt für die Bildung latenter Steuern und für die Ausschüttungsbemessung unter Berücksichtigung von Steuerzahlungen, daß sich die Unterschiede zwischen dem Barwert der Periodisierung für Ausschüttungsbemessungszwecke und dem Barwert der Kapitalrückzahlungsanteile sowohl im Rahmen der Körperschaftsbesteuerung als auch bei der Besteuerung der Ausschüttungen auswirken. Demgegenüber beeinflußt der Unterschied zwischen dem Barwert der körperschaftsteuerlichen Nettobemessungsgrundlage und dem Barwert der auf der Grundlage der gesellschaftsrechtlichen Periodisierungen ermittelten Nettoerfolge bei einer Bildung von latenten Steuern nur die Körperschaftsbesteuerung, während bei einem Einbezug der Steuerzahlungen in die Ausschüttungsbemessung der körperschaftsteuerliche Einfluß durch die Ausschüttungsbesteuerung teilweise kompensiert wird.

Für einen Barwert der auf dem Gesellschaftsrecht beruhenden Periodisierung, der zwischen *BWD* und *BWA* liegt, zeigt die folgende Abbildung den Verlauf der Mindestrenditen in Abhängigkeit von *BWH* unter der Voraussetzung, daß Θ kleiner als eins ist:

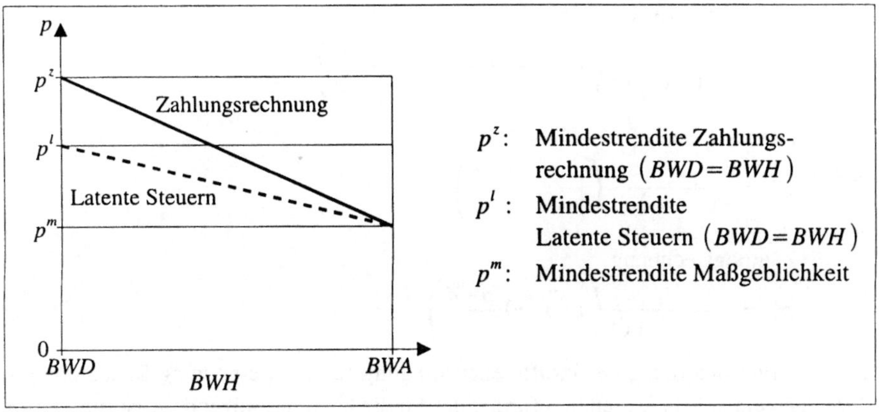

Abbildung 4.7: Verlauf der Mindestrendite für unterschiedliche Ausschüttungsbemessungen

Wie aus der Abbildung ersichtlich, sind die Mindestrenditen linear vom Barwert der gesellschaftsrechtlichen Periodisierung abhängig, wenn eine Differenzierung zwischen der steuerlichen Bemessungsgrundlagenermittlung und der Ausschüttungsbemessung erfolgt. Ist der Barwert der gesellschaftsrechtlichen Periodisierungsbeträge größer als der Barwert der in der steuerlichen Gewinnermittlung verrechneten Periodisierung, so ergibt sich eine weitere Reduktion der Mindestrenditen, die auf der Verzögerung der Ausschüttungsbesteuerung beruht.

Zum Abschluß dieses Abschnittes sollen die ermittelten Mindestrenditenformeln mit der Formel verglichen werden, die für den Beteiligungsfinanzierungsfall in der von *King* und *Fullerton* herausgegebenen Studie verwendet wurde. Für den Vergleich soll angenommen werden, daß die Periodisierung für Ausschüttungsbemessungszwecke dem Verlauf der Kapitalrückzahlungsanteile entspricht ($BWH=BWD$). Wird der degressive Verlauf der Kapitalrückzahlungsanteile und der steuerrechtlichen Periodisierung in den hier bestimmten Formeln für die Mindestrenditen berücksichtigt, so können folgende Zusammenhänge hergeleitet werden:[1)]

[1)] Für den degressiven Verlauf der Periodisierungsbeträge ergibt sich:

$$BWX = x \cdot \sum_{t=1}^{\infty} \frac{(1-x)^{t-1}}{(1+i_s)^t} = \frac{x}{i_s+x} =$$

und

$$\frac{BWA-BWD}{1-BWD} = \frac{\frac{a}{i_s+a}-\frac{d}{i_s+d}}{1-\frac{d}{i_s+d}} = \frac{a\cdot(i_s+d)-d\cdot(i_s+a)}{i_s\cdot(i_s+a)} = \frac{a-d}{i_s+a}$$

Maßgeblichkeitsprinzip:

$$p = \frac{i_s}{(1-s_{kt})\cdot\Theta}\cdot\left(1-\left(1-(1-s_{kt})\cdot\Theta\right)\cdot\frac{a-d}{i_s+a}\right)$$

Latente Steuern:

$$p = \frac{i_s}{(1-s_{kt})\cdot\Theta}\cdot\left(1-s_{kt}\cdot\frac{a-d}{i_s+a}\right) \tag{4.48}$$

Zahlungsrechnung:

$$p = \frac{i_s}{(1-s_{kt})\cdot\Theta}\cdot\left(1-s_{kt}\cdot\Theta\cdot\frac{a-d}{i_s+a}\right)$$

Unter Berücksichtigung der Indifferenzbedingung für die Beteiligungsfinanzierung in der allgemeinen Mindestrenditenformel der Studie kann der folgende Ausdruck für die Beteiligungsfinanzierung bestimmt werden:[1]

$$p = \frac{i_s}{(1-s_{kt})\cdot\Theta}\cdot\left(1-s_{kt}\cdot\frac{a-d}{\frac{i_s}{\Theta}+a}\right) \tag{4.49}$$

Wie die Gleichung (4.49) zeigt, ist die in der Studie verwendete Formel nahezu identisch mit der hier hergeleiteten Bestimmungsgleichung für die Mindestrendite, die die Bildung latenter Steuern einbezieht. Ein Unterschied ergibt sich lediglich durch den abweichenden Diskontierungszinssatz zur Bestimmung des Bemessungsgrundlageneffektes im engeren Sinn. Diese Abweichung führt dazu, daß die in der Studie ermittelte Mindestrendite für $a>d$ und $\Theta<1$ zwischen der Mindestrendite bei einer Berücksichtigung latenter Steuern und der Mindestrendite der Zahlungsrechnung liegt.

Die Ursachen für die unterschiedliche Struktur der Mindestrenditen lassen sich durch einen Blick auf die Zahlungsüberschüsse verdeutlichen, die zur Bestimmung der Mindestrenditen diskontiert werden. Hierzu wird in Gleichung (4.41) auf S. 129 der degressive Zahlungsverlauf explizit berücksichtigt. Um einen direkten Vergleich mit den Zahlungsüberschüssen zu ermöglichen, die der Modellierung in der Studie zugrunde liegen, wird die Schreibweise für die Zahlungsüberschüsse aus Gleichung (4.18) auf S. 114 verwendet. Dieses Vorgehen ermöglicht es, die Zahlungsüberschüsse direkt zu vergleichen, da in diesem Fall in allen Modellvarianten die Zahlungsüberschüsse mit dem Nettomarktzins in Höhe von i_s diskontiert werden. Im einzelnen ergeben sich die folgenden Nettozahlungsüberschüsse der Kapitalgeber:

[1] Hierzu ist Gleichung 4.8 (S. 110) in Gleichung 4.5 (S. 108) einzusetzen. Vgl. auch Abbildung 4.2 auf S. 112.

King-Fullerton:

$$NZ_t^{KG} = NZ_t^U - \overbrace{\underbrace{(1-\Theta)}_{\text{Steuersatz}}\cdot(1-s_{kt})\cdot\frac{i_s}{\Theta}\cdot\overbrace{\left(\frac{(p+d)\cdot F_{t-1}^d}{\frac{i_s}{\Theta}+d}+\frac{s_{kt}}{1-s_{kt}}\cdot\frac{a\cdot F_{t-1}^a}{\frac{i_s}{\Theta}+a}\right)}^{\text{Bemessungsgrundlage}}}^{\text{Steuerzahlung Anteilseigner}}$$

Maßgeblichkeitsprinzip:

$$NZ_t^{KG} = NZ_t^U - (1-\Theta)\cdot(1-s_{kt})\cdot\left(p\cdot F_{t-1}^d - \left(a\cdot F_{t-1}^a - d\cdot F_{t-1}^d\right)\right)$$

(4.50) Latente Steuern:

$$NZ_t^{KG} = NZ_t^U - (1-\Theta)\cdot(1-s_{kt})\cdot p\cdot F_{t-1}^d$$

Zahlungsrechnung:

$$NZ_t^{KG} = NZ_t^U - (1-\Theta)\cdot(1-s_{kt})\cdot\left(p\cdot F_{t-1}^d + \frac{s_{kt}\cdot\left(a\cdot F_{t-1}^a - d\cdot F_{t-1}^d\right)}{1-s_{kt}}\right)$$

Nettozahlungsüberschuß auf Unternehmensebene:

$$NZ_t^U = (1-s_{kt})\cdot(p+d)\cdot F_{t-1}^d + s_{kt}\cdot a\cdot F_{t-1}^a$$

$$F_{t-1}^a = (1-a)^{t-1}; \quad F_{t-1}^d = (1-d)^{t-1}$$

Gleichung (4.50) zeigt, daß sich die Nettozahlungsüberschüsse der Kapitalgeber für die unterschiedlichen Modellierungen in den Nettozahlungsüberschuß auf Unternehmensebene NZ_t^U und die von diesem Nettozahlungsüberschuß zu subtrahierende Steuerzahlung der Anteilseigner zerlegen lassen. Die Abweichungen zwischen den Mindestrenditen können demzufolge auf den unterschiedlichen Umfang der Steuerzahlungen der Anteilseigner zurückgeführt werden. Eine strukturelle Ähnlichkeit besteht für die Steuerzahlungen, die der Modellierung in der Studie zugrunde liegen und die Steuerzahlungen, die im Rahmen einer Bildung latenter Steuern anfallen. In beiden Fällen trifft die Anteilseignerbesteuerung eine Verzinsung. Während für die Modellierung, die in der Studie verwendet wurde, diese Verzinsung auf den Barwert der zukünftigen Nettozahlungsüberschüsse auf Unternehmensebene bezogen wird, ergibt sie sich für den Fall der Bildung latenter Steuern durch die Verzinsung des für Ausschüttungsbemessungszwecke ermittelten Kapitalbestandes mit der Mindestrendite. Demgegenüber wirkt sich die auf Unternehmensebene auftretende Periodisierungsdifferenz sowohl für das Maßgeblichkeitsprinzip als auch im Rahmen der Zahlungsrechnung aus. Wird unterstellt, daß der steuerrechtliche Abschreibungssatz a größer ist als der den Kapitalrückzahlungsverlauf abbildende Faktor d, so kommt es bei einer gegebenen Mindestrendite p im Vergleich zur Bildung latenter Steuern in den ersten Investitionsperioden für das Maßgeblichkeitsprinzip zu geringeren Steuerzahlungen der Anteilseigner, während die Steuerzahlungen für die Zahlungsrechnung im Vergleich dazu steigen. Im weiteren Investitionsverlauf kehrt sich diese Reihenfolge um. Diese Differenzen im Verlauf der Nettozahlungsströme bei den Kapitalgebern führen schließlich zu den unterschiedlichen von der Modellierung abhängigen Mindestrenditen.

Um das Ausmaß der Abweichungen zwischen den Mindestrenditen zu illustrieren, werden in der folgenden Abbildung die Verhältnisse aus den in diesem Abschnitt bestimmten Mindestrenditen der Beteiligungsfinanzierung und der Beteiligungsfinanzierungsmindestrendite der von *King* und *Fullerton* herausgegeben Studie in Abhängigkeit von der degressiven steuerlichen Abschreibungsrate *a* exemplarisch dargestellt.

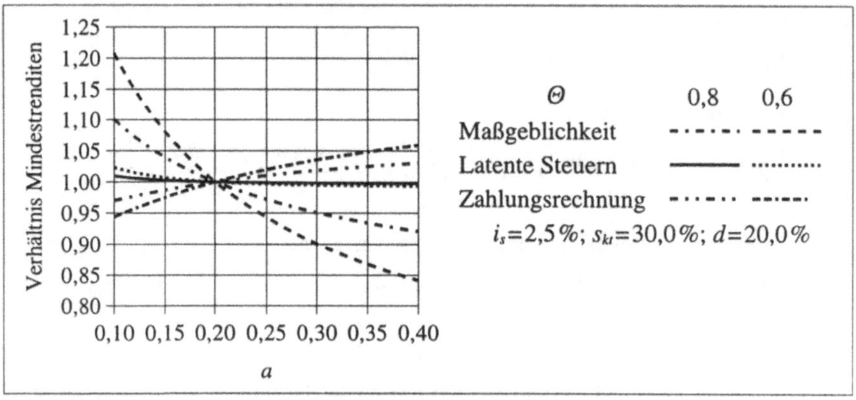

Abbildung 4.8: Vergleich der Mindestrenditen der Beteiligungsfinanzierung

Die Abbildung bestätigt, daß die der Studie zugrundeliegende Mindestrendite für die Beteiligungsfinanzierung annähernd der hier bestimmten Mindestrendite für eine Ausschüttungsbemessung unter Bildung latenter Steuern entspricht. Größere Abweichungen ergeben sich zwischen den Mindestrenditen im Fall des Maßgeblichkeitsprinzips und bei einer Ausschüttungsbemessung, die lediglich die Steuerzahlungen berücksichtigt. Die Abweichungen nehmen mit abnehmendem Integrationsgrad von Körperschafts- und Einkommensbesteuerung zu. Bei einer degressiven steuerlichen Abschreibung von 30 % reduziert sich in dem Beispiel der Abbildung die Mindestrendite für das Maßgeblichkeitsprinzip gegenüber der auf der Basis des Modells der Studie ermittelten Mindestrendite um ca. 5 %, wenn Θ 0,8 beträgt, während für ein Θ von 0,6 die Mindestrendite bei Anwendung des Maßgeblichkeitsprinzips um ca. 10 % geringer ausfällt.

4.3.3.2 Selbstfinanzierung

Erfolgt die Finanzierung der auf Unternehmensebene durchzuführenden Investition durch den Einbehalt von Gewinnen, so ergibt sich ein Unterschied zum Fall der Beteiligungsfinanzierung, der das Kalkül wesentlich vereinfacht. Dieser Unterschied besteht darin, daß nun der auf der Ebene der Unternehmung erwirtschaftete Zahlungsüberschuß in vollem Umfang bei den Anteilseignern der Ausschüttungsbesteuerung unterliegt. Folglich unterbleibt die Aufteilung der auf Unternehmensebene erwirtschafteten Zahlungsüberschüsse in eine steuerbefreite Kapitalrückzahlung und einen der Besteuerung zu unterwerfenden Erfolg, die im Rahmen des Beteiligungsfinanzierungskalküls dazu führt, daß die Mindestrenditen von der Ausschüttungsbemessung abhängen. Für die einzelnen Formen der Ausschüttungsbemessung ergibt sich somit jeweils der gleiche Ausschüttungsbetrag. Durch die Abweichungen zwischen der steuerrechtlichen Periodisierung und der auf dem Gesellschaftsrecht beruhenden Periodisierung kommt es im Fall der Selbstfinanzierung lediglich zu Differenzen in den Gewinnrücklagen, die in den beiden Rechenwerken ausgewiesen werden. Die folgende Gleichung zeigt die formale Definition der Zahlungen der Gesellschaft an die Anteilseigner:

$$
(4.51)\quad
\begin{array}{llcl}
\text{Ausschüttung} & & = & \Theta\cdot\left[\text{Dividende} + \text{Auflösung Gewinnrücklage}\right] \\
\text{Maßgeblichkeit:} & nz_t & = & \Theta\cdot\left[(z_t - a_t)\cdot(1-s_{kt}) + a_t\right] \\
\text{Latente Steuern:} & nz_t & = & \Theta\cdot\left[(z_t - h_t)\cdot(1-s_{kt}) + h_t + s_{kt}\cdot(a_t - h_t)\right] \\
\text{Zahlungsrechnung:} & nz_t & = & \Theta\cdot\left[z_t - s_{kt}\cdot(z_t - a_t) - h_t + h_t\right]
\end{array}
$$

Diese Zahlungen lassen sich zu folgender Nettoausschüttung zusammenfassen:

$$(4.52)\quad nz_t = \Theta\cdot\left(z_t\cdot(1-s_{kt}) + s_{kt}\cdot a_t\right)$$

Aus der Indifferenzbedingung, die verlangt, daß der Ausschüttungsverzicht in Höhe von Θ, der durch die Thesaurierung eintritt, dem Barwert der Nettoausschüttungen gleicht, die durch die Investition der Gewinnrücklage auf Unternehmensebene erzielt werden können, kann die Mindestrendite für die Selbstfinanzierung bestimmt werden:

$$
(4.53)\quad
\begin{aligned}
\Theta &= \sum_{t=1}^{T} \frac{\left(z_t\cdot(1-s_{kt}) + s_{kt}\cdot a_t\right)\cdot\Theta}{(1+i_s)^t} \\
\Leftrightarrow\quad p &= \frac{i_s}{1-s_{kt}}\cdot\left(1 - s_{kt}\cdot\frac{BWA-BWD}{1-BWD}\right)
\end{aligned}
$$

Gleichung (4.53) zeigt, daß die Mindestrendite der Selbstfinanzierung durch die Besteuerung der Anteilseigner nicht beeinflußt wird. Unter der Voraussetzung, daß die Kapitalrückzahlungsanteile und die steuerrechtlichen Periodisierungsbeträge degressiv verlaufen, gleicht die Mindestrendite darüber hinaus der Mindestrendite, die ohne den Einbezug der Veräußerungsgewinnbesteuerung aus dem Modell abgeleitet wurde, das der von *King* und *Fullerton* herausgegebenen Studie zugrunde liegt.[1)]

---

1) Vgl. Abbildung 4.2 auf S. 112 und Gleichung (4.53) in Verbindung mit Fußnote 1 auf S. 135.

Um die Unterschiede zwischen den Mindestrenditen der Beteiligungs- und der Selbstfinanzierung zu vergleichen, soll deren Verhältnis gebildet werden. Hinsichtlich der eigenständigen Ausschüttungsbemessung wird für diesen Vergleich unterstellt, daß der Barwert der gesellschaftsrechtlichen Periodisierungsbeträge dem Barwert der Kapitalrückzahlungsanteile entspricht $(BWH=BWD)$. Unter Verwendung der Notation aus Gleichung (4.46) auf S. 132 ergibt sich folgendes Verhältnis der Mindestrenditen:

$$(4.54) \quad \frac{p^{SF}}{p^{BF}} = \Theta \cdot \frac{1-s_{kt} \cdot v}{1-s_{AB}^{*} \cdot v}$$

Werden in der auf dem Gesellschaftsrecht beruhenden Rechnungslegung latente Steuern gebildet, entspricht s_{AB}^{*} dem Körperschaftsteuersatz s_{kt}. Das Verhältnis der Mindestrenditen ist in diesem Fall konstant und gleicht dem Faktor Θ. Für das Maßgeblichkeitsprinzip und eine Ausschüttungsbemessung, die lediglich die Steuerzahlungen berücksichtigt, ist das Verhältnis der Mindestrenditen hingegen nicht konstant, da s_{AB}^{*} und s_{kt} voneinander abweichen. Die folgende Abbildung zeigt das Verhältnis der Mindestrenditen in Abhängigkeit von der relativen Abweichung v zwischen der steuerrechtlichen Nettobemessungsgrundlage und der durch den Kapitalrückzahlungsverlauf vorgegebenen Nettobemessungsgrundlage:

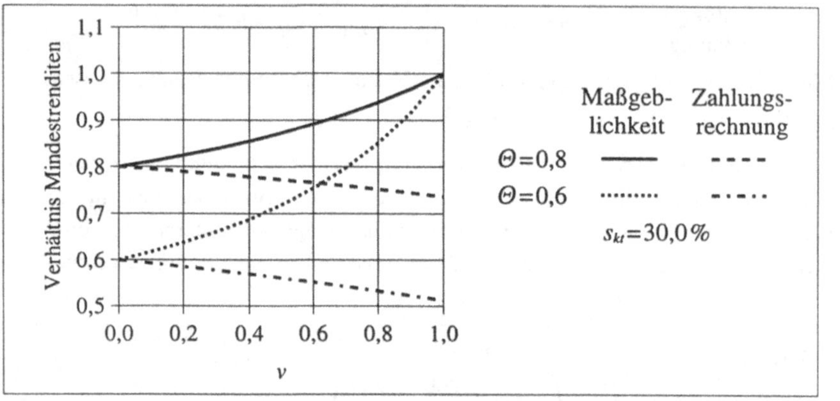

Abbildung 4.9: Verhältnis der Mindestrenditen der Selbst- und der Beteiligungsfinanzierung

Der Abbildung kann entnommen werden, daß sich unter einem Maßgeblichkeitsprinzip der relative Abstand zwischen der Mindestrendite der Selbst- und der Beteiligungsfinanzierung verringert, wenn der Barwert der steuerrechtlichen Periodisierungsbeträge den der Kapitalrückzahlungsanteile überschreitet. Im Rahmen einer gesellschaftsrechtlichen Ausschüttungsbemessung, die lediglich die Steuerzahlungen berücksichtigt, kommt es unter dieser Konstellation zu einer Zunahme des relativen Abstandes. Ausgelöst wird dieses Ergebnis dadurch, daß im Selbstfinanzierungsfall eine Änderung des

Barwertes der steuerrechtlichen Periodisierungsbeträge nur die Höhe der Körperschaftsteuer beeinflußt. Im Beteiligungsfinanzierungsfall wirkt diese Änderung unter dem Maßgeblichkeitsprinzip auch auf die Ausschüttungsbesteuerung, während im Rahmen der Zahlungsrechnung der körperschaftsteuerliche Effekt teilweise durch die Ausschüttungsbesteuerung kompensiert wird.

4.3.3.3 Fremdfinanzierung

Die Ableitung der Mindestrendite der Fremdfinanzierung soll wiederum auf dem auf die Anteilseigner bezogenen Kalkül beruhen, das bereits zur Bestimmung der Rendite ohne Bemessungsgrundlageneinfluß verwendet wurde. Die Mindestrendite ist danach durch die Rendite bestimmt, die dazu führt, daß der Barwert der von den Eigenkapitalgebern zu tragenden Zahlungsstromveränderungen, die aus der fremdfinanzierten Investition resultieren, null beträgt. Während im Beteiligungsfinanzierungsfall die Periodisierungsregeln den Umfang der Kapitalrückzahlungen an die Eigenkapitalgeber bestimmen, entscheiden sie nunmehr über den Verlauf der Tilgungen. Der Verlauf des Fremdkapitalbestandes bestimmt wiederum das Ausmaß der zu entrichtenden Fremdkapitalzinsen. In Abhängigkeit von der Ausschüttungsbemessung können daher folgende (Veränderungen der) Nettozahlungen an die Anteilseigner bestimmt werden:

(4.55)
$$\begin{aligned} &\text{Maßgeblichkeitsprinzip:} & nz_t &= \Theta\cdot\left(\left(z_t-a_t\right)\cdot\left(1-s_{kt}\right)-j_t\cdot\left(1-\beta\cdot s_{kt}\right)\right)\\ &\text{Latente Steuern:} & nz_t &= \Theta\cdot\left(\left(z_t-h_t\right)\cdot\left(1-s_{kt}\right)-j_t\cdot\left(1-\beta\cdot s_{kt}\right)\right)\\ &\text{Zahlungsrechnung:} & nz_t &= \Theta\cdot\left(z_t-s_{kt}\cdot\left(z_t-a_t\right)-h_t-j_t\cdot\left(1-\beta\cdot s_{kt}\right)\right) \end{aligned}$$

Die Nettozahlungen ergeben sich aus dem Investitionserfolg vermindert um die Fremdkapitalzinszahlungen. Das Ausmaß, in dem die Zinszahlungen im Zuge der steuerrechtlichen Gewinnermittlung geltend gemacht werden dürfen, wird durch den Faktor β bestimmt. Ein uneingeschränkter Zinsabzug im Rahmen der Ermittlung der körperschaftsteuerlichen Bemessungsgrundlage liegt vor, wenn β eins beträgt. Für $\beta=0$ unterliegen von der Gesellschaft geleistete Zinszahlungen einem vollständigen Abzugsverbot. In einem solchen Fall ist die Zinszahlung aus dem Investitionserfolg nach Abzug der Körperschaftsteuer zu leisten. Die Höhe der Zinszahlung j_t ergibt sich annahmegemäß aus der Verzinsung des jeweils zu Periodenbeginn noch nicht getilgten Kreditbetrages. Mit einem Tilgungsbetrag von k_t kann damit folgender Barwert der Zinszahlungen für das Fremdkapital ermittelt werden:

(4.56)
$$\begin{aligned} BWJ &= i_{FK}\cdot\sum_{t=1}^{T}\frac{1-\sum_{u=1}^{t-1}k_u}{\left(1+i_s\right)^t}\\ &= \frac{i_{FK}}{i_s}\cdot\left(1-\sum_{t=1}^{T}\frac{k_t}{\left(1+i_s\right)^t}\right) \end{aligned}$$

Unter Beachtung der nach der Ausschüttungsbemessung variierenden Periodisierungsbeträge ergeben sich aus der Indifferenzbedingung die Mindestrenditen:[1]

$$0 = \sum_{t=1}^{T} \frac{nz_t}{(1+i_s)^t}$$

Maßgeblichkeitsprinzip:

$$\Leftrightarrow \quad p = \frac{i_{FK}}{F} \cdot \left(1 - \left(1 - F \cdot \frac{i_s}{i_{FK}}\right) \cdot \frac{BWA - BWD}{1 - BWD}\right)$$

Latente Steuern:

$$(4.57) \quad \Leftrightarrow \quad p = \frac{i_{FK}}{F} \cdot \left(1 - \left(1 - F \cdot \frac{i_s}{i_{FK}}\right) \cdot \frac{BWH - BWD}{1 - BWD} - s_{kt} \cdot \frac{BWA - BWH}{1 - BWD}\right)$$

Zahlungsrechnung:

$$\Leftrightarrow \quad p = \frac{i_{FK}}{F} \cdot \left(1 - \left(1 - F \cdot \frac{i_s}{i_{FK}}\right) \cdot \frac{BWH - BWD}{1 - BWD} - \frac{F \cdot s_{kt} \cdot i_s}{(1 - s_{kt}) \cdot i_{FK}} \cdot \frac{BWA - BWH}{1 - BWD}\right)$$

$$F = \frac{1 - s_{kt}}{1 - \beta \cdot s_{kt}}$$

Gleichung (4.57) zeigt, daß sich die für das Beteiligungsfinanzierungskalkül ermittelte Rangfolge der Mindestrenditen auch für die Fremdfinanzierung ergibt, wenn der Barwert der steuerrechtlichen Periodisierungsbeträge *BWA* den der auf dem Gesellschaftsrecht beruhenden Periodisierungsbeträge *BWH* überschreitet. Als zusätzliche Bedingung muß allerdings gelten, daß $i_{FK} \cdot (1 - \beta \cdot s_{kt})$ größer ist als der Nettozinssatz i_s. Diese Bedingung soll zunächst für den Fall untersucht werden, daß für die Zinszahlungen der Unternehmung keine Abzugsbegrenzungen bei der Bemessungsgrundlagenermittlung bestehen. Wird zusätzlich für die Zinssätze unterstellt, daß i_{FK} dem Marktzins i gleicht und der Diskontierungszinssatz i_s dem um den Steuersatz auf Zinsen s_z gekürzten Marktzins i entspricht, so vereinfacht sich diese Bedingung zu der Forderung, daß der Steuersatz auf Zinsen s_z den Körperschaftsteuersatz s_{kt} überschreiten muß, damit sich die gleiche Rangfolge der Mindestrenditen wie im Beteiligungsfinanzierungskalkül ergibt. Die Höhe des Bemessungsgrundlageneffektes, der durch den zweiten Faktor der Mindestrenditenformel beschrieben wird, ist unter dieser Konstellation für das Maßgeblichkeitsprinzip ausschließlich durch den Steuersatz auf Zinsen s_z determiniert. Bei einer separaten Rechnungslegung für Ausschüttungsbemessungszwecke beeinflussen sowohl der Steuersatz auf Zinsen s_z als auch der Körperschaftsteuersatz s_{kt} den Be-

[1] Für k_t gilt im einzelnen: $k_t = a_t$ (Maßgeblichkeit), $k_t = h_t + s_{kt} \cdot (a_t - h_t)$ (latente Steuern) und $k_t = h_t$ (Zahlungsrechnung).

messungsgrundlageneffekt. Gleicht der Steuersatz auf Zinsen s_z dem Körperschaftsteuersatz s_{kt}, so ist die Mindestrendite unabhängig von der Ausschüttungsbemessung.

Ist der Abzug von Zinszahlungen bei der Ermittlung der steuerlichen Bemessungsgrundlage der Unternehmung nicht möglich $(\beta=0)$, so erhöht sich die Mindestrendite um die Körperschaftsteuer. Im Rahmen des Maßgeblichkeitsprinzips kommt es zu einer teilweisen Kompensation dieser Erhöhung, da nun sowohl der Steuersatz auf Zinsen s_z als auch der Körperschaftsteuersatz s_{kt} auf das Verhältnis aus den Barwerten der entscheidungsneutralen und der steuerrechtlichen Bemessungsgrundlage wirkt. Gleicht der Barwert der Periodisierungsbeträge für die Ausschüttungsbemessung *BWH* dem Barwert der Kapitalrückzahlungsanteile *BWD*, so ändert sich der Umfang des Bemessungsgrundlageneffektes durch ein Zinsabzugsverbot nicht, wenn eine Ausschüttungsbemessung mit Bildung latenter Steuern praktiziert wird. Wird zur Ausschüttungsbemessung lediglich die Steuerzahlung berücksichtigt, verursacht das Zinsabzugsverbot eine Verringerung des Bemessungsgrundlageneffektes, wenn $BWD = BWH$ gilt.

Wird für β das in Gleichung (3.50) auf S. 79 bestimmte Verhältnis aus effektivem Anrechnungssatz s_a und dem Körperschaftsteuertarif s_{kt} in Gleichung (4.57) berücksichtigt, so kommt es zu einer Identität der Mindestrenditen des Beteiligungs- und des Fremdfinanzierungskalküls, wenn Zinseinnahmen und Ausschüttungen dem gleichen Steuersatz unterliegen und kein Unterschied zwischen dem Zinssatz i_{FK} und dem Zinssatz, der in den Diskontierungsfaktor i_s der Eigenkapitalgeber eingeht, besteht.

Eine Erhöhung des Zinssatzes für Fremdkapital i_{FK} bewirkt die größte Zunahme der Mindestrendite im Rahmen einer Ausschüttungsbemessung, die lediglich die Steuerzahlungen berücksichtigt, wenn der Barwert der steuerlichen Periodisierungsbeträge größer ist als der Barwert der Periodisierungsbeträge, die in der auf dem Gesellschaftsrecht beruhenden Erfolgsermittlung verrechnet werden. Bei einem Maßgeblichkeitsprinzip fällt die Zunahme unter diesen Bedingungen am geringsten aus:

$$\text{Maßgeblichkeit:} \quad \frac{\partial p}{\partial i_{FK}} = \frac{1-\beta\cdot s_{kt}}{1-s_{kt}}\cdot\frac{1-BWA}{1-BWD}$$

$$(4.58) \quad \text{Latente Steuern:} \quad \frac{\partial p}{\partial i_{FK}} = \frac{1-\beta\cdot s_{kt}}{1-s_{kt}}\cdot\frac{1-BWH-s_{kt}\cdot(BWA-BWH)}{1-BWD}$$

$$\text{Zahlungsrechnung:} \quad \frac{\partial p}{\partial i_{FK}} = \frac{1-\beta\cdot s_{kt}}{1-s_{kt}}\cdot\frac{1-BWH}{1-BWD}$$

Der Vergleich der hier für das Fremdfinanzierungskalkül bestimmten Mindestrendite mit der, die aus dem Modell gewonnen werden kann, das der von *King* und *Fullerton* herausgegebenen Studie zugrunde liegt, zeigt wiederum, daß sich die Ansätze in ihren Aussagen über den Umfang des Bemessungsgrundlageneffektes unterscheiden.[1)]

[1)] Vgl. Abbildung 4.2 auf S. 112 und Gleichung (4.57) in Verbindung mit Fußnote 1 auf S. 135.

4.3.3.4 Die Bedeutung der Wiederanlageprämisse

4.3.3.4.1 Entscheidungsneutrale Wiederanlage

Für die Bestimmung der Mindestrenditen wurde bisher unterstellt, daß die Periodisierungsbeträge, die in der Rechnungslegung zur Ausschüttungsbemessung verrechnet wurden, an die Eigenkapitalgeber ausgezahlt werden können bzw. für eine Tilgung zur Verfügung stehen. Für die Selbst- und die Fremdfinanzierung mag diese Annahme in gewissen Grenzen haltbar sein. Bezogen auf die Beteiligungsfinanzierung steht sie jedoch in einem Gegensatz zu der Zielsetzung, die mit der Rechnungslegung zur Ausschüttungsbemessung verfolgt wird. In der auf dem Gesellschaftsrecht beruhenden Rechnungslegung sollen durch die Periodisierungsbeträge die Bestandteile der durch die Unternehmensinvestitionen erzielten Zahlungsüberschüsse, die nicht Investitionserfolg darstellen, als haftendes Eigenkapital in der Vermögenssphäre der Unternehmung verbleiben. Dies gilt zumindest, solange die Unternehmung lediglich über die gesetzlich geforderte Mindestkapitalausstattung verfügt. Zum anderen – und dies stellt die schärfere Restriktion dar – ist es möglich, daß das Steuerrecht Kapitalrückzahlungen als solche nicht anerkennt, solange die Unternehmung noch über Gewinnrücklagen verfügt. Eine solche Regel ist z.B. in den USA für Ausschüttungen zu beachten, die durch Unternehmen geleistet werden, die der corporate income tax unterliegen.[1] Die Ermittlung des Umfanges der Gewinnrücklage erfolgt in diesem Fall auf der Basis der im Steuerrecht ermittelten Erfolge. Auch im deutschen Recht bestehen steuerrechtliche Restriktionen, die den Umfang möglicher Kapitalrückzahlungen beeinflussen. Im körperschaftsteuerlichen Anrechnungsverfahren, das in der Bundesrepublik Deutschland im Zeitraum von 1977 bis 2000 praktiziert wurde, war es nur möglich, das gesellschaftsrechtlich als Nennkapital deklarierte Eigenkapital ohne steuerrechtliche Restriktionen an die Anteilseigner auszuzahlen. Die darüber hinaus gehende Eigenkapitalausstattung, die in der gesellschaftsrechtlichen Rechnungslegung als Kapitalrücklage ausgewiesen wird, war nur verfügbar, wenn die Gesellschaft über keine weiteren Gewinnrücklagen verfügte[2] oder wenn die Kapitalrücklage zuvor in Nennkapital umgewandelt wurde.[3] Eine Rückzahlung von Nennkapital bindet das deutsche Aktienrecht wiederum an eine qualifizierte Zustimmung durch die Anteilseigner und an ein Sonderkündigungsrecht von Gesellschaftsgläubigern.[4]

Im Hinblick auf die Modellierung werfen diese Rahmenbedingungen die Frage auf, wie sich die Ergebnisse für die Mindestrenditen verändern, wenn unterstellt wird, daß die Periodisierungsbeträge auf Unternehmensebene reinvestiert werden müssen. Um diese Frage beantworten zu können, soll das bisherige Kalkül entsprechend angepaßt

[1] Vgl. Moussallem, S. (2001), S. 173-176.

[2] Vgl. § 28 (3) KStG in Verbindung mit § 20 (1) Nr. 1 S. 4 EStG.

[3] Vgl. § 150 (4) Nr. 3 AktG in Verbindung mit § 41 (3) KStG.

[4] Vgl. §§ 222 bis 228 AktG.

werden, wobei durch eine Änderung der Modellannahmen eine gemeinsame Bearbeitung des Beteiligungsfinanzierungs- und des Selbstfinanzierungsfalles möglich wird.

Die Veränderung der Annahmen besteht darin, daß in diesem Abschnitt für die Bestimmung des Faktors Θ danach unterschieden werden soll, ob ein Zahlungsüberschuß die Ausschüttung eines laufenden Erfolges darstellt oder ob es sich um die Rückzahlung von Investitionskapital handelt. Dementsprechend erfolgt die Bewertung von laufenden Ausschüttungen mit Θ_D, während die Kapitalrückzahlungen mit Θ_K bewertet werden sollen. Θ_D beschreibt in diesem Fall die effektive Besteuerung laufender Ausschüttungen, während Θ_K ein Maß für den Kapitaleinsatz der Kapitalgeber ist. Dieser Kapitaleinsatz kann in einer hingegebenen Einheit Beteiligungskapital oder in einem Ausschüttungsverzicht bestehen. Der erste Fall, der das Beteiligungsfinanzierungskalkül beschreibt, führt zu einem Θ_K von eins, während der zweite, das Selbstfinanzierungskalkül abbildende Fall, zu einem Wert von Θ_K führt, der die potentielle Nettoausschüttung aus einer Gewinnrücklage von einer Geldeinheit angibt. Unterliegen Ausschüttungen einer einheitlichen Besteuerung, so entsprechen Θ_K und Θ_D einander. Eine solche einheitliche Besteuerung ist allerdings nicht zwingend, wie die Differenzierung zwischen der Ausschüttung in- und ausländischer Gewinne zeigt, die im Rahmen des körperschaftsteuerlichen Anrechnungsverfahrens in Deutschland praktiziert wurde.[1]

Mit dieser Änderung der Modellannahmen kann nun die Bedeutung der Wiederanlage für die Mindestrendite des Beteiligungs- und des Selbstfinanzierungskalküls untersucht werden. Hierzu soll unterstellt werden, daß die Periodisierungsbeträge, die nicht zur Auszahlung gelangen, durch die Gesellschaft zu einer Rendite von p_w reinvestiert werden.[2] Für die daraus resultierenden Zahlungsströme wird eine Kapitalrückzahlung erst am Investitionshorizont angenommen. Die Zahlungsüberschüsse, die zur Ermittlung der Mindestrendite zu diskontieren sind, lauten unter diesen Bedingungen:

(4.59)

$$\text{Maßgeblichkeit:} \quad nz_t = \left(z_t - a_t + p_w \cdot \sum_{u=1}^{t-1} a_u\right) \cdot (1 - s_k) \cdot \Theta_D$$

$$\text{Latente Steuern:} \quad nz_t = \left(z_t - h_t + p_w \cdot \sum_{u=1}^{t-1} \left(h_u + s_{kt} \cdot (a_u - h_u)\right)\right) \cdot (1 - s_k) \cdot \Theta_D$$

$$\text{Zahlungsrechnung:} \quad nz_t = \left(\left(z_t + p_w \cdot \sum_{u=1}^{t-1} h_u\right) \cdot (1 - s_{kt}) + s_{kt} \cdot a_t - h_t\right) \cdot \Theta_D$$

Werden die Annahmen zur Zusammenfassung des Beteiligungs- und des Selbstfinanzierungskalküls berücksichtigt, so ergibt sich die folgende Indifferenzbedingung:

1) Vgl. § 36 (2) Nr. 3 EStG.

2) Mit diesem Vorgehen wird unterstellt, daß die Reinvestitionsrendite unabhängig von der Art der zu reinvestierenden Periodisierungsbeträge ist. In der Literatur findet sich demgegenüber auch das Vorgehen, die Reinvestitionsrendite in Abhängigkeit von der Art des Periodisierungsbetrages zu bestimmen. Vgl. für die Mindestrendite von Rückstellungen z.B. Schwetzler, B. (1998).

$$\Theta_K = \sum_{t=1}^{T} \frac{nz_t}{(1+i_s)^t} + \Theta_K \cdot BWT \qquad (4.60)$$

$$BWT = \frac{1}{(1+i_s)^T}$$

Der Barwert der Zahlungen, die aus der Unternehmensinvestition erzielt werden, setzt sich aus dem Barwert der laufenden Ausschüttungen und dem Barwert der Rückzahlung der Kapitaleinheit zusammen, die im Investitionszeitpunkt in die Gesellschaft eingezahlt wurde bzw. aufgrund der Thesaurierung in ihr verblieben ist. Der Investitionshorizont T muß in dem Kalkül so gewählt sein, daß jenseits von T aus der primären Investition keine Zahlungen mehr fließen (z_t=0 für alle $t>T$). Werden die Nettozahlungsüberschüsse in Gleichung (4.60) eingesetzt, so gilt für die Indifferenzbedingungen:

Maßgeblichkeit:

$$1 = \left(\frac{p}{i_s} \cdot \frac{1-BWD}{1-BWT} + \frac{BWD-BWA}{1-BWT} + \frac{p_w}{i_s} \cdot \frac{BWA-BWT}{1-BWT}\right) \cdot (1-s_{kt}) \cdot \frac{\Theta_D}{\Theta_K}$$

Latente Steuern:

$$1 = \left(\frac{p}{i_s} \cdot \frac{1-BWD}{1-BWT} + \frac{BWD-BWH}{1-BWT} + \frac{p_w}{i_s} \cdot \frac{BWH+s_{kt} \cdot (BWA-BWH)-BWT}{1-BWT}\right) \cdot (1-s_{kt}) \cdot \frac{\Theta_D}{\Theta_K} \qquad (4.61)$$

Zahlungsrechnung:

$$1 = \left(\left(\frac{p}{i_s} \cdot \frac{1-BWD}{1-BWT} + \frac{BWD}{1-BWT} + \frac{p_w}{i_s} \cdot \frac{BWH-BWT}{1-BWT}\right) \cdot (1-s_{kt}) - \frac{BWH-s_{kt} \cdot BWA}{1-BWT}\right) \cdot \frac{\Theta_D}{\Theta_K}$$

Aus diesen Indifferenzbedingungen ergeben sich folgende Mindestrenditen:

Maßgeblichkeit:

$$p = \frac{i_s}{F} \cdot \left(1-(1-F) \cdot \frac{BWA-BWD}{1-BWD}\right) + \left(\frac{i_s}{F} - p_w\right) \cdot \frac{BWA-BWT}{1-BWD}$$

(4.62) Latente Steuern:

$$p = \frac{i_s}{F} \cdot \left(1-(1-F) \cdot \frac{BWH-BWD}{1-BWD} - s_{kt} \cdot \frac{BWA-BWH}{1-BWD}\right) + \left(\frac{i_s}{F} - p_w\right) \cdot \left(\frac{BWH-BWT}{1-BWD} + s_{kt} \cdot \frac{BWA-BWH}{1-BWD}\right)$$

[Fortsetzung auf S. 147]

Zahlungsrechnung:

$$p = \frac{i_s}{F}\cdot\left(1-(1-F)\cdot\frac{BWH-BWD}{1-BWD}-s_{kt}\cdot\frac{\Theta_D}{\Theta_K}\cdot\frac{BWA-BWH}{1-BWD}\right)$$
$$+\left(\frac{i_s}{F}-p_w\right)\cdot\frac{BWH-BWT}{1-BWD}$$

$$F = (1-s_{kt})\cdot\frac{\Theta_D}{\Theta_K}$$

Wie Gleichung (4.62) zeigt, resultieren aus den Indifferenzbedingungen Mindestrenditen, die jeweils in ihrem ersten Summanden den Mindestrenditen entsprechen, die ohne Beachtung der Wiederanlage zurückgewonnener Periodisierungsbeträge bestimmt wurden. Der zweite Summand zeigt den Einfluß der Wiederanlage. Bei allen drei Formen der Ausschüttungsbemessung wird dieser Summand null, wenn p_w der Mindestrendite in Höhe von $i_s \cdot \Theta_K/((1-s_{kt})\cdot\Theta_D)$ entspricht, die sich im Kalkül ohne Einbezug der Bemessungsgrundlage ergibt.[1] Die Mindestrenditen entsprechen demzufolge den bereits bekannten Mindestrenditen der Beteiligungs- und der Selbstfinanzierung.

Ein analoges Ergebnis kann auch für die Fremdfinanzierung bestimmt werden. Hierzu ist der Zahlungsüberschuß, der an die Eigenkapitalgeber fließt, um die Zinsen auf den Kreditbetrag zu kürzen. Da nun über die gesamte Laufzeit keine Tilgung erfolgt, ist der Barwert der Fremdkapitalzinsen wie folgt bestimmt:

(4.63) $$BWJ = \frac{i_{FK}}{i_s}\cdot(1-BWT)$$

Mit Hilfe der Indifferenzbedingung für die Fremdfinanzierung wird die Mindestrendite der Fremdfinanzierung ermittelt:

Maßgeblichkeit:

(4.64) $$p = \frac{i_{FK}}{F}\cdot\left(1-\left(1-F\cdot\frac{i_s}{i_{FK}}\right)\cdot\frac{BWA-BWD}{1-BWD}\right)+\left(\frac{i_{FK}}{F}-p_w\right)\cdot\frac{BWA-BWT}{1-BWD}$$

[Fortsetzung auf S. 148]

[1] Für das zusammengefaßte Kalkül der Beteiligungs- und Selbstfinanzierung ohne Berücksichtigung der Bemessungsgrundlage ergibt sich folgende Indifferenzbedingung und Mindestrendite:

$$\Theta_K = \sum_{t=1}^{T}\frac{p\cdot(1-s_{kt})\cdot\Theta_D}{(1+i_s)^t}+\frac{\Theta_K}{(1+i_s)^T}$$

$$\Leftrightarrow \quad p = i_s\cdot\frac{\Theta_K}{(1-s_{kt})\cdot\Theta_D}$$

Latente Steuern:

$$p = \frac{i_{FK}}{F}\cdot\left(1-\left(1-F\cdot\frac{i_s}{i_{FK}}\right)\cdot\frac{BWH-BWD}{1-BWD}-s_{kt}\cdot\frac{BWA-BWH}{1-BWD}\right)$$
$$+\left(\frac{i_{FK}}{F}-p_w\right)\cdot\left(\frac{BWH-BWT}{1-BWD}+s_{kt}\cdot\frac{BWA-BWH}{1-BWD}\right)$$

Zahlungsrechnung:

$$p = \frac{i_{FK}}{F}\cdot\left(1-\left(1-F\cdot\frac{i_s}{i_{FK}}\right)\cdot\frac{BWH-BWD}{1-BWD}-\frac{F\cdot s_{kt}\cdot i_s}{\left(1-s_{kt}\right)\cdot i_{FK}}\cdot\frac{BWA-BWH}{1-BWD}\right)$$
$$+\left(\frac{i_{FK}}{F}-p_w\right)\cdot\frac{BWH-BWT}{1-BWD}$$

$$F = \frac{1-s_{kt}}{1-\beta\cdot s_{kt}}$$

Gleichung (4.64) zeigt, daß sich unter Beachtung der Wiederanlage zurückgewonnener Periodisierungsbeträge auf Unternehmensebene auch für die Fremdfinanzierung die gleiche strukturelle Zusammensetzung der Mindestrendite wie für die Beteiligungs- und die Selbstfinanzierung ermitteln läßt. Die Reinvestition ist hier ohne Einfluß, wenn die daraus erzielte Rendite p_w dem Zinssatz für das Fremdkapital i_{FK} unter Berücksichtigung der darauf auf Unternehmensebene zu entrichtenden Steuern entspricht.

In Bezug auf die Modellierung, die auf die Berücksichtigung von Restriktionen bei der Auszahlung von Periodisierungsbeträgen verzichtet, kann demzufolge festgehalten werden, daß ein solches Vorgehen die Möglichkeit einer Reinvestition dieser Beträge zu den Mindestrenditen voraussetzt, die für eine entscheidungsneutrale Erfolgsermittlung bestimmt wurden, wenn derartige Restriktionen bestehen. Einzuschränken ist diese Aussage allerdings dahingehend, daß dieses Ergebnis insoweit durch die Modellierung bedingt ist, als daß für die Wiederanlage laufende Erträge in Höhe der Verzinsung der bereits zurückgewonnenen Periodisierungsbeträge unterstellt werden, und somit keine oder eine dem Verlauf der Kapitalrückzahlungsanteile entsprechende Periodisierung für die reinvestierten Mittel berücksichtigt wird. Bevor eine Änderung dieser Annahme in dem Kalkül berücksichtigt wird, soll der durch Gleichung (4.62) beschriebene Zusammenhang zwischen der Mindestrendite p und der Wiederanlagerendite p_w graphisch veranschaulicht werden. Die folgende Abbildung zeigt den Verlauf der Mindestrendite p für die einzelnen Formen der Ausschüttungsbemessung in Abhängigkeit von der Wiederanlagerendite p_w für einen Investitionshorizont T von 20 Perioden:

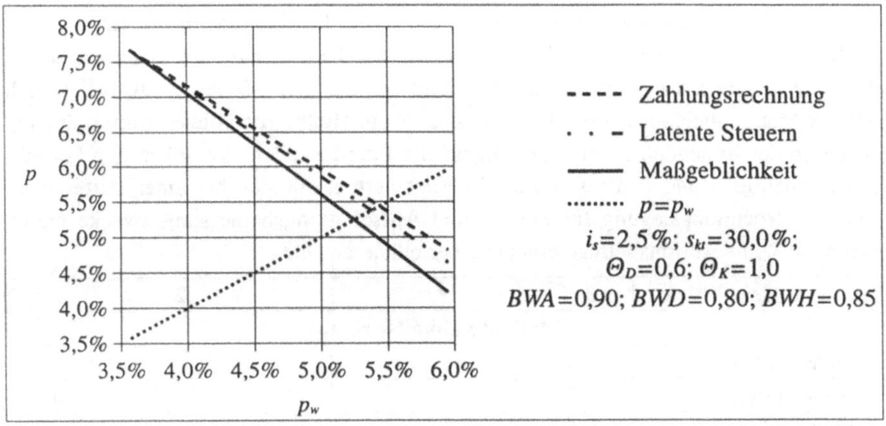

Abbildung 4.10: Zusammenhang zwischen Mindestrendite und Wiederanlagerendite

Für die Darstellung des Mindestrenditenverlaufes in der Abbildung 4.10 wurde das Intervall zwischen den Mindestrenditen der Selbst- und der Beteiligungsfinanzierung jeweils ohne Berücksichtigung der Bemessungsgrundlage gewählt. Die Abbildung zeigt, daß eine Zunahme der Wiederanlagerendite p_w die stärkste Veränderung der Mindestrendite p bewirkt, wenn ein Maßgeblichkeitsprinzip praktiziert wird. Zurückzuführen ist dies auf den Wiederanlagebetrag auf Unternehmensebene, der unter dem Maßgeblichkeitsprinzip am größten ausfällt.[1)]

Die Mindestrendite p, die sich bei einer Wiederanlage der zurückgeflossenen Periodisierungsbeträge zu einer Rendite p_w von $i_s/(1-s_{kl})$ ergibt, ist insbesondere vom Investitionshorizont T abhängig. Dies beruht darauf, daß mit zunehmendem Investitionshorizont T der relative Anteil der Erfolge aus der Primärinvestition am Gesamterfolg abnimmt. Reichen die Erfolge aus der Wiederanlage nicht aus, um das geforderte Entgelt für die Kapitalüberlassung zu erzielen, so muß die Rendite p der Primärinvestition überproportional zunehmen.

4.3.3.4.2 Wiederanlage mit zeitlich begrenzten Zahlungsströmen

Zum Abschluß der Analyse der Wiederanlageprämisse soll nun untersucht werden, wie sich die Mindestrendite verändert, wenn auch die Reinvestition der Periodisierungsbe-

---

1) Diese Eigenschaft ist Auslöser für die am Maßgeblichkeitsprinzip geübte Kritik, daß es den Anteilseignern den Zugriff auf ihnen zustehende finanzielle Mittel erschwert. Vgl. Wagner, F. W. (1990), S. 9-11. Werden die Alternativen zur Ausschüttungsbemessung einbezogen, ergibt sich allerdings eine Austauschbeziehung: Während das Maßgeblichkeitsprinzip zusätzlichen Innenfinanzierungsspielraum schafft, der aus der Perspektive des hier nicht beachteten Principal-Agent-Verhältnisses von Anteilseignern und Unternehmensleitung möglicherweise nicht wünschenswert ist, führen die alternativen Ausschüttungsbemessungen zu einer Reduktion des Steuervorteils. Ein Ausweg könnte eine Verringerung der Anforderungen sein, die für eine Kapitalherabsetzung zu erfüllen sind. Allerdings würde dies wiederum gegen den Gläubigerschutzgedanken verstoßen.

träge einen Zahlungsstrom auslöst, der sich aus einem Erfolgs- und einem Kapitalrückzahlungsanteil zusammensetzt, der vom Verlauf der Periodisierungen abweicht, die in der steuerlichen Erfolgsermittlung verrechnet werden. Die Modellierung soll jedoch auf das Maßgeblichkeitsprinzip beschränkt bleiben. Hintergrund dieser Einschränkung ist die in der folgenden Abbildung dargestellte Interdependenz zwischen den Periodisierungsbeträgen und den resultierenden Buchwerten, die sich bei einer Differenzierung der Rechnungslegung für Steuer- und Ausschüttungsbemessungszwecke ergibt, wenn die Reinvestitionsbeträge erneut zu periodisieren sind.

Zeit	0	1	2	...
Maßgeblichkeitsprinzip				
Buchwert SB	1	1	1	...
Periodisierung SB	0	a_1	a_2	...
Wiederanlage	0	a_1	a_2	...
Latente Steuern				
Buchwert SB	1	1	$1-(1-s_{kt})\cdot(a_1-h_1)$	...
Buchwert HB	1	1	$1+s_{kt}\cdot(a_1-h_1)$	...
Periodisierung SB	0	a_1	$a_2\cdot(1-(1-s_{kt})\cdot(a_1-h_1))$	...
Periodisierung HB	0	h_1	$h_2\cdot(1+s_{kt}\cdot(a_1-h_1))$	...
Wiederanlage	0	$h_1+s_{kt}\cdot(a_1-h_1)$	$h_2+s_{kt}\cdot(a_2-h_2)$ $\cdot(1-(1-s_{kt})\cdot(a_1-h_1))$	...
Zahlungsrechnung				
Buchwert SB	1	1	$1-a_1+h_1$	...
Buchwert HB	1	1	1	...
Periodisierung SB	0	a_1	$a_2\cdot(1-a_1+h_1)$	...
Periodisierung HB	0	h_1	h_2	...
Wiederanlage	0	h_1	h_2	...
HB: Handelsbilanz; SB: Steuerbilanz				

Abbildung 4.11: Ausschüttungsbemessung und Entwicklung der Buchwerte

Der Abbildung 4.11 kann für das Maßgeblichkeitsprinzip entnommen werden, daß es unabhängig vom Periodisierungsbetrag a_t zu einer Basis für die Periodisierung der Folgeperiode in Höhe von einer Geldeinheit kommt. Demgegenüber kommt es zu einer laufenden Erhöhung der Abschreibungsbasis in der Handelsbilanz und einer kontinuierlichen Verringerung in der Steuerbilanz, wenn im Rahmen einer Ausschüttungsbemessung mit Bildung latenter Steuern die steuerlichen Periodisierungsbeträge die der Rechnungslegung für die Ausschüttungsbemessung überschreiten. Bei der Zahlungsrechnung verändert sich nur die Basis für die Periodisierung in der Steuerbilanz.

Für die Modellierung wird nun angenommen, daß die Reinvestition der Periodisierungsbeträge jeweils einen Zahlungsstrom auslöst, der bezogen auf die Investitionsauszahlung über den gleichen Barwert verfügt, wie der Zahlungsstrom der Primärinvestition. Zusätzlich wird in dem Kalkül ein unendlicher Investitionshorizont T unterstellt, so daß von der Auszahlung der investierten Geldeinheit kein Einfluß auf die Mindestrendite mehr ausgeübt wird. Die Indifferenzbedingung lautet unter diesen Annahmen:

$$(4.65)\quad \begin{aligned} \Theta_K &= \left(\frac{p}{i_s}\cdot F + BWD + BWA\cdot\left(\frac{p}{i_s}\cdot F + BWD\right) - BWA\right)\cdot\left(1-s_{kt}\right)\cdot\Theta_D \\ F &= 1 - BWD \end{aligned}$$

Der Barwert der Zahlungen an die Kapitalgeber setzt sich aus dem Barwert der Zahlungsüberschüsse aus der Primärinvestition und dem der Zahlungsüberschüsse aus den Folgeinvestitionen zusammen. Der Barwert der Folgeinvestitionen ergibt sich aus dem Produkt des Barwertes der steuerlichen Periodisierungsbeträge und dem Barwert der Zahlungsüberschüsse der Primärinvestition, da annahmegemäß jeder Periodisierungsbetrag a_t einen Zahlungsstrom auslöst, der bezogen auf eine Investitionsauszahlung von einer Geldeinheit über den gleichen Barwert verfügt wie der Zahlungsstrom der Primärinvestition. Diese Barwerte werden um den Barwert der auf dem Steuerrecht basierenden Periodisierungsbeträge verringert. Das Ergebnis stellt die Bruttoerfolge dar, die jeweils um die Unternehmens- und die Anteilseignerbesteuerung zu kürzen sind.

Für die Interpretation ist zu beachten, daß nunmehr nur der Barwert der Kapitalrückzahlungsanteile *BWD* kleiner als eins ist, da hier weiterhin die Bedingung gilt, daß die Summe dieser Beträge eins beträgt. Für den Barwert der steuerlichen Periodisierungsbeträge *BWA* gilt dies nicht mehr. Vor dem Hintergrund der Überlegungen zum Verlauf der Zahlungsströme ist noch darauf hinzuweisen, daß die Reinvestition nicht unbedingt identische Zahlungsströme auslösen muß, sondern lediglich Zahlungsströme, die über einen identischen Barwert der Kapitalrückzahlungsanteile *BWD* verfügen.

Aus der Indifferenzbedingung (4.65) ergibt sich die folgende Mindestrendite:

$$(4.66)\quad p = \frac{i_s\cdot\Theta_K}{\left(1-s_{kt}\right)\cdot\Theta_D}\cdot\left(1-\left(1-\left(1-s_{kt}\right)\cdot\frac{\Theta_D}{\Theta_K}\right)\cdot\left(1-\frac{1}{(1-BWD)\cdot(1+BWA)}\right)\right)$$

Wird die Indifferenzbedingung an das Fremdfinanzierungskalkül angepaßt, indem der Zahlungsüberschuß um den Barwert der Zinszahlungen gekürzt wird und gleichzeitig verlangt wird, daß der Barwert des resultierenden Zahlungsstromes null beträgt, kann die entsprechende Mindestrendite des Fremdfinanzierungskalküls bestimmt werden:

$$(4.67)\quad p = i_{FK}\cdot\frac{1-\beta\cdot s_{kt}}{1-s_{kt}}\cdot\left(1-\left(1-\frac{1-s_{kt}}{1-\beta\cdot s_{kt}}\right)\cdot\left(1-\frac{1}{(1-BWD)\cdot(1+BWA)}\right)\right)$$

Ein Vergleich dieser Mindestrenditen mit denjenigen, die ohne Berücksichtigung der Wiederanlage für das Maßgeblichkeitsprinzip ermittelt wurden, zeigt, daß Unterschiede lediglich bei der Berechnung des Bemessungsgrundlageneffektes im engen Sinne bestehen. Während dieser $1-((1-BWA)/(1-BWD))$ ohne Einbezug der Wiederanlage betrug[1], beläuft er sich hier auf $1-1/((1-BWD)\cdot(1+BWA))$. Unter Beachtung des Unterschiedes zwischen den Barwerten der steuerlichen Periodisierungsbeträge in den beiden Kalkülen ergibt sich folgende Bedingung, die erfüllt sein muß, damit der Bemessungsgrundlageneffekt im engen Sinne in beiden Kalkülen das gleiche Ausmaß annimmt. Zur Herleitung dieser Bedingung wird der Barwert der steuerlichen Periodisierungsbeträge im Kalkül, das die Wiederanlage abbildet, mit $BWAW$ bezeichnet:

$$\begin{aligned} & 1-\frac{1-BWA}{1-BWD} && = 1-\frac{1}{(1-BWD)\cdot(1+BWAW)} \\ \Leftrightarrow\quad & BWAW && = \frac{BWA}{1-BWA} \end{aligned} \tag{4.68}$$

Wird ein degressiver Verlauf der steuerlichen Periodisierungsbeträge im Kalkül ohne Berücksichtigung der Wiederanlage unterstellt, so kann eine Identität der Mindestrenditen beider Kalküle ermittelt werden, wenn der Barwert der Periodisierungsbeträge im Kalkül, das die Wiederanlage einbezieht, a/i_s beträgt. Die Mindestrenditen sind daher nur dann identisch, wenn im Kalkül, das die Wiederanlage beachtet, fortwährend der degressive Periodisierungssatz a verrechnet werden kann.

4.3.3.4.3 Wirkung zusätzlicher steuerlicher Periodisierungen

Dieses Ergebnis führt dazu, daß insbesondere bei der Abbildung von steuerlichen Investitionsfördermaßnahmen in Form vorgezogener Periodisierungen die Mindestrenditenformeln ohne Beachtung der Wiederanlage zu einer Überzeichnung der Mindestrenditenveränderung führen können, wenn die Wiederanlage auf Unternehmensebene vorgenommen werden muß. Die folgende Überlegung soll dies verdeutlichen: Zu diesem Zweck wird der Barwert der steuerlichen Periodisierungsbeträge für das Kalkül unter Berücksichtigung der Wiederanlage bestimmt. Für diesen Barwert wird unterstellt, daß über einen Zeitraum von TS Perioden jeweils ein Periodisierungsbetrag in Höhe von a_s verrechnet werden kann. Anschließend soll die Verrechnung eines Betrages von a möglich sein. Der Barwert der Periodisierungsbeträge lautet unter diesen Annahmen:

$$\begin{aligned} BWAW &= \frac{a_s}{i_s}\cdot\left(1-\frac{1}{(1+i_s)^{TS}}\right)+\frac{a}{i_s\cdot(1+i_s)^{TS}} \\ &= \frac{1}{i_s}\cdot\left(a_s-\frac{a_s-a}{(1+i_s)^{TS}}\right) \end{aligned} \tag{4.69}$$

Mit diesem Barwert kann ein konstanter äquivalenter Satz der steuerlichen Periodisierung ermittelt werden, der zum gleichen Barwert der Periodisierungsbeträge führt:

[1] Vgl. Gleichung (4.45) auf S. 132.

$$\begin{aligned} & \frac{a_{ä}}{i_s} = BWAW \\ (4.70) \quad \Leftrightarrow \quad & a_{ä} = a_s - \frac{a_s - a}{(1+i_s)^{TS}} \end{aligned}$$

Die folgende Abbildung zeigt den Verlauf der äquivalenten Periodisierungssätze für verschiedene Zeiträume *TS*, über die der erhöhte Periodisierungsbetrag verrechenbar ist und für verschiedene Sätze *a*, mit denen im Anschluß an *TS* zu periodisieren ist:

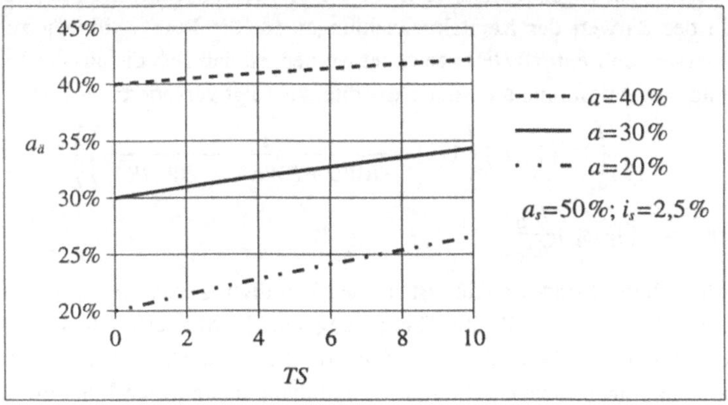

Abbildung 4.12: Wirkungen beschleunigter Periodisierungen im Wiederanlagekalkül

Die Abbildung ist wie folgt zu interpretieren: Eine erhöhte Periodisierung von a_s über *TS* Perioden mit einem Übergang auf einen Periodisierungssatz von *a* nach *TS* Perioden führt zu genau dem Barwert der Periodisierungsbeträge, der sich für einen konstanten Periodisierungssatz von $a_{ä}$ ergibt. So führt eine Verrechnung des Periodisierungssatzes a_s von 50,0% über sechs Perioden mit anschließendem Wechsel auf einen Satz *a* von 20,0% zu einem Barwert, der sich für einen konstanten Periodisierungssatz $a_{ä}$ von ca. 24,1% ergibt. Durch den unendlichen Investitionshorizont *T* hat die Steuerminderung durch die zusätzliche Periodisierung einen so geringen Anteil am Barwert der Steuerzahlungen, daß die zu Beginn entstehenden Verzögerungen in den Steuerzahlungen nur geringfügigen Einfluß auf die Mindestrendite gewinnen. In der Abbildung 4.12 ist die Veränderung der äquivalenten Degressionssätze $a_{ä}$ zwischen zwei Zeitpunkten wesentlich vom gewählten Diskontierungszinssatz i_s abhängig. Für höhere Zinssätze kommt es zu einem stärkeren Anstieg von $a_{ä}$. Für einen Diskontierungszinssatz i_s von fünf Prozent erreicht $a_{ä}$ für die angegebenen Sätze der Folgeperiodisierung *a* bei einem Zeitraum *TS* von zehn Perioden Werte von ca. 31,6%, 37,7% und 43,9%. Festzuhalten bleibt damit, daß sich die Wirkung zusätzlicher Periodisierungen bei einer Berücksichtigung einer Wiederanlage auf Unternehmensebene relativiert.

4.3.3.4.4 Änderung der Reinvestitionszahlungsströme

Damit rückt eine weitere Modellvariation ins Blickfeld. Wenn zusätzliche Periodisierungen in dem Kalkül einen geringen Einfluß ausüben, so stellt sich die Frage, welche Folgen eine Änderung des Investitionszeitraumes für die Reinvestitionen hat, wenn der Barwert der steuerrechtlichen Periodisierungen konstant bleibt. Die Veränderung des Investitionshorizontes bewirkt eine Variation des Barwertes der Kapitalrückzahlungen bei den Reinvestitionen. Wird eine einheitliche Mindestrendite für die Primär- und die Folgeinvestitionen angenommen, so ist in der Indifferenzbedingung (4.65) auf S. 151 lediglich der Barwert der Kapitalrückzahlungen für die Reinvestitionen zu ersetzen. Dieser Barwert soll mit *BWDR* bezeichnet werden, so daß sich die aus der Indifferenzbedingung (4.65) bestimmbare Mindestrendite wie folgt verändert:

$$
\begin{aligned}
p &= \frac{i_s}{F}\cdot\left(1-(1-F)\cdot\left(1-\frac{1}{(1-BWD+BWA\cdot(1-BWDR))}\right)\right) \\
F &= (1-s_{kt})\cdot\frac{\Theta_D}{\Theta_K}
\end{aligned}
\qquad (4.71)
$$

Der Verlauf dieser Mindestrendite ist für den Beteiligungsfinanzierungsfall in der folgenden Abbildung dargestellt. Zur Einordnung sind die Mindestrenditen, die sich ohne Berücksichtigung der Bemessungsgrundlage für die unterstellten Parameter ergeben, in der Abbildung eingezeichnet. Die in der Abbildung verwendeten Barwerte der steuerrechtlichen Periodisierung *BWA* ergeben sich bei konstanten Periodisierungssätzen *a* von 0,1 (4), 0,2 (8) und 0,3 (12). Ferner wird für die Bestimmung der in der Abbildung dargestellten Ergebnisse angenommen, daß der Barwert der Kapitalrückzahlungsanteile der Primärinvestition 0,8 beträgt:

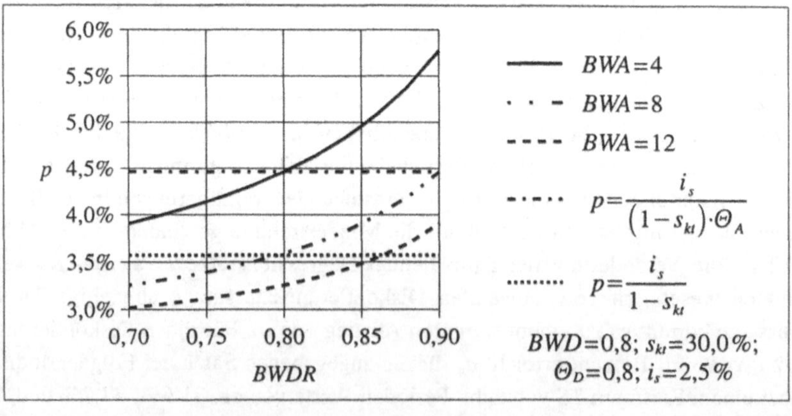

Abbildung 4.13: Mindestrendite bei unterschiedlichen Barwerten der Kapitalrückzahlungsanteile

Eine Abweichung des Barwertes der Kapitalrückzahlungsanteile der Folgeinvestitionen vom Barwert der Kapitalrückzahlungsanteile der Primärinvestitionen kann zu deutlichen Veränderungen der Mindestrenditen führen. Inwieweit dieses Ergebnis praktisch bedeutsam ist, hängt davon ab, ob es bei der Festlegung der steuerrechtlichen Periodisierung gelingt, die Veränderung des Barwertes der Kapitalrückzahlungen festzustellen. Da die Periodisierung der Investitionsauszahlung im Regelfall auf einer Schätzung der Nutzungsdauer des Investitionsobjektes beruht, mag der Eindruck entstehen, daß es sofort zu einer Anpassung der steuerrechtlichen Periodisierung kommt und somit Veränderungen der Mindestrendite verhindert werden. Falls aber Möglichkeiten zur beschleunigten Periodisierung für steuerrechtliche Zwecke bestehen, muß die Annahme eines konstanten Barwertes der steuerrechtlichen Periodisierung nicht sofort verworfen werden. Im deutschen Steuerrecht ist diese Annahme z.B. für alle beweglichen Wirtschaftsgüter des Anlagevermögens mit einer Nutzungsdauer von fünf bis zehn Jahren erfüllt, wenn für diese Wirtschaftsgüter die degressive Absetzung für Abnutzung[1] in Anspruch genommen wird.

4.3.3.5 Differenzierungen bei der Besteuerung von Gewinnrücklagen

Im Abschnitt 3.3 wurde auf die Wirkungen hingewiesen, die sich ergeben, wenn die Besteuerung von Ausschüttungen, die inländische Kapitalgeber erhalten, nach den Ausschüttungen in- und ausländischer Gesellschaften differenziert. Für die unmittelbare Beteiligung können die hier bestimmten Mindestrenditen direkt an den Auslandssachverhalt angepaßt werden, wobei die anzuwendenden Regeln zur Ausschüttungsbemessung dann durch das ausländische Recht bestimmt sind. Gleiches gilt für den Beteiligungs- und den Fremdfinanzierungsfall im Rahmen der mittelbaren Beteiligung. Die grundsätzlichen Aussagen über die Mindestrenditen ändern sich in diesem Fall nicht. Anders verhält es sich, wenn die Mindestrendite des isolierten Selbstfinanzierungskalküls betrachtet wird, die sich ergibt, wenn eine mittelbare Beteiligung an einer ausländischen Gesellschaft vorliegt, die über eine inländische Gesellschaft gehalten wird. Analysiert wird damit der Fall einer inländischen Thesaurierung von im Ausland erwirtschafteten Ausschüttungen, wobei angenommen werden soll, daß bei der inländischen Muttergesellschaft keine Steuern auf die empfangene Ausschüttung anfallen. Da die ausländischen Dividenden in diesem Kalkül lediglich die Finanzierungsquelle bilden, sind die inländischen Ausschüttungsbemessungsregeln im Modell maßgebend.

Für das Kalkül soll die Modellierung des vorangegangenen Abschnitts mit einer entscheidungsneutralen Reinvestition der Periodisierungsbeträge verwendet werden. Θ_K bezeichnete die Opportunitätskosten des Kapitalgebers im Investitionszeitpunkt. Bei einer Differenzierung der Besteuerung nach der Herkunft der Ausschüttungen betragen die Opportunitätskosten einer Ausschüttung einer ausländischen Dividende, die die

[1] Vgl. § 7 (2) EStG.

Muttergesellschaft empfangen hat, Θ_A. Wird die von der Muttergesellschaft empfangene Ausschüttung im Inland reinvestiert, so sind die daraus resultierenden Ausschüttungen um den Faktor Θ_I zu reduzieren. In dem Modell sind für die Abbildung des mittelbaren Selbstfinanzierungskalküls also lediglich die Faktoren Θ_K durch Θ_A und Θ_D durch Θ_I zu ersetzen. Die auf S. 146 für dieses Kalkül bestimmte Gleichung (4.62) lautet unter diesen Bedingungen:

Maßgeblichkeit:

$$p = \frac{i_s}{F}\cdot\left(1-(1-F)\cdot\frac{BWA-BWD}{1-BWD}\right)+\left(\frac{i_s}{F}-p_w\right)\cdot\frac{BWA-BWT}{1-BWD}$$

Latente Steuern:

$$p = \frac{i_s}{F}\cdot\left(1-(1-F)\cdot\frac{BWH-BWD}{1-BWD}-s_{kt}\cdot\frac{BWA-BWH}{1-BWD}\right)$$
$$+\left(\frac{i_s}{F}-p_w\right)\cdot\left(\frac{BWH-BWT}{1-BWD}+s_{kt}\cdot\frac{BWA-BWH}{1-BWD}\right)$$

(4.72)

Zahlungsrechnung:

$$p = \frac{i_s}{F}\cdot\left(1-(1-F)\cdot\frac{BWH-BWD}{1-BWD}-s_{kt}\cdot\frac{\Theta_I}{\Theta_A}\cdot\frac{BWA-BWH}{1-BWD}\right)$$
$$+\left(\frac{i_s}{F}-p_w\right)\cdot\frac{BWH-BWT}{1-BWD}$$

$$F = \left(1-s_{kt}\right)\cdot\frac{\Theta_I}{\Theta_A}$$

Interessant ist dieses Ergebnis insbesondere dann, wenn für das Inland eine vollständige Anrechnung der im Inland entrichteten Körperschaftsteuer unterstellt wird und im Ausland erzielte Ausschüttungen in vollem Umfang bei den Kapitalgebern besteuert werden.[1)] In diesem Fall entspricht das Verhältnis aus Θ_A und $\left((1-s_{kt})\cdot\Theta_I\right)$ eins. Erfolgt die Wiederanlage auf Unternehmensebene darüber hinaus zu einer Rendite p_w in Höhe von i_s, so ergeben sich aus Gleichung (4.72) die folgenden Mindestrenditen:

(4.73)

Maßgeblichkeit: $$p = i_s$$

Latente Steuern: $$p = i_s\cdot\left(1-s_{kt}\cdot\frac{BWA-BWH}{1-BWD}\right)$$

Zahlungsrechnung: $$p = i_s\cdot\left(1-\frac{s_{kt}}{1-s_{kt}}\cdot\frac{BWA-BWH}{1-BWD}\right)$$

1) Dies entspricht nicht ganz den Bedingungen, die für das deutsche körperschaftsteuerliche Vollanrechnungssystem galten, da hier aufgrund der Gewerbesteuer vom Ertrag ein Teil der auf Gesellschaftsebene anfallenden Steuer nicht angerechnet werden konnte.

Gleichung (4.73) zeigt, daß unter den hier getroffenen Annahmen die Mindestrendite der Selbstfinanzierung bei einer Thesaurierung ausländischer Ausschüttungen durch eine inländische Gesellschaft unabhängig von der Bemessungsgrundlage ist, wenn im Inland ein Maßgeblichkeitsprinzip praktiziert wird. Das Selbstfinanzierungskalkül bildet in diesem Fall eine Zahlungsüberschußbesteuerung der betrachteten Investition ab, die durch die Besteuerung auf Unternehmensebene nicht beeinflußt ist.[1] Die Thesaurierung wirkt unter diesen Bedingungen so, als ob die Kapitalgeber ihre Bemessungsgrundlage um die Unternehmensinvestition kürzen können, während die Ausschüttungen infolge der vollständigen Anrechnung der Körperschaftsteuer gerade dem im Investitionszeitpunkt vermiedenen Ausschüttungssteuersatz unterliegen. Für eine Ausschüttungsbemessung, die latente Steuern einbezieht bzw. für eine Zahlungsrechnung kommt es hingegen zu Mindestrenditen, die unter dem Diskontierungszinssatz i_s liegen, wenn der Barwert der steuerrechtlichen Periodisierung den Barwert der auf dem Gesellschaftsrecht beruhenden Periodisierung überschreitet. Dies resultiert aus der Modellannahme, daß auch die Ausschüttungsbestandteile, die nicht durch den in der steuerlichen Erfolgsermittlung bestimmten Erfolg abgedeckt sind, ein Anrechnungsguthaben tragen und somit noch nicht entrichtete Steuern angerechnet werden. Damit sich dieses Ergebnis einstellt, müssen folglich ausschüttungsfähige Gewinnrücklagen vorhanden sein, die ein Anrechnungsguthaben vermitteln können.

4.3.4 Bestimmung der Mindestrenditen unter Berücksichtigung einer Veräußerungsgewinnbesteuerung

Während eine Besteuerung von Veräußerungsgewinnen bei den Kapitalgebern in der Analyse ohne den Einbezug von Bemessungsgrundlageneffekten nur für das isolierte Selbstfinanzierungskalkül und das kombinierte Kalkül aus Beteiligungs- und Selbstfinanzierung von Bedeutung war, kommt es bei einer Modellierung, die den Bemessungsgrundlageneinfluß berücksichtigt, auch für das isolierte Beteiligungs- und das isolierte Fremdfinanzierungskalkül zu Einflüssen der Veräußerungsgewinnbesteuerung. Ursache hierfür sind die Variationen in den den Kapitalgebern zufließenden Zahlungsüberschüssen. Diese Variationen resultieren aus den Abweichungen zwischen dem Verlauf der Kapitalrückzahlungsanteile und der zur Steuer- und Ausschüttungsbemessung durchgeführten Periodisierung. Im Beteiligungsfinanzierungskalkül ohne Berücksichtigung der Erfolgsermittlung beträgt der Barwert der dem Anteilseigner zustehenden Zahlungsüberschüsse zu jedem Zeitpunkt eins, so daß bei einer Veräußerung kein Veräußerungsgewinn entsteht. Wird die Erfolgsermittlung einbezogen, ist dies nicht mehr der Fall, so daß sich aus der Abweichung zwischen einem Veräußerungserlös und der Anschaffungsauszahlung eine Veräußerungsgewinnsteuer ergeben kann.

---

[1] Zur Analogie zwischen dem isolierten Selbstfinanzierungskalkül und einer Zahlungsüberschußbesteuerung vgl. Sinn, H.-W. (1991a), S. 35 und Zodrow, G. R. (1991), S. 500.

Um diesen Einfluß im Modell abbilden zu können, wird die bisherige Modellierung angepaßt: Aufgrund des Umfanges der sich ergebenden formalen Zusammenhänge soll in der Darstellung auf eine Berücksichtigung der verschiedenen Möglichkeiten zur Ausschüttungsbemessung verzichtet werden. Die Mindestrenditen beziehen sich daher nur auf den Fall des Maßgeblichkeitsprinzips. Des weiteren ist nach einem geeigneten Kalkül zu suchen, das die institutionellen Rahmenbedingungen der Veräußerungsgewinnbesteuerung angemessen darstellen kann. Eine Modellierung, die eine laufende Rückzahlung der zurückgewonnenen Periodisierungsbeträge unterstellt, ist hierzu nicht geeignet, da sie eine Fülle zusätzlicher Annahmen über die Entwicklung der Anschaffungskosten bei den Kapitalgebern erfordert. Da sich die Bemessungsgrundlage für die Veräußerungsgewinnbesteuerung regelmäßig aus der Differenz zwischen dem erzielten Veräußerungserlös und den Anschaffungskosten zusammensetzt, müßten diese Annahmen zum einen festlegen, wie die Kapitalrückzahlungen die Anschaffungskosten des veräußernden Anteilseigners beeinflussen. Zum anderen müßte festgelegt werden, in welchem Ausmaß die insgesamt an den Erwerber fließenden Zahlungen die laufende Besteuerung der Ausschüttungen und die Veräußerungsgewinnbesteuerung der erwerbenden Anteilseigner beeinflussen.

Ein Verzicht auf derartige Annahmen ist möglich, wenn zur Bestimmung der Mindestrenditen das Kalkül herangezogen wird, das zur Untersuchung der Wiederanlageprämisse verwendet wurde. In diesem Fall ändern sich die Anschaffungskosten des veräußernden Anteilseigners im Zeitablauf nicht, während etwaige Besteuerungskonsequenzen im Rahmen der Veräußerungsgewinnbesteuerung beim Erwerber nur für den Investitionshorizont T, zu dem eine Liquidation des Anteiles erfolgt, zu beachten sind.

Für die Bestimmung der Mindestrenditen soll wiederum die Notation verwendet werden, die eine gemeinsame Bearbeitung des Beteiligungs- und des Selbstfinanzierungsfalles ermöglicht. Unter diesen Annahmen ergeben sich die folgenden Indifferenzbedingungen für den veräußernden und den erwerbenden Anteilseigner:

$$\text{(4.74)}\quad \begin{aligned} \Theta_K &= \sum_{t=1}^{V} \frac{nz_t}{(1+i_s)^t} + \frac{VE - s_v \cdot (VE - AHK)}{(1+i_s)^V} \\ VE &= \sum_{t=V+1}^{T} \frac{nz_t}{(1+i_s)^{t-V}} + \frac{\Theta_K - \alpha \cdot s_v \cdot (AHK - VE)}{(1+i_s)^{T-V}} \\ &= \frac{(1+i_s)^T}{(1+i_s)^{T-V} - \alpha \cdot s_v} \cdot \left(\sum_{t=V+1}^{T} \frac{nz_t}{(1+i_s)^t} + \frac{\Theta_K - \alpha \cdot s_v \cdot AHK}{(1+i_s)^T} \right) \\ nz_t &= \left(p \cdot \left(1 - \sum_{u=1}^{t-1} d_u\right) + d_t - a_t + p_w \cdot \sum_{u=1}^{t-1} a_u \right) \cdot (1 - s_{kt}) \cdot \Theta_D \end{aligned}$$

Die grundlegende Forderung der durch Gleichung (4.74) beschriebenen Indifferenzbedingungen lautet wiederum, daß die Kapitalgeber im Barwert ihren Kapitaleinsatz zurückerhalten müssen. Die Zahlungen, die der veräußernde Anteilseigner erhält, setzen sich aus den laufenden Ausschüttungen bis zum Veräußerungszeitpunkt V und dem Veräußerungserlös VE abzüglich darauf lastender Veräußerungsgewinnsteuer zusammen. Die Bemessungsgrundlage der Veräußerungsgewinnsteuer wird ermittelt, indem vom Veräußerungserlös VE die Anschaffungsauszahlung AHK des veräußernden Anteilseigners subtrahiert wird. Die unterschiedlichen Finanzierungsformen gehen demzufolge in dem Kalkül des Veräußerers in den Bewertungsfaktor Θ_K und in die Anschaffungsauszahlung AHK ein. Während Θ_K für den Beteiligungsfinanzierungsfall eins und im Selbstfinanzierungsfall Θ_D entspricht, ergeben sich für die Anschaffungsauszahlung Werte von eins im Beteiligungsfinanzierungsfall und null im Selbstfinanzierungsfall. Die Fortschreibung der Anschaffungsauszahlung der Kapitalgeber für die Ermittlung der Bemessungsgrundlage der Veräußerungsgewinnsteuer erfolgt nur, wenn der Kapitalgeber eine Auszahlung leistet. Dies ist bei einer Thesaurierung auf Unternehmensebene nicht der Fall, so daß die genannten Werte für die Anschaffungsauszahlung AHK gelten.

Die Zahlungen, die jenseits des Veräußerungszeitpunktes an den erwerbenden Anteilseigner fließen, setzen sich aus den Ausschüttungen jenseits des Veräußerungszeitpunktes V und den Liquidationserlösen zusammen. Im Beteiligungsfinanzierungsfall bestehen letztere in der Rückgewähr des Eigenkapitals. Im Selbstfinanzierungsfall erhält der Erwerber hingegen eine Ausschüttung in Höhe der im Investitionszeitpunkt gebildeten Gewinnrücklage, die er der Ausschüttungsbesteuerung zu unterwerfen hat. In beiden Fällen kann es darüber hinaus zu einer Veräußerungsgewinnbesteuerung kommen. Liegt eine Beteiligungsfinanzierung vor, ergibt sich die Bemessungsgrundlage hierfür aus der Differenz zwischen dem zurückgezahlten Eigenkapital und den Anschaffungskosten des Erwerbers. Das zurückgezahlte Eigenkapital entspricht in dem Kalkül den Anschaffungskosten AHK des veräußernden Anteilseigners. Die Anschaffungskosten des Erwerbers bestehen in dem Veräußerungserlös VE. Im Selbstfinanzierungsfall erhält der Erwerber im Liquidationszeitpunkt lediglich eine steuerpflichtige Ausschüttung. Möglicherweise kann allerdings die mit der Ausschüttung einhergehende Verringerung des Anteilswertes im Rahmen der Veräußerungsgewinnbesteuerung geltend gemacht werden, so daß es zu einer negativen Bemessungsgrundlage in Höhe von VE kommt. Die Berücksichtigung dieser Besteuerungskonsequenzen soll durch den Faktor α erfolgen. Die Liquidation findet Eingang in die Veräußerungsgewinnbesteuerung, wenn $\alpha=1$ gilt. Für $\alpha=0$ ist dies nicht der Fall.

Für die Mindestrendite p der Primärinvestition kann aus Gleichung (4.74) der folgende Zusammenhang bestimmt werden:

$$
\begin{aligned}
p \;=\; & \frac{i_s}{F}\cdot\left[1-(1-F)\cdot\frac{BWA-BWD-s_v^*\cdot(BWAV-BWDV)}{1-BWD-s_v^*\cdot(SDV-BWDV)}\right.\\
& \left.+s_v^*\cdot\frac{BWV\cdot\left(1-\dfrac{AHK}{\Theta_K}\right)+SDV-SAV}{1-BWD-s_v^*\cdot(SDV-BWDV)}\right]\\
& +\left(\frac{i_s}{F}-p_w\right)\cdot\frac{BWA-BWT-s_v^*\cdot(BWAV-BWT+BWV-SAV)}{1-BWD-s_v^*\cdot(SDV-BWDV)}
\end{aligned}
$$

$$
\text{(4.75)}\quad BWA = \sum_{t=1}^{T}\frac{a_t}{(1+i_s)^t};\quad BWAV = \sum_{t=V+1}^{T}\frac{a_t}{(1+i_s)^t};\quad BWT = \frac{1}{(1+i_s)^T}
$$

$$
BWD = \sum_{t=1}^{T}\frac{d_t}{(1+i_s)^t};\quad BWDV = \sum_{t=V+1}^{T}\frac{d_t}{(1+i_s)^t};\quad BWV = \frac{1}{(1+i_s)^V}
$$

$$
SAV = \frac{\sum_{t=V+1}^{T} a_t}{(1+i_s)^V};\quad SDV = \frac{\sum_{t=V+1}^{T} d_t}{(1+i_s)^V}
$$

$$
F = (1-s_{kt})\cdot\frac{\Theta_D}{\Theta_K},\quad s_v^* = s_v\cdot\frac{(1+i_s)^{T-V}-\alpha}{(1+i_s)^{T-V}-\alpha\cdot s_v};
$$

Wie Gleichung (4.75) zeigt, führt die Berücksichtigung einer Veräußerungsgewinnbesteuerung dazu, daß die Anzahl der Einflußgrößen, die sich auf die Mindestrenditen auswirken, zunimmt. Insbesondere die Periodisierungsgrößen wirken sich nicht nur in ihrem jeweiligen Barwert, sondern auch in ihrem Verlauf auf die Höhe der Mindestrendite aus. Dieser Einfluß wird zum einen durch den auf den Investitionszeitpunkt diskontierten Restbestand der Kapitalrückzahlungsanteile (SDV) im Veräußerungszeitpunkt bzw. den im Veräußerungszeitpunkt vorhandenen Restbuchwert (SAV), der ebenfalls zu diskontieren ist, ausgeübt. Zum anderen wirkt auch der Barwert der jenseits des Veräußerungszeitpunktes noch zu verrechnenden Kapitalrückzahlungsanteile $(BWDV)$ bzw. der nach diesem Zeitpunkt noch zu verrechnenden steuerrechtlichen Periodisierungsbeträge $(BWAV)$ auf die Mindestrendite. Die hier vorgenommene Modellierung der Veräußerungsgewinnbesteuerung führt damit dazu, daß die Allgemeingültigkeit der Mindestrenditen gegenüber denjenigen, die ohne Beachtung der Veräußerungsgewinnbesteuerung ermittelt wurden, eingeschränkt wird.

Um den Verlauf der für den Beteiligungs- und den Selbstfinanzierungsfall bestimmten Mindestrenditen abbilden zu können, müssen nun noch Annahmen über die Höhe der Wiederanlagerendite p_w getroffen werden. Für das Beteiligungsfinanzierungskalkül soll hierzu unterstellt werden, daß diese Rendite der Mindestrendite der Beteiligungsfinanzierung entspricht, die ohne Berücksichtigung der Bemessungsgrundlage bestimmt wurde. Mit dieser Annahme entfällt in der Gleichung (4.75) die dritte Zeile der Formel für die Mindestrendite. Um das Selbstfinanzierungskalkül abzubilden, soll für die Wiederanlagerendite p_w unterstellt werden, daß sie der Mindestrendite der Selbstfinanzierung entspricht, die unter Einbezug der Veräußerungsgewinnbesteuerung ohne Berücksichtigung der Bemessungsgrundlageneinflüsse in Gleichung (3.19) auf S. 51 ermittelt wurde. Diese Renditen ergeben sich jeweils auch aus Gleichung (4.75), wenn dort der Verlauf der steuerrechtlichen Periodisierung dem Verlauf der Kapitalrückzahlungsanteile des unterstellten Zahlungsstromes entspricht.[1)]

Die folgende Abbildung zeigt einen ausgewählten Verlauf der Mindestrenditen in Abhängigkeit vom Veräußerungszeitpunkt. Zur Einordnung werden die Mindestrenditen jeweils ins Verhältnis zu den Mindestrenditen gesetzt, die sich ohne Berücksichtigung der Veräußerungsgewinnbesteuerung ergeben. Für die Mindestrendite der Primärinvestition bedeutet dies, daß sie ins Verhältnis zur entsprechenden Mindestrendite unter Berücksichtigung der Bemessungsgrundlageneinflüsse gesetzt wird. Die Wiederanlagerendite p_w der Beteiligungsfinanzierung ändert sich durch die Veräußerungsgewinnbesteuerung nicht, so daß sie nicht berücksichtigt wird. Für die Selbstfinanzierung wird sowohl das Verhältnis der Mindestrenditen der Primärinvestition dargestellt als auch das Verhältnis der Wiederanlagerenditen. Die Verläufe wurden auf der Basis eines Zahlungsstromes ermittelt, der über einen Zeitraum von zehn Perioden einen konstanten Kapitalrückzahlungsanteil von 0,1 enthält. Die steuerrechtliche Periodisierung geht in die Berechnung mit einem linearen Verlauf über fünf Perioden ein, so daß sich ein Periodisierungsbetrag von 0,2 ergibt.

---

1) Unter diesen Annahmen kann Gleichung (4.75) wie folgt vereinfacht werden:

$$p = \frac{i_s \cdot \Theta_K}{\left(1 - s_{kl}\right) \cdot \Theta_D} \cdot \left(1 + s_v^{\bullet} \cdot \frac{BWV}{1 - BWT - s_v^{\bullet} \cdot \left(BWV - BWT\right)} \cdot \left(1 - \frac{AHK}{\Theta_K}\right)\right)$$

Aus diesem Zusammenhang ergibt sich die Mindestrendite des Beteiligungsfinanzierungskalküls unmittelbar, da in diesem Fall $\left(1 - AHK/\Theta_K\right)$ null beträgt. Für die Bestimmung der genannten Selbstfinanzierungsmindestrendite sind weitere Umformungsschritte erforderlich:

$$1 + s_v^{\bullet} \cdot \frac{BWV}{1 - BWT - s_v^{\bullet} \cdot \left(BWV - BWT\right)} = \frac{1}{1 - \frac{s_v^{\bullet} \cdot BWD}{1 - \left(1 - s_v^{\bullet}\right) \cdot BWT}}$$

$$\frac{s_v^{\bullet} \cdot BWD}{1 - \left(1 - s_v^{\bullet}\right) \cdot BWT} = \frac{s_v}{\left(1 + i_s\right)^V} \cdot \frac{1}{1 + \frac{\left(1 - s_v\right) \cdot \left(\alpha \cdot \left(1 + i_s\right)^V - 1\right)}{\left(1 + i_s\right)^T - \alpha \cdot \left(1 + i_s\right)^V}}$$

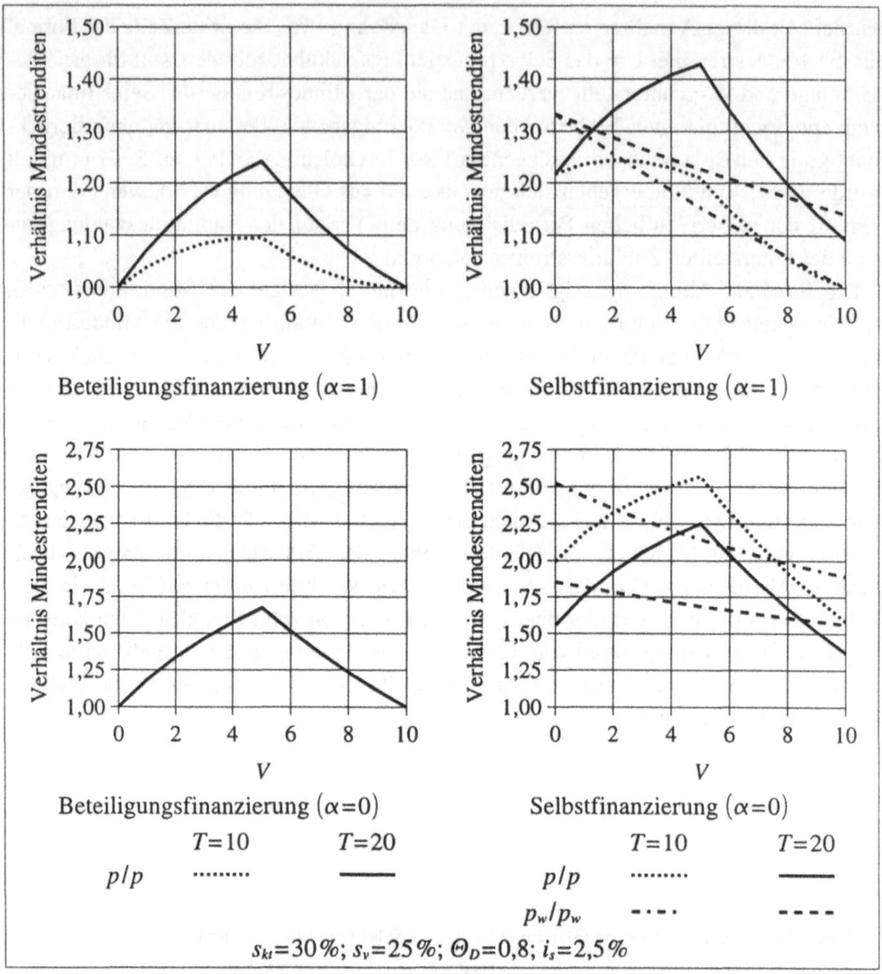

Abbildung 4.14: Mindestrenditenverlauf unter Berücksichtigung der Veräußerungsgewinnbesteuerung

Die oberen Mindestrenditenverläufe ergeben sich, wenn es zu einer Berücksichtigung der Veräußerungsgewinnbesteuerung im Liquidationszeitpunkt kommt. Die beiden unteren Abbildungen zeigen den Verlauf, wenn eine solche Berücksichtigung nicht erfolgt. Wie bei der Untersuchung der Mindestrenditen ohne die Berücksichtigung von Bemessungsgrundlageneinflüssen bereits erläutert, beruht der Niveauunterschied auf dem unterschiedlichen Charakter der Veräußerungsgewinnbesteuerung in den beiden Fällen. Während die Veräußerungsgewinnsteuer für ein α von eins nur einen Interimscharakter hat, der über die Anschaffungsauszahlung des Erwerbers die Höhe der geforderten Entgelte für die Kapitalüberlassung erhöht, wirkt sie für ein α von null definitiv.

Wird der Verlauf des Verhältnisses der Mindestrenditen für die Beteiligungsfinanzierung betrachtet, so zeigt sich, daß es in dem gewählten Beispiel in Abhängigkeit vom Veräußerungszeitpunkt zunächst zu steigenden Verhältnissen aus den Mindestrenditen kommt. Erfolgt die Veräußerung jenseits der Periode fünf, sinkt das Verhältnis. Dieser Verlauf kann auf die Abweichungen zwischen den Kapitalrückzahlungsanteilen und den steuerrechtlichen Periodisierungen zurückgeführt werden. Aufgrund der unterstellten steuerrechtlichen Periodisierung kommt es in den Zeitpunkten eins bis fünf nicht zu Auszahlungen an die Anteilseigner. Der Barwert der in den folgenden Zeitpunkten getätigten Auszahlungen nimmt von der Periode eins bis zur Periode fünf zu und damit auch der Erfolg, der bei einer Veräußerung in dem jeweiligen Zeitpunkt zu versteuern ist. In der Darstellung wird im Zeitpunkt zehn ein Verhältnis von eins erreicht, da zu diesem Zeitpunkt annahmegemäß alle Kapitalrückzahlungsanteile der Primärinvestition zurückgeflossen sind. Diese Überlegung unterstreicht die Bedeutung des konkreten Verlaufes der Periodisierungsbeträge und der Kapitalrückzahlungsanteile für die Mindestrendite der Beteiligungsfinanzierung unter Berücksichtigung der Veräußerungsgewinnbesteuerung. Das Ausmaß der Veränderung dieser Mindestrenditen ist in dem hier gewählten Beispiel bereits dann nicht zu vernachlässigen, wenn im Liquidationszeitpunkt T eine Entlastung von der Veräußerungsgewinnsteuer erfolgt. Durch den unterstellten Bemessungsgrundlageneffekt kommt es zu einer Verringerung der entscheidungsneutralen Mindestrendite um ca. 19%.[1] Bei einem Investitionshorizont T von 20 Perioden wird diese Reduktion für die Veräußerungszeitpunkte vier und fünf durch die Veräußerungsgewinnbesteuerung kompensiert. Der Verlauf des Verhältnisses aus den Mindestrenditen mit und ohne Berücksichtigung der Veräußerungsgewinnbesteuerung ist unabhängig vom Investitionshorizont T, wenn die Veräußerungsgewinnbesteuerung im Liquidationszeitpunkt nicht berücksichtigt werden kann. Aufgrund der unterstellten Wiederanlagerendite nimmt der Investitionshorizont T im Beteiligungsfinanzierungsfall nur Einfluß auf den effektiven Veräußerungsgewinnsteuersatz s_v^*. Wie der Gleichung (4.75) auf S. 160 entnommen werden kann, gleicht dieser Satz dem nominalen Satz s_v, wenn α null beträgt.

Die Interpretation des Verlaufes des Verhältnisses der Mindestrenditen mit und ohne Einbezug der Veräußerungsgewinnbesteuerung kann für die Selbstfinanzierung analog erfolgen. Das Verhältnis der Mindestrenditen der Primärinvestition schwankt in diesem Fall um das Verhältnis aus den entscheidungsneutralen Wiederanlagerenditen p_w mit und ohne Einbezug der Veräußerungsgewinnbesteuerung. Die Abweichungen von diesem Verhältnis fallen dabei geringer aus, da in den Bemessungsgrundlageneffekt nur

---

[1] Für die in der Abbildung verwendeten Daten gilt: $1-\left(1-\left(1-s_{ki}\right)\cdot\Theta_D\right)\cdot\frac{BWA-BWD}{1-BWD}\approx 0{,}81$

die auf Unternehmensebene zu entrichtenden Steuern eingehen. Der Niveauunterschied in den Verhältnissen kann mit der höheren Veräußerungsgewinnsteuerzahlung erklärt werden, da dem Veräußerungserlös keine verrechenbaren Anschaffungsauszahlungen gegenüberstehen. Im Selbstfinanzierungsfall sind die Mindestrenditenverhältnisse darüber hinaus abhängig vom Investitionshorizont T, wenn eine Berücksichtigung der Veräußerungsgewinnsteuer im Rahmen der Auszahlung der Gewinnrücklage nicht möglich ist. Dieses Ergebnis wird durch die entscheidungsneutrale Wiederanlagerendite p_w unter Einbezug der Veräußerungsgewinnbesteuerung verursacht. Wie Gleichung (3.19) auf S. 51 zeigt, geht in den effektiven Veräußerungsgewinnsteuersatz weiterhin der Investitionshorizont T ein, selbst wenn α gleich null gilt. Darüber hinaus kommt es unter dieser Konstellation mit zunehmendem Investitionshorizont T zu abnehmenden Mindestrenditenverhältnissen, da der Zeitraum zunimmt, über den die definitive Veräußerungsgewinnsteuer erwirtschaftet werden muß.

Für die Fremdfinanzierung ergeben sich durch die Berücksichtigung der Veräußerungsgewinnbesteuerung strukturell die gleichen Auswirkungen auf die Mindestrenditen wie im Beteiligungsfinanzierungsfall. Die folgende Gleichung zeigt das Kalkül:

$$
\begin{aligned}
0 &= \sum_{t=1}^{V} \frac{nz_t}{(1+i_s)^t} + \frac{VE\cdot(1-s_v)}{(1+i_s)^V} \\
VE &= \sum_{t=V+1}^{T} \frac{nz_t}{(1+i_s)^{t-V}} + \frac{\alpha\cdot s_v\cdot VE}{(1+i_s)^{T-V}} \\
&= \frac{(1+i_s)^T}{(1+i_s)^{T-V} - \alpha\cdot s_v}\cdot \sum_{t=V+1}^{T} \frac{nz_t}{(1+i_s)^t} \qquad (4.76) \\
nz_t &= \left(p\cdot\left(1-\sum_{u=1}^{t-1} d_t\right) + d_t - a_t - i_{FK}\cdot\frac{1-\beta\cdot s_{kt}}{1-s_{kt}} + p_w\cdot\sum_{u=1}^{t-1} a_u\right)\cdot(1-s_{kt})\cdot\Theta_D
\end{aligned}
$$

Für die Mindestrendite ergibt sich aus Gleichung (4.76):

$$
\begin{aligned}
p &= \frac{i_{FK}}{F}\cdot\left[1-\left(1-F\cdot\frac{i_s}{i_{FK}}\right)\cdot\frac{BWA-BWD-s_v^*\cdot(BWAV-BWDV)}{1-BWD-s_v^*\cdot(SDV-BWDV)}\right. \\
&\quad \left. + s_v^*\cdot\frac{SDV-SAV}{1-BWD-s_v^*\cdot(SDV-BWDV)}\right] \qquad (4.77) \\
&\quad + \left(\frac{i_{FK}}{F}-p_w\right)\cdot\frac{BWA-BWT-s_v^*\cdot(BWAV-BWT+BWV-SAV)}{1-BWD-s_v^*\cdot(SDV-BWDV)} \\
F &= \frac{1-s_{kt}}{1-\beta\cdot s_{kt}}
\end{aligned}
$$

Die in Gleichung (4.77) verwendeten Abkürzungen für die einzelnen Barwertgrößen entsprechen denen der Gleichung (4.75) auf S. 160.

4.4 Inframarginale Investitionen und Bemessungsgrundlageneinflüsse

4.4.1 Kapitalwerte ohne Berücksichtigung einer Wiederanlage

Die Bestimmung von Mindestrenditen dient als Analyseinstrument, um Informationen darüber zu gewinnen, inwieweit die Besteuerung der ausgewählten Investition von der Besteuerung einer idealtypischen einperiodigen Kapitalüberlassung abweicht. Die Mindestrenditen entscheiden damit über die Hürde, die die Erfolge der Investitionsprojekte der betrachteten Unternehmung überwinden müssen, damit sich das Konsumpotential der Kapitalgeber nicht verändert. Zu den Zielen einer unternehmerischen Betätigung ist jedoch nicht nur der Erhalt des Konsumpotentials zu rechnen. Regelmäßig wird darüber hinaus auch eine Ausweitung des Konsumpotentials durch die Investitionsbetätigung angestrebt. Zum Abschluß dieses Kapitels soll daher versucht werden, Zusammenhänge zwischen der Investitionsbesteuerung und dem Kapitalwert herzustellen, der als Maßgröße für die Messung einer Änderung des Konsumpotentials durch eine Investitionsbetätigung gilt.[1] Da in diesem Abschnitt Investitionen betrachtet werden, deren Rendite jeweils über der erforderlichen Mindestrendite liegt, wird die Untersuchung auf den Fall einer einheitlichen Erfolgsermittlung für Ausschüttungsbemessungs- und Besteuerungszwecke beschränkt. Wie die Diskussion der Wiederanlageprämisse gezeigt hat, führt die einheitliche Erfolgsermittlung unter diesen Bedingungen zu den größten Änderungen im Entscheidungskalkül.

Wird ein einzelnes Investitionsobjekt ohne Berücksichtigung einer Wiederanlagemöglichkeit auf Unternehmensebene betrachtet, so ergibt sich folgender Ertragswert des Investitionsobjektes in Abhängigkeit von der unterstellten Finanzierungsform:

Beteiligungs- und Selbstfinanzierung:

$$E = \sum_{t=1}^{T} \frac{\left(p\cdot\left(1-\sum_{u=1}^{t-1} d_u\right)+d_t-a_t\right)\cdot F + a_t\cdot\Theta_K}{\left(1+i_s\right)^t}$$

(4.78) $$= \frac{p}{i_s}\cdot(1-BWD)\cdot F + BWD\cdot\Theta_K + \left(\Theta_K - F\right)\cdot(BWA-BWD)$$

Fremdfinanzierung:

$$E = \sum_{t=1}^{T} \frac{\left(p\cdot\left(1-\sum_{u=1}^{t-1} d_u\right)+d_t-a_t-i_{FK}\cdot\frac{1-\beta\cdot s_{kt}}{1-s_{kt}}\cdot\left(1-\sum_{u=1}^{t-1} a_u\right)\right)\cdot F}{\left(1+i_s\right)^t}$$

[Fortsetzung auf S. 166]

[1] Ein Ansatz zur Messung der Wirkungen von Besteuerungsregeln auf inframarginale Investitionen findet sich auch in Devereux, M. P./ Griffith, R. (1999).

$$= F \cdot \left(\frac{p}{i_s} \cdot (1 - BWD) + BWD - BWA - \left(\frac{i_{FK}}{i_s} \cdot (1 - BWA) \cdot \frac{1 - \beta \cdot s_{kt}}{1 - s_{kt}} \right) \right)$$

$$F = (1 - s_{kt}) \cdot \Theta_D$$

Die formale Darstellung der jeweiligen Ertragswerte als von der Rendite p abhängige Funktionen zeigt, daß die Funktionen jeweils linear verlaufen.[1] Die Steigung der Funktion ist dabei unabhängig von der betrachteten Finanzierungsform, da sie ausschließlich von den nominellen Steuersätzen und dem Barwert der Kapitalrückzahlungsanteile determiniert wird. Die Finanzierungsform entscheidet nur über das Niveau des Ertragswertes der betrachteten Investition. Das Niveau wird darüber hinaus durch die Steuersätze und die Unterschiede zwischen dem Barwert der steuerlichen Periodisierungsbeträge und dem Barwert der Kapitalrückzahlungsanteile beeinflußt. Die folgende Abbildung skizziert den Verlauf der Ertragswerte unter der Annahme, daß die Mindestrendite der betrachteten Investition für den Selbstfinanzierungsfall den geringsten und für den Beteiligungsfinanzierungsfall den größten Wert annimmt:

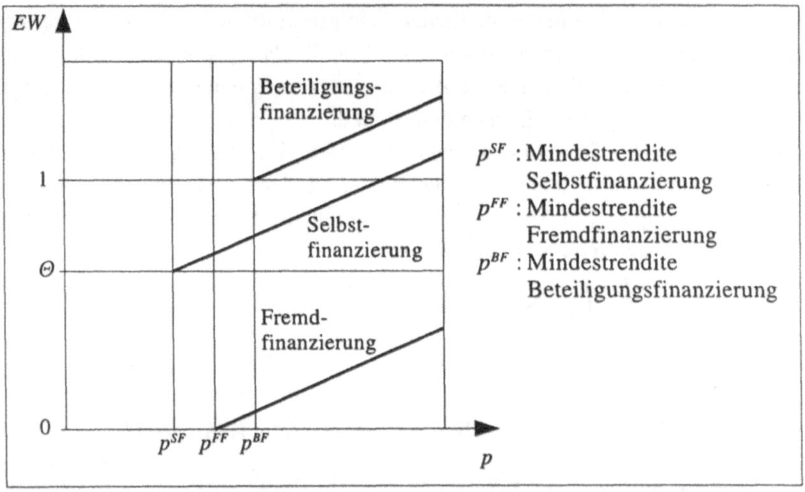

Abbildung 4.15: Verlauf der Ertragswerte in Abhängigkeit von der Rendite

Für die Kapitalwerte in Abhängigkeit von der Rendite der Investition ergibt sich vor dem Hintergrund der Rahmenbedingungen, die zur Erstellung der Abbildung verwen-

[1] Abweichend vom Vorgehen des zweiten Kapitels ist hier in der Rendite p das Entgelt für die Kapitalüberlassung und der Rentenanteil zusammengefaßt. Für eine Analyse von Steuerwirkungen anhand von Kapitalwertgeraden vgl. auch Georgi, A. A. (1986), S. 69-185. Die Kapitalwertgeraden sind dort als Zusammenhänge zwischen dem Kapitalwert ohne und dem Kapitalwert mit Berücksichtigung des Steuereinflusses bestimmt, während hier die Höhe des Kapitalwertes durch die Rendite p und den Barwert der Kapitalrückzahlungsanteile BWD vorgegeben wird.

det wurden, der größte Wert für die Selbstfinanzierung. Der niedrigste Kapitalwert wird für die Beteiligungsfinanzierung ermittelt.[1]

Wird der Einfluß der Determinanten für die Steuerzahlung genauer untersucht, so kann allgemein festgehalten werden, daß eine Verringerung der Steuersätze die Steigung der Ertragswertfunktion erhöht und gleichzeitig den Y-Achsenabschnitt der Funktion verringert, wenn der Barwert der Kapitalrückzahlungsanteile geringer ist als der Barwert der steuerlichen Periodisierungsbeträge. Eine Änderung des Barwertes der steuerlichen Periodisierungsbeträge führt lediglich zu einer Änderung des Y-Achsenabschnitts der Funktion. Diese allgemeinen Zusammenhänge gelten unabhängig von der Finanzierungsart. Die unterstellte Finanzierung der Investition entscheidet lediglich darüber, wie stark die Verlagerung der Funktion auf dem Y-Achsenabschnitt ausfällt.

Einschränkend ist anzumerken, daß diese eindeutigen Aussagen nur möglich sind, wenn sich der Diskontierungszinssatz i_s durch die Steuersatzvariation nicht verändert. Steigt der Diskontierungszinssatz i_s nach der Steuersatzverringerung, weil für die Modellierung unterstellt wird, daß der Diskontierungszinssatz durch den fixierten Marktzins i gekürzt um den veränderten Steuersatz bestimmt ist, so ergibt sich für die Steigung der Ertragswertfunktion ein gegenläufiger Effekt: Während der Faktor $(1 - BWD)/i_s$ kleiner wird, wird der Faktor $(1 - s_{kt}) \cdot \Theta$ größer. Die folgende Abbildung illustriert die Änderungen der Ertragswertfunktion durch eine Änderung des Steuersatzes und des Barwertes der steuerlichen Periodisierungen am Beispiel der Beteiligungsfinanzierung für einen konstanten Diskontierungszinssatz i_s:

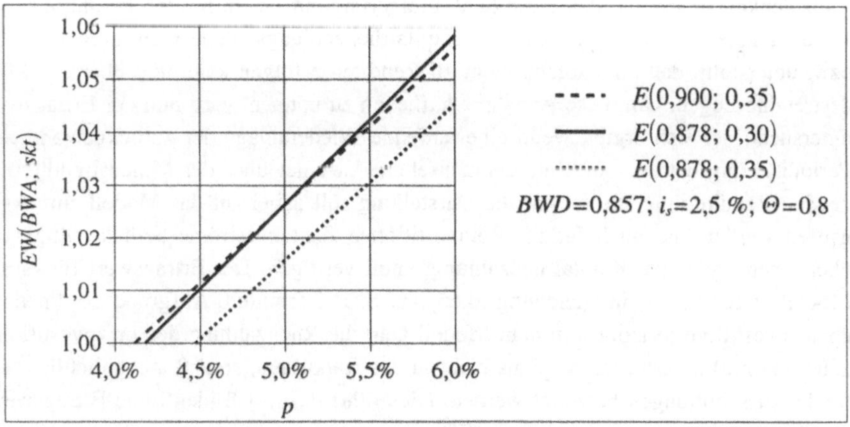

Abbildung 4.16: Steuerbemessung und Ertragswertverlauf

[1] Der Kapitalwert kann jeweils für eine gegebene Rendite p an dem Abstand zwischen der Ertragswertfunktion und dem Kapitaleinsatz der betrachteten Finanzierungsart abgelesen werden.

In der Abbildung wird für einen ausgewählten Barwert der Kapitalrückzahlungsanteile von $BWD=0{,}857$ die Änderung des Ertragswertverlaufes durch eine Veränderung des Steuersatzes s_{kt} mit einer Variation des Barwertes der steuerlichen Periodisierungsbeträge verglichen. Wie anhand der Verlagerungen der Schnittpunkte der Ertragswertgeraden mit der Abszisse ermittelt werden kann, führt in dem dargestellten Beispiel eine Änderung des Barwertes der steuerlichen Periodisierungsbeträge von ca. 0,878 auf 0,900[1)] zu einer stärkeren Verringerung der Mindestrendite als die Reduktion des Körperschaftsteuersatzes s_{kt} von 35 % auf 30 %. Mit einer Zunahme der erzielbaren Rendite p kann der aus der Änderung der Bemessungsgrundlagenermittlung resultierende Ertragswertvorteil durch den verringerten Steuersatz kompensiert werden. Die relative Änderung des Ertragswertes, die sich durch eine Veränderung der Periodisierungsregeln ergibt, fällt demzufolge mit zunehmendem Ertragswert geringer aus.

Dieses Ergebnis legt den Schluß nahe, daß Investitionsanreize, die über die Bemessungsgrundlage gewährt werden, kaum wirksam sind, wenn es darum geht, Investoren für eine Investitionsbetätigung zu gewinnen, deren vorrangige Zielgröße der Kapitalwert einer Investition ist. In Bezug auf den Einfluß der Besteuerung auf die (internationale) Standortwahl würde damit die These gestützt, daß bei der Auswahl von Standorten für Investitionen, aus denen positive Kapitalwerte erwartet werden, vorrangig die Höhe der nominalen Steuersätze von Bedeutung ist.[2)]

4.4.2 Kapitalwerte mit Berücksichtigung einer Wiederanlage

Zu bedenken ist jedoch, daß diese Schlußfolgerung auf einem Modell beruht, daß die Wiederanlage der zurückgewonnenen Kapitalrückzahlungsanteile nicht berücksichtigt bzw. unterstellt, daß eine solche nicht zu Renditen erfolgen kann, die über der Mindestrendite liegen. Um diese Annahme aufheben zu können, wird nun der Ertragswert untersucht, der sich ergibt, wenn eine laufende Wiederanlage der zurückgewonnenen Periodisierungsbeträge auf Unternehmensebene zu einer über der Mindestrendite liegenden Rendite möglich ist. Für die Darstellung soll dabei auf das Modell zurückgegriffen werden, das auch für die Reinvestitionen Zahlungsströme berücksichtigt, die über einen laufenden Kapitalrückzahlungsanteil verfügen. Der Ertragswert für dieses Modell wurde bereits in Gleichung (4.65) auf S. 151 ermittelt. Aufgrund des unendlichen Investitionshorizontes in dem Modell geht die Rückzahlung des im Investitionszeitpunkt null investierten Kapitals nicht in das Kalkül ein, so daß ausschließlich laufende Ausschüttungen bewertet werden. Dies führt dazu, daß identische Ertragswerte für die Beteiligungs- und die Selbstfinanzierung bestimmt werden können. Um die Darstellung zu erleichtern, wird zur Ermittlung des Ertragswertes aus Gleichung (4.65)

1) Bei dem unterstellten Diskontierungszinssatz i_s von 2,5 % bedeutet dies bei einem degressiven Verlauf der Periodisierungen eine Änderung des Degressionssatzes von 0,18 auf 0,225.

2) Vgl. für eine Darstellung dieser Argumentation z.B. Schreiber, U. (1999a), S. 69-70, Schreiber, U. (1998a), S. 121.

angenommen, daß die Kapitalrückzahlungsanteile degressiv verlaufen und der steuerliche Periodisierungsbetrag in jeder Periode a beträgt. Für diese Rahmenbedingungen ergibt sich der folgende Ertragswert:

$$(4.79)\quad \begin{aligned} E &= \left(1-s_{kt}\right)\cdot\Theta\cdot\left(\frac{p}{i_s}\cdot\frac{i_s+a}{i_s+d}-\frac{a-d}{i_s+d}\right) \\ &= \left(1-s_{kt}\right)\cdot\Theta\cdot\left(\frac{p}{i_s}+\frac{p-i_s}{i_s}\cdot\frac{a-d}{i_s+d}\right) \end{aligned}$$

Erfolgt die Finanzierung der Investition im Investitionszeitpunkt null über eine Kreditaufnahme, so lautet der Ertragswert aufgrund des über den Investitionshorizont konstanten Kreditbetrages:

$$(4.80)\quad E = \left(1-s_{kt}\right)\cdot\Theta\cdot\left(\frac{p}{i_s}\cdot\frac{i_s+a}{i_s+d}-\frac{a-d}{i_s+d}-\frac{1-\beta s_{kt}}{1-s_{kt}}\cdot\frac{i_{FK}}{i_s}\right)$$

Wie den Gleichungen (4.79) und (4.80) entnommen werden kann, gewinnt nun die steuerliche Bemessungsgrundlagenermittlung über den Periodisierungssatz a auch Einfluß auf die Steigung der Ertragswertfunktion. Periodisierungsdifferenzen führen danach mit zunehmenden Investitionsrenditen zu steigenden Ertragswerten. Das Ausmaß der Ertragswertänderungen ist in diesem Fall durch die Differenz zwischen der Rendite p und dem Diskontierungszins i_s und durch die Differenz zwischen dem steuerlichen Periodisierungssatz a und dem Kapitalrückzahlungsanteil d bestimmt. Die relativen Änderungen der Ertragswerte, die sich infolge von Periodisierungsdifferenzen ergeben, nehmen demzufolge bei steigenden Investitionsrenditen p nicht in dem Umfang ab, wie dies die Modellierung ohne den Einbezug der Wiederanlageprämisse erwarten läßt.

Eine Erklärung für dieses Ergebnis kann gefunden werden, indem die Auswirkungen der Wiederanlage auf die Zahlungsüberschüsse, die der Ermittlung der Ertragswerte zugrunde liegen, näher analysiert werden. Dazu soll ein Blick auf die in der Unternehmung gebundenen Zahlungsüberschüsse geworfen werden. Da die Modellierung auf einer einheitlichen Erfolgsermittlung für die Steuer- und Ausschüttungsbemessung beruht, kommt es zu einer zusätzlichen Bindung von Zahlungsüberschüssen in der Unternehmung, wenn der steuerliche Periodisierungsbetrag den Kapitalrückzahlungsanteil überschreitet. Diese zusätzliche Kapitalbindung setzt sich aus einem Ausschüttungsverzicht der Kapitalgeber und einem Steuerkredit zusammen. Annahmegemäß ist die Höhe der Zahlungsüberschüsse der Folgeperioden durch die Verzinsung der in der Unternehmung verbliebenen Zahlungsüberschüsse bestimmt, so daß es im Zeitablauf zu einem steigenden Zahlungsüberschuß kommt. Die Zunahme der Zahlungsüberschüsse kommt erst zu einem Stillstand, wenn die steuerliche Bemessungsgrundlage der Verzinsung der in der Unternehmung gebundenen Zahlungsüberschüsse mit der Rendite p entspricht. Die folgende formale Darstellung soll die Argumentation verdeutlichen:

Im Modell wird unterstellt, daß in jeder Periode die Rendite p und der Kapitalrückzahlungsanteil d auf die in der Unternehmung gebundenen Zahlungsüberschüsse erzielt werden kann. Da laufend ein Betrag von a reinvestiert wird, kann für die in der Unternehmung gebundenen Zahlungsüberschüsse folgender Verlauf VZB_t bestimmt werden:

$$(4.81)\quad \begin{aligned} VZB_t &= (1-d)^{t-1} + a\cdot\sum_{u=1}^{t-1}(1-d)^{u-1} \\ &= \frac{a-(a-d)\cdot(1-d)^{t-1}}{d} \end{aligned}$$

Der erste Summand in der ersten Zeile der Gleichung (4.81) zeigt den Verlauf der aus der Primärinvestition resultierenden Kapitalbindung. Der zweite Summand gibt die in der Unternehmung gebundenen Zahlungsüberschüsse an, die sich infolge der Reinvestition von Zahlungsüberschüssen in Höhe der steuerlichen Periodisierungsbeträge ergeben. Für die Reinvestitionen ist ebenfalls ein degressiver Verlauf der Kapitalrückzahlungsanteile unterstellt. Die Bemessungsgrundlage BMG_t lautet dann:

$$(4.82)\quad \begin{aligned} BMG_t &= (p+d)\cdot\frac{a-(a-d)\cdot(1-d)^{t-1}}{d} - a \\ &= p\cdot\frac{a-(a-d)\cdot(1-d)^{t-1}}{d} - (a-d)\cdot(1-d)^{t-1} \end{aligned}$$

Gleichung (4.82) zeigt, daß sich die Bemessungsgrundlage im Zeitablauf der Verzinsung der in der Unternehmung gebundenen Zahlungsüberschüsse mit der Rendite p annähert. Solange es noch nicht zu dieser Annäherung gekommen ist, führt die Periodisierungsdifferenz zu einer weiteren Zunahme des Steuerkredits, der seinerseits zu Reinvestitionen genutzt werden kann, deren Erfolge wiederum nicht in vollem Umfang durch die Besteuerung erfaßt werden. Durch die Periodisierungsdifferenz wird daher im Zeitablauf ein zusätzlicher Kapitalstock in Höhe von $(a-d)/d$ aufgebaut. Da annahmegemäß auch auf diesen zusätzlichen Kapitalstock die Rendite p erzielt wird, ergibt sich die im Vergleich zum Modell ohne Berücksichtigung der Wiederanlageprämisse größere Bedeutung der Periodisierungsregeln für den Ertragswert.

Um einen Eindruck davon zu bekommen, in welchem Ausmaß Periodisierungsdifferenzen Einfluß auf den Ertragswert nehmen, sollen in der folgenden Abbildung Kombinationen von Steuersätzen und steuerlichen Periodisierungssätzen dargestellt werden, die bei einer gegebenen Investitionsrendite zu gleichen Ertragswerten führen. In der Abbildung wird lediglich der Ertragswert der Beteiligungs- und Selbstfinanzierung berücksichtigt, wobei die auf Unternehmens- und Anteilseignerebene anzuwendenden Steuersätze s_{kt} und $1-\Theta$ zu einem Steuersatz s_g zusammengefaßt werden:[1)]

---

1) Die Abbildung beruht auf dem funktionalen Zusammenhang $s_g = 1 - \dfrac{E\cdot i_s\cdot(i_s+d)}{p\cdot(i_s+a)-i_s\cdot(a-d)}$

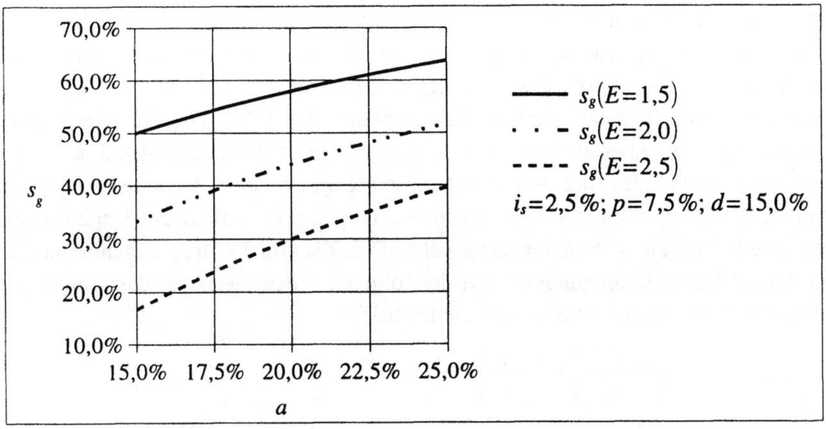

Abbildung 4.17: Gesamtsteuersätze in Abhängigkeit von Ertragswerten und Periodisierungssätzen

Die Abbildung zeigt, daß Unterschiede in den Abweichungen der Kapitalrückzahlungsanteile von den steuerlichen Periodisierungsbeträgen durch deutliche Differenzen zwischen den auf die Unternehmenserfolge anzuwendenden Steuersätze kompensiert werden können. Bei der gegebenen Rendite p von 7,5% wird ein Ertragswert von 2,0 ermittelt, wenn bei einer entscheidungsneutralen Periodisierung $(a=d)$ ein Gesamtsteuersatz s_g von ca. 33,3% angewendet wird. Der gleiche Ertragswert ist unter den Konstellationen des Beispiels auch erzielbar, wenn bei einem steuerlichen Periodisierungsvorteil von 0,1 $(a=0,25)$ ein Steuersatz s_g von ca. 51,7% gilt.

Der Einbezug der Wiederanlage zurückgewonnener Periodisierungsbeträge in die Ertragswertbestimmung führt damit zu dem Schluß, daß ein hoher anzuwendender Steuersatz nicht unbedingt zu einer stärkeren Ertragswertminderung führen muß als ein geringerer Steuersatz, wenn die unterschiedlichen Steuersätze mit unterschiedlichen Periodisierungsdifferenzen einhergehen. Für die Diskussion über den Einfluß der Besteuerung auf die Wahl eines Investitionsstandortes bedeutet dies, daß mit dieser Modellierung die Argumentation, daß die Bemessungsgrundlagenermittlung von untergeordneter Bedeutung ist, zumindest in Frage gestellt ist.

Die Unterschiede in den Ergebnissen, die den Modellierungen ohne und mit Berücksichtigung der Wiederanlageprämisse entnommen werden können, zeigen somit die Spannweite auf, in der mögliche Wirkungen von Periodisierungsdifferenzen auf den Ertragswert einer Unternehmensinvestition zu erwarten sind. Während ein Verzicht auf die Berücksichtigung möglicher Reinvestitionen dazu führt, den Effekt von Periodisierungsdifferenzen tendenziell zu unterschätzen, kann davon ausgegangen werden, daß das Unendlichkeitskalkül unter Einbezug der Wiederanlage das Ausmaß des Bemessungsgrundlageneinflusses überzeichnet.

Werden Investitionen mit einem positiven Kapitalwert betrachtet, muß darüber hinaus beachtet werden, daß dem Kapitalwert im Rahmen einer Veräußerungsgewinnbesteuerung keine Anschaffungskosten gegenüberstehen, so daß die Veräußerungsgewinnbesteuerung zu einer Kürzung des Kapitalwertes führt. Die Auswirkungen der Veräußerungsgewinnbesteuerung auf den Kapitalwert sollen daher anhand des Modells unter Berücksichtigung der Wiederanlage zurückgewonnener Periodisierungsbeträge untersucht werden. Hierzu soll weiterhin ein degressiver Verlauf der Kapitalrückzahlungsanteile und ein konstanter steuerlicher Periodisierungsbetrag angenommen werden. Unter diesen Bedingungen kann der folgende Ertragswert für den Beteiligungs- und den Selbstfinanzierungsfall bestimmt werden:

$$
\begin{aligned}
E &= F\cdot\left(\frac{p}{i_s}\cdot\frac{i_s+a}{i_s+d}-\frac{a-d}{i_s+d}\right) \\
&\quad -s_v^*\cdot\left(\left(\frac{p+d}{d}\cdot\sum_{t=V+1}^{\infty}\frac{a-(a-d)\cdot(1-d)^{t-1}}{(1+i_s)^{t-V}}-\frac{a}{i_s}\right)\cdot F-AHK\right) \qquad (4.83)\\
&= \left(1-s_v^*\right)\cdot F\cdot\left(\frac{p}{i_s}+\frac{a-d}{i_s+d}\cdot\left(\frac{p-i_s}{i_s}-\frac{s_v^*\cdot\left(1-(1-d)^V\right)}{1-s_v^*}\cdot\frac{p+d}{d}\right)\right)+s_v^*\cdot AHK \\
F &= \left(1-s_{kt}\right)\cdot\Theta;\quad s_v^* = \frac{s_v}{\left(1+i_s\right)^V}
\end{aligned}
$$

Der Ertragswert, der durch die Anteilseigner ermittelt wird, setzt sich aus dem Ertragswert der Ausschüttungen (erste Zeile von Gleichung (4.83)) reduziert um den Barwert der Veräußerungsgewinnsteuer (zweite Zeile von Gleichung (4.83)) zusammen. Die Bemessungsgrundlage der Veräußerungsgewinnsteuer ist durch den Barwert der Ausschüttungen bestimmt, die jenseits des Veräußerungszeitpunktes erfolgen. Der Barwert der Dividenden gibt den Preis an, den ein Erwerber für den Ausschüttungsstrom zu zahlen bereit ist. Im Beteiligungsfinanzierungsfall ist dieser Barwert um die Anschaffungskosten *AHK* zu kürzen. Der dritten Zeile von Gleichung (4.83) können die Wirkungen der Veräußerungsgewinnbesteuerung auf das Entscheidungskalkül entnommen werden. Durch die Veräußerungsgewinnbesteuerung kommt es zunächst zu einer Kürzung des Ertragswertes um den vom Veräußerungszeitpunkt auf den Investitionszeitpunkt t_0 diskontierten Veräußerungsgewinnsteuersatz s_v. Die Veräußerungsgewinnbesteuerung wirkt unter den Modellannahmen somit wie eine weitere Ausschüttungssteuer, deren Satz vom Veräußerungszeitpunkt abhängig ist. Die unterstellte Finanzierung nimmt nur über die Berücksichtigung der Anschaffungsauszahlung bei den Anteilseignern Einfluß auf das Niveau der Ertragswertfunktion. Die Abweichungen zwischen den Kapitalrückzahlungsanteilen d und der steuerlichen Periodisierungsgröße a führen im Zusammenhang mit der Veräußerungsgewinnbesteuerung ebenfalls zu einer Ertragswertverringerung. Ausgelöst wird diese Reduktion durch den im Zeitablauf zunehmenden Veräußerungserlös. Dieser durch die Periodisierungsdifferenzen ausgelöste Zuwachs des Veräußerungserlöses nimmt allerdings über die Zeit ab, so daß mit zunehmendem Veräußerungszeitpunkt die aus der Veräußerungsgewinnbesteuerung resultierende Verringerung des Ertragswertes ebenfalls abnimmt. Die folgende Abbildung zeigt das Verhältnis der Ertragswerte mit und ohne Einbezug der Veräußerungsgewinnbesteuerung in Abhängigkeit vom Veräußerungszeitpunkt für die Beteiligungs- und die Selbstfinanzierung:

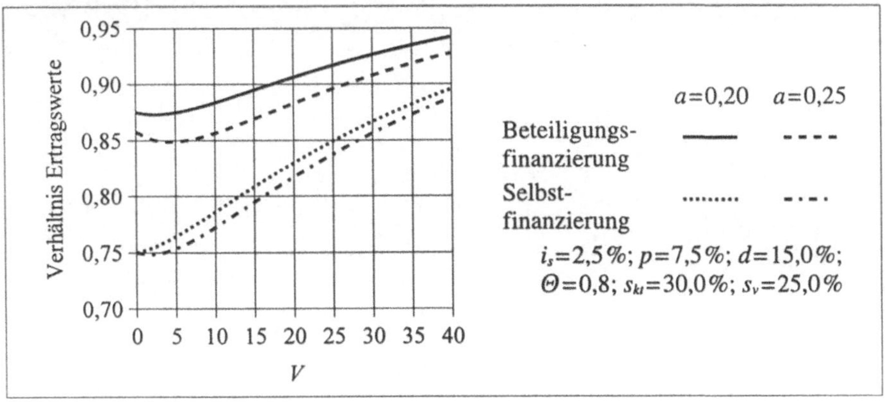

Abbildung 4.18: Ertragswertverhältnisse und Veräußerungsgewinnbesteuerung

Die Abbildung verdeutlicht die aus der Verrechnung der Anschaffungsauszahlung resultierenden Niveauunterschiede zwischen dem Ertragswert des Beteiligungs- und des Selbstfinanzierungskalküls. Mit zunehmendem Veräußerungszeitpunkt reduzieren sich diese Unterschiede. Die Abbildung zeigt darüber hinaus, daß es in den ersten Perioden, nachdem die Primärinvestition getätigt wurde, zu zunehmenden Kürzungen der Ertragswerte kommen kann. Die Verringerung des Barwertes der Veräußerungsgewinnsteuer durch die Verlagerung des Veräußerungszeitpunktes um eine Periode fällt in diesem Fall geringer aus als die Zunahme der Bemessungsgrundlage der Veräußerungsgewinnbesteuerung aus der Steigerung des Ausschüttungsbarwertes. Im Selbstfinanzierungsfall kann es bei einem genügenden Abstand zwischen den steuerlichen Periodisierungsbeträgen und den Kapitalrückzahlungsanteilen zu einer Kürzung des Ertragswertes kommen, die über den nominalen Veräußerungsgewinnsteuersatz hinausgeht.

Die Analyse von Steuerwirkungen im Ertragswertmodell unter Berücksichtigung der Wiederanlage zurückgewonnener Periodisierungsbeträge kommt somit zu dem Ergebnis, daß bei inframarginalen Investitionen jede der untersuchten Einflußgrößen (Steuersätze auf Gewinne und Ausschüttungen, steuerliche Erfolgsermittlung und Besteuerung von Anteilsveräußerungen) die Zielgröße erheblich verändern können.

5 Zusammenfassung in Thesen

1. Die Analyse der Entscheidungswirkungen der Investitionsbesteuerung kann erfolgen, indem bei der Bestimmung des Entscheidungskriteriums die Auswirkungen der Besteuerung berücksichtigt werden. Für die Untersuchung der Vorteilhaftigkeit von Investitionsobjekten ist der Kapitalwert als Entscheidungskriterium anerkannt.
2. Eine Interpretation der Aussagen des Kapitalwertmodells ist aus zwei Perspektiven möglich. In einer zahlungsorientierten Betrachtungsweise wird die Investitionsauszahlung auf die Anzahl der Perioden verteilt, über die Zahlungsüberschüsse aus der Investition zu erwarten sind. Dementsprechend lohnt sich die Investition nur, wenn die Zahlungsüberschüsse die Investitionssumme und die bis zum Rückflußzeitpunkt anfallenden Entgelte für die Kapitalüberlassung abdecken. Unter einer vermögensorientierten Betrachtungsweise wird verlangt, daß aus dem Zahlungsstrom die Investitionsauszahlung und die laufenden Entgelte für die Kapitalüberlassung auf den jeweils zu Periodenbeginn noch nicht zurückgezahlten Anteil an der Investitionsauszahlung erzielt werden.
3. Besteuerungsmodelle, die dazu führen, daß sich die mit Hilfe der Kapitalwerte bestimmte Rangfolge von Investitionsprojekten durch den Einbezug der Besteuerung nicht verändert, können sowohl in einer Zahlungsrechnung als auch in einer Periodisierungsrechnung bestehen. Im Rahmen einer Zahlungsrechnung ergibt sich die Bemessungsgrundlage aus dem Zahlungsüberschuß des Besteuerungsabschnittes. Bei einer Periodisierungsrechnung unterliegt der durch Periodisierungen modifizierte Zahlungsüberschuß der Besteuerung.
4. Der Umfang der Steuerzahlungen wird im wesentlichen durch den Besteuerungsgegenstand bestimmt. Sollen durch die Besteuerung lediglich ökonomische Renten getroffen werden, so sind bei einer Zahlungsrechnung alle Zahlungsüberschüsse um den Steuersatz zu kürzen, der die beabsichtigte Kürzung des Kapitalwertes angibt. Im Rahmen einer Periodisierungsrechnung muß der Barwert der verrechneten Periodisierungsgrößen der Investitionsauszahlung entsprechen. Unterliegen auch Entgelte für die Kapitalüberlassung einer Besteuerung, so ergibt sich bei einer Zahlungsrechnung ein anzuwendender Steuersatz, der vom Zeitpunkt des Zahlungsmittelzuflusses abhängig ist. Bei einer Periodisierungsrechnung ist der Barwert der Periodisierungsbeträge von der Investitionsauszahlung und den mit und ohne Berücksichtigung des Steuersatzes auf die Entgelte für die Kapitalüberlassung bestimmten Ertragswerten der Investitionszahlungsströme abhängig.
5. Aus ökonomischer Perspektive kann eine Besteuerung von Kapitalgesellschaften nur durch die Erhebungstechnik begründet werden. In der Konsequenz müßte die Körperschaftsteuer als Vorauszahlung auf die persönliche Steuerschuld des Investors betrachtet werden, dem die Zahlungsüberschüsse aus der Gesellschaft zustehen. Die Besteuerungspraxis folgt dieser Argumentation allerdings nicht durchgän-

gig. Während einzelne Staaten die Besteuerung von Kapitalgesellschaften an dieser ökonomischen Auffassung ausrichten und die Körperschaftsteuer vollständig oder begrenzt auf die Steuerschuld der Investoren anrechnen, berücksichtigen andere Staaten die Körperschaftsteuer gar nicht, wenn Unternehmenserfolge an die Anteilseigner ausgezahlt werden.

6. Eine Analyse der Wirkungen aufgrund eines unterschiedlichen Ausmaßes der Berücksichtigung von Steuerzahlungen, die durch körperschaftsteuerpflichtige Unternehmen geleistet werden, kann mit Hilfe der Bestimmung von Mindestrenditen erfolgen. Hierzu wird jeweils für die einzelnen Formen, in denen der Unternehmung die finanziellen Mittel für die Investitionsbetätigung überlassen werden können, die Frage gestellt, welche Rendite eine Unternehmensinvestition erzielen muß, damit aus dem erzielten Zahlungsüberschuß das von den Kapitalgebern erwartete Entgelt für die Kapitalüberlassung entrichtet werden kann.
7. Werden die Investitionsmittel in Form von Eigenkapital zur Verfügung gestellt, so führt dies dazu, daß die Körperschaftsteuer auf die Unternehmenserfolge zusätzlich erwirtschaftet werden muß, wenn eine Berücksichtigung der Körperschaftsteuerzahlung bei den Kapitalgebern nicht vorgesehen ist. Allerdings kann der Dividendenbesteuerung durch eine Verzögerung der Ausschüttung zeitweise ausgewichen werden, so daß sich die Anforderungen an die zu erzielenden Erfolge der Gesellschaft nicht in dem Umfang erhöhen, wie dies nach einer isolierten Betrachtung der Beteiligungsfinanzierung zu erwarten ist. In welchem Umfang dieser Effekt wirksam ist, ist wiederum vom Ausmaß der Wertzuwachsbesteuerung abhängig.
8. Eine Möglichkeit, die Ausschüttungsbesteuerung bei den Anteilseignern zu vermeiden, besteht in dem Rückkauf von Gesellschaftsanteilen durch die Kapitalgesellschaft. Die Wirksamkeit dieser Maßnahme ist insbesondere davon abhängig, daß die Aktienrückkäufe durch das Steuerrecht als Veräußerungsgeschäfte der Anteilseigner anerkannt werden. Ist eine solche Anerkennung gegeben, so ist die Vorteilhaftigkeit dieser Verwendung der erzielten Unternehmenserfolge wesentlich vom Umfang der Veräußerungsgewinnbesteuerung abhängig. Eine Reduktion der Körperschaftsteuer auf die Unternehmenserfolge kann durch eine Finanzierung über Fremdkapital erreicht werden. Bei wenig integrierten Einkommen- und Körperschaftsteuersystemen ist daher zu erwarten, daß der Umfang der Fremdkapitalzinsen, die im Rahmen der steuerlichen Erfolgsermittlung geltend gemacht werden dürfen, begrenzt wird.
9. Der Umfang der Investitionsbesteuerung infolge der eigenständigen Steuerpflicht von Kapitalgesellschaften kann nicht nur durch Maßnahmen der Unternehmen beeinflußt werden, sondern auch durch das Verhalten der Kapitalgeber. Hierzu kann zum einen eine Segmentierung des Kapitalangebots erfolgen, die dazu führt, daß die Ersparnisse den Unternehmen in der rechtlichen Form angeboten werden, die

die geringsten Steuerzahlungen verursachen. Zum anderen können Kapitalgeber das Ausmaß der Besteuerung durch eine Kombination von steuerpflichtigen und steuerbefreiten Kapitalanlagemöglichkeiten in Verbindung mit Verschuldungsstrategien beeinflussen.

10. Die Ergebnisse der Analyse der Körperschaftsbesteuerung können grundsätzlich auf eine grenzüberschreitende Investitionsbetätigung übertragen werden. Zusätzliche Wirkungen ergeben sich, wenn die Besteuerung von Ausschüttungen vom Sitz der ausschüttenden Gesellschaft abhängig ist. Eine Körperschaftsteueranrechnung, die nur für inländische Ausschüttungen gilt, stellt ein durch die Besteuerung verursachtes Hemmnis für eine Auslandsbetätigung dar, das sich mit Hilfe einer mittelbaren Beteiligung über eine inländische Kapitalgesellschaft in Verbindung mit Thesaurierungsstrategien lediglich abmildern läßt.

11. Das Modell zur Bestimmung von Mindestrenditen, das in der 1984 von *King* und *Fullerton* herausgegebenen Studie „The Taxation of Income from Capital" zur Ermittlung von effektiven Grenzsteuersätzen vorgestellt wurde, ermöglicht eine gemeinsame Analyse der Besteuerungswirkungen, die sich aus dem Körperschaftsteuersystem und der Bemessungsgrundlagenermittlung ergeben. Allerdings bezieht es die Einflüsse der Bemessungsgrundlagenermittlung explizit nur für die Unternehmensebene ein. Die Berücksichtigung der Besteuerung der Kapitalgeber und die Abbildung der Finanzierungswege mit Hilfe von Indifferenzbedingungen impliziert eine Bemessungsgrundlage bei den Kapitalgebern in Höhe der Verzinsung des Ertragswertes der Nettozahlungsüberschüsse der Unternehmung mit dem von der Finanzierung abhängigen Zinssatz, der zur Berechnung dieses Ertragswertes herangezogen wurde.

12. Das Modell zur Mindestrenditenbestimmung kann um die Wirkungen der Ausschüttungsbemessung und damit um die Konsequenzen einer nicht entscheidungsneutralen Ausschüttungsbesteuerung erweitert werden. Mit dem Maßgeblichkeitsprinzip, der Bildung latenter Steuern und einer Ausschüttungsbemessung unter Berücksichtigung von Steuerzahlungen lassen sich hierzu drei Fallunterscheidungen vornehmen. Die Untersuchung der einzelnen Finanzierungsmöglichkeiten zeigt, daß lediglich die Mindestrenditen der Beteiligungs- und der Fremdfinanzierung durch die Regeln zur Ausschüttungsbemessung beeinflußt werden. Die Bemessungsgrundlageneinflüsse werden von den Differenzen zwischen dem Barwert der Kapitalrückzahlungsanteile einerseits und den Barwerten der steuerlichen und der gesellschaftsrechtlichen Periodisierungsbeträge andererseits sowie den darauf wirkenden Körperschaft- und Ausschüttungsteuersätzen ausgeübt.

13. Werden Möglichkeiten zur Reinvestition zurückgewonnener Periodisierungsbeträge in die Analyse einbezogen, so zeigt sich, daß die Mindestrenditen auch von der Rendite beeinflußt werden, die aus diesen Investitionen erzielt werden können. Ste-

hen keine Investitionsprojekte zur Verfügung, die die gleichen Differenzen zwischen den Barwerten der Kapitalrückzahlungsanteile und den Barwerten der Periodisierungsbeträge aufweisen, so gilt die Mindestrendite des Kalküls ohne die Berücksichtigung der Reinvestitionen nur, wenn eine entsprechend angepaßte Reinvestitionsrendite erzielbar ist. Gegenüber dem Kalkül ohne Berücksichtigung der Wiederanlage signalisiert dieses Kalkül eine eingeschränkte Wirkung von Investitionsanreizen auf der Basis zusätzlicher Periodisierungen.

14. Das für die Untersuchung der Wiederanlage formulierte Kalkül erlaubt eine Berücksichtigung der Veräußerungsgewinnbesteuerung im Zahlungsstrom zur Ermittlung der Mindestrenditen. In die auf diese Weise bestimmten Mindestrenditen gehen neben den Buchwerten aus der Erfolgsrechnung auch die nach dem Veräußerungszeitpunkt noch verrechenbaren Periodisierungsbeträge ein, so daß es zu deutlich komplexeren Zusammenhängen für die Mindestrenditen kommt.

15. Die Untersuchung des Besteuerungseinflusses auf inframarginale Investitionen ohne den Einbezug einer Wiederanlage kommt zu dem Ergebnis, daß der Kapitalwert nach Steuern mit zunehmenden Investitionsrenditen stärker auf eine Variation der Steuersätze reagiert als auf Veränderungen in den Periodisierungsbeträgen. Ein derart eindeutiger Effekt kann nicht mehr ermittelt werden, wenn auch im Rahmen der Reinvestition der zurückgeflossenen Periodisierungsbeträge Renditen erzielbar sind, die den Marktzins überschreiten. Die Berücksichtigung einer Veräußerungsgewinnbesteuerung im Kapitalwertkalkül mit einer Reinvestition zurückgewonnener Periodisierungsbeträge zeigt, daß der Umfang dieser Steuer sowohl durch den Kapitalwert der Investition als auch durch die Periodisierung beeinflußt ist.

Literaturverzeichnis

A Monographien und Aufsätze in Zeitschriften und Sammelbänden

Alworth, J. S. (1988)
Alworth, Julian S.: The Finance, Investment and Taxation Decisions of Multinationals. Oxford, New York 1988.

Auerbach, A. J. (1979)
Auerbach, Alan J.: Wealth Maximization And The Cost Of Capital. In: The Quarterly Journal of Economics 1979, S. 433-446.

Auerbach, A. J. (1983)
Auerbach, Alan J.: Taxation, Corporate Financial Policy and the Cost of Capital. In: Journal of Economic Literature 1983, S. 905-940.

Bagwell, L. S./ Shoven, J. B. (1989)
Bagwell, Laurie Simon/ Shoven, John B.: Cash Distributions to Shareholders. In: Journal of Economic Perspectives 1989 (Number 3), S. 129-140.

Bareis, P. (2000)
Bareis, Peter: Das Halbeinkünfteverfahren im Systemvergleich. In: Steuer und Wirtschaft 2000, S. 133-143.

Biørn, E. (1989)
Biørn, Erik: Taxation, Technology And The User Cost Of Capital. Amsterdam, New York, Oxford u.a. 1989.

Boadway, R./ Bruce, N. (1984)
Boadway, Robin/ Bruce, Neil: A General Proposition On The Design Of A Neutral Business Tax. In: Journal of Public Economics (24) 1984, S. 232-239.

Brown, E. C. (1948)
Brown, E. Cary: Business-Income Taxation and Investment Incentives. In: Metzler, Lloyd A. et al. (eds.): Income, Employment and Public Policy. Essays in Honour of Alvin Hansen. New York 1948, S. 300-316.

Bundesministerium für Wirtschaft und Finanzen (Hrsg.) (1971)
Bundesministerium für Wirtschaft und Finanzen (Hrsg.): Gutachten der Steuerreformkommission 1971. Bonn 1971 (Schriftenreihe des Bundesministeriums der Finanzen Heft 17).

Chennels, L./ Griffith R. (1997)
Chennels, Lucy/ Griffith, Rachel: Taxing Profits in a Changing World. London 1997.

Claassen, F. (1994)
Claassen, Frank: Steuerbelastung internationaler Investitionen. Hamburg 1994.

Commission of the European Communities (1992)
Commission of the European Communities: Report of the committee of independent experts on company taxation. Brussels, Luxembourg 1992.

Devereux, M. P./ Freeman H. (1995)
Devereux, Michael P./ Freeman, Harold: The Impact of Tax on Foreign Direct Investment: Empirical Evidence and the Implications for Tax Integration Schemes. In: International Tax and Public Finance 1995, S. 85-106.

Devereux, M. P./ Griffith, R. (1999)
Devereux, Michael P./ Griffith, Rachel: The taxation of discrete investment choices. London 1999 (The Institute for Fiscal Studies Working Paper Series No. W98/16 (Revision 2)).

Dirrigl, H./ Müller , R. (1990)
Dirrigl, Hans/ Müller, Rolf: Eigenfinanzierung und Eigenkapitalkosten bei begünstigter Besteuerung von Veräußerungsgewinnen. In: Zeitschrift für Betriebswirtschaftliche Forschung (ZfbF) 1990, S. 396-417.

Edwards, J. S. S./ Keen, M. J. (1985)
Edwards, J. S. S./ Keen, M. J.: Taxes, Investment and Q. In: Review Of Economic Studies 1985, S. 665-679.

Elschen, R./ Hüchtebrock, M. (1983)
Elschen, Rainer/ Hüchtebrock, Michael: Steuerneutralität in Finanzwissenschaft und Betriebswirtschaftslehre - Diskrepanzen und Konsequenzen. In: Finanzarchiv 1983, S. 253-280.

Fullerton, D. (1984)
Fullerton, Don: Which Effective Tax Rate? In: National Tax Journal 1984, S. 23-41.

GDV (1999)
Gesamtverband der Deutschen Versicherungswirtschaft e.V.: Jahrbuch 1999. Die deutsche Versicherungswirtschaft. Berlin 1999.

Georgi, A. A. (1986)
Georgi, Andreas A.: Steuern in der Investitionsplanung. Eine Analyse der Entscheidungsrelevanz von Ertrag- und Substanzsteuern. Hamburg 1986.

Gordon. M. J. (1959)
Gordon, M. J.: Dividends, Earnings, And Stock Prices. In: The Review Of Economics And Statistics 1959, S. 99-105.

Hall, R. E./ Jorgenson, D. W. (1971)
Hall, Robert E./ Jorgenson, Dale W.: Application of the Theory of Optimum Capital Accumulation. In: Fromm, Gary (ed.): Tax Incentives and Capital Spending. Washington, Amsterdam, London 1971, S. 9-60.

Harberger, A. C. (1962)
Harberger, Arnold C.: The Incidence Of The Corporation Income Tax. In: The Journal of Political Economy 1962, S. 215-240.

Hespel, A./ Mignoleit, M. (2000)
Hespel, Annick/ Mignoleit, Michael: Tax-Aided Financial Services Companies and the Cost of Capital. In: Fiscal Studies 2000, S. 349-374.

Homburg, S. (2000)
Homburg, Stefan: Allgemeine Steuerlehre. 2. überarbeitete und erweiterte Auflage: München 2000.

Hubbard, R. G. (1997)
Hubbard, R. Glenn: How different are Income and Consumption Taxes? In: American Economic Review, Papers and Proceedings 1997, S. 138-142.

Hundsdörfer, J. (1999)
Hundsdörfer, Jochen: Instrumente der Standortförderung im Vergleich: Ein Plädoyer für (steuerpflichtige) Investitionszuschüsse. In: Zeitschrift für Betriebswirtschaftliche Forschung (ZfbF) 1999, S. 379-404.

Jacobs, O. H. (Hrsg.) (1999)
Jacobs, Otto H. (Hrsg.): Internationale Unternehmensbesteuerung. Deutsche Investitionen im Ausland. Ausländische Investitionen im Inland. 4., neubearbeitete und erweiterte Auflage: München 1999.

Kanniainen, V./ Södersten, J. (1995)
Kanniainen, Vesa/ Södersten, Jan: The importance of reporting conventions for the theory of corporate taxation. In: Journal of Public Economics (57) 1995, S. 417-430.

Kiesewetter, D. (1997)
Kiesewetter, Dirk: Theoretische Leitbilder einer Reform der Unternehmensbesteuerung. In: Steuer und Wirtschaft 1997, S. 24-34.

King. M. A. (1974)
King, Mervyn A.: Taxation and the Cost of Capital. In: Review Of Economic Studies 1974, S. 21-35.

King, M. A. (1977)
King, Mervyn A.: Public policy and the corporation. London 1977.

King, M. A./ Fullerton, D. (eds.) 1984
King, Mervyn A./ Fullerton, Don (eds.): The Taxation of Income from Capital. A Comparative Study of the United States, the United Kingdom, Sweden and West Germany. Chicago, London 1984.

Knobbe-Keuk, B. (1991)
Knobbe-Keuk, Brigitte: Bilanz- und Unternehmenssteuerrecht. 8., völlig überarbeitete und erweiterte Auflage: Köln 1991.

Knoll, L. (1996)
Knoll, Leonhard: Das Lücke-Theorem. In: Das Wirtschaftsstudium (WISU) 1996, S. 115-117.

König, R. (1997)
König, Rolf: Wirtschaftliche Effizienz und Steuerreformen. Heidelberg 1997.

Kruschwitz, L. (1999)
Kruschwitz, Lutz: Finanzierung und Investition. 2., überarbeitete Auflage: München, Wien 1999.

Kruschwitz, L./ Schäfer, D./ Jeromin, A. (1995)
Kruschwitz, Lutz/ Schäfer, Dorothea/ Jeromin, Axel: Abschreibungsregime und Steuern. In: Zeitschrift für Betriebswirtschaft (ZfB) 1995, S. 1005-1015.

Künne, T. (1997)
Künne, Thomas: Die effektive Steuerbelastung von Investitionen auf dem europäischen Binnenmarkt. Hamburg 1997.

Kwon, O. Y. (1983)
Kwon, O. Yul: The Neutral, Pure Profit, And Rate-Of-Return Taxes: Their Equivalence And Differences. In: Public Finance 1983, S. 81-97.

Lübbehüsen, T. (2000)
Lübbehüsen, Thomas: Steuern im Shareholder-Value-Ansatz: Der Einfluß von Steuern auf Unternehmensführung und -bewertung. Bielefeld 2000.

Lücke, W. (1955)
Lücke, Wolfgang: Investitionsrechnungen auf der Grundlage von Ausgaben oder Kosten? In: Zeitschrift für handelswissenschaftliche Forschung (ZfhF) 1955, S. 310-324.

Miller, M. H. (1977)
Miller, Merton H.: Debt and Taxes. In: The Journal of Finance 1977, S. 261-275.

Miller, M. H./ Scholes, M. S. (1978)
Miller, Merton H./ Scholes, Myron S.: Dividends and Taxes. In: Journal of Financial Economics 1978, S. 333-364.

Miller, M. H./ Modigliani, F. (1961)
Miller, Merton H./ Modigliani, Franco: Dividend Policy, Growth, And The Valuation Of Shares. In: The Journal Of Business 1961, S. 411-433.

Mintz, J. (1995)
Mintz, Jack: The Corporation Tax: A Survey. In: Fiscal Studies 1995, S. 23-68.

Modigliani, F./ Miller, M. H. (1958)
Modigliani, Franco/ Miller, Merton H.: The Cost of Capital, Corporation Finance and the Theory of Investment. In: The American Economic Review 1958, S. 261-297.

Moussallem, S. (2001)
Moussallem, Steffen: Die Besteuerung der US-Corporation. Eine ökonomische Analyse. Frankfurt, Berlin, Bern u.a. 2001.

OECD (1991)
OECD: Taxing Profits in a Global Economy. Domestic and International Issues. Paris 1991.

Richter, W. F. (1991)
Richter, Wolfram F.: Kommentar zu "Administrative Vorteile des individuellen Steuervorauszahlungs-Ansatzes gegenüber einer direkten Konsumbesteuerung". In: Rose, Manfred (Hrsg.): Konsumorientierte Neuordnung des Steuersystems. Berlin, Heidelberg, New York u.a. 1991, S. 170-174.

Rogall, M. (2000)
Rogall, Matthias: Der Einfluss der Besteuerung beim Rückkauf eigener Aktien. In: Die Wirtschaftsprüfung 2000, S. 368-375.

Rose, M. (1991)
Rose, Manfred: Cash-flow-Gewerbesteuer versus zinsbereinigte Gewerbeertragsteuer. In: Rose, Manfred (Hrsg.): Konsumorientierte Neuordnung des Steuersystems. Berlin, Heidelberg, New York u.a. 1991, S. 205-216.

Schaden, B. (1995)
Schaden, Barbara: Effektive Kapitalsteuerbelastung in Europa. Eine empirische Analyse aus deutscher Sicht. Heidelberg 1995.

Schmidt, R. H./ Terberger, E. (1997)
Schmidt, Reinhard H./Terberger, Eva: Grundzüge der Investitions- und Finanzierungstheorie. 4., aktualisierte Auflage: Wiesbaden 1997.

Schneider, D. (1969)
Schneider, Dieter: Korrekturen zum Einfluß der Besteuerung auf die Investitionen. In: Zeitschrift für Betriebswirtschaftliche Forschung (ZfbF) 1969, S. 297-325.

Schneider, D. (1990)
Schneider, Dieter: Meßkonzepte zur Steuerbelastung von Unternehmen. In: Wirtschaftswissenschaftliches Studium (WiSt) 1990, S. 497-502.

Schneider, D. (1992)
Schneider, Dieter: Investition, Finanzierung und Besteuerung. 7., vollständig überarbeitete und erweiterte Auflage: Wiesbaden 1992.

Schneider, D. (1995)
Schneider, Dieter: Betriebswirtschaftslehre, Band 1: Grundlagen. 2., verbesserte und ergänzte Auflage: München, Wien 1995.

Schneider, D. (1997)
Schneider, Dieter: Betriebswirtschaftslehre: Band 3: Theorie der Unternehmung. München, Wien 1997.

Schneider, D. (1997a)
Schneider, Dieter: Betriebswirtschaftslehre, Band 2: Rechnungswesen. 2., vollständig überarbeitete und erweiterte Auflage: München, Wien 1997.

Schneider, D. (1999)
Schneider, Dieter: Ist die Einkommensteuer überholt? Kritik und Reformvorschläge. In: Smekal, Christian/ Sendlhofer, Rupert/ Winner, Hannes (Hrsg.): Einkommen versus Konsum. Ansatzpunkte zur Steuerreformdiskussion. Heidelberg 1999, S. 1-14.

Scholes, M. S./ Wolfson, M. (1992)
Scholes, Myron S./ Wolfson, Mark A.: Taxes And Business Strategy. A Planning Approach. Englewood Cliffs 1992.

Schreiber, U. (1987)
Schreiber, Ulrich: Rechtsformabhängige Unternehmensbesteuerung? Köln 1987.

Schreiber, U. (1992)
Schreiber, Ulrich: Die Besteuerung internationaler Kapitaleinkommen. In: Die Betriebswirtschaft 1992, S. 829-850.

Schreiber, U. (1995)
Schreiber, Ulrich: Die Besteuerung des Tausches von Anteilen an ausländischen Kapitalgesellschaften. In: Elschen, Rainer/ Siegel, Theodor/ Wagner, Franz W. (Hrsg.): Unternehmenstheorie und Besteuerung. Festschrift zum 60. Geburtstag von Dieter Schneider. Wiesbaden 1995, S. 609-634.

Schreiber, U. (1996)
Schreiber, Ulrich: Notwendigkeit und Alternativen einer Reform der Besteuerung von Kapitaleinkommen. In: Jacobs, Otto H./ Spengel, Christoph (Hrsg.): Aspekte der Unternehmensbesteuerung in Europa. Baden-Baden 1996, S. 85-115.

Schreiber, U. (1998)
Schreiber, Ulrich: Internationale Mobilität von Steuerbasen - Ist nationale Steuerpolitik noch möglich? In: Krause-Junk, Gerold (Hrsg.): Steuersysteme der Zukunft. Berlin 1998, S. 29-88.

Schreiber, U. (1998a)
Schreiber, Ulrich: Steuerwettbewerb, Steuerharmonisierung und neutrale Unternehmensbesteuerung. In: Ballwieser, Wolfgang/ Schildbach, Thomas (Hrsg.): Rechnungslegung und Steuern international. Düsseldorf 1998, S. 105-144.

Schreiber, U. (1999)
Schreiber, Ulrich: Rechnungslegung im Einzelabschluß nach internationalen Grundsätzen? In: Kleineidam, Hans-Jochen (Hrsg.): Unternehmenspolitik und Besteuerung: Festschrift für Lutz Fischer zum 60. Geburtstag. Berlin 1999, S. 879-912.

Schreiber, U. (1999a)
Schreiber, Ulrich: Erweiterung der Standortflexibilität und der Möglichkeit zur Steuerarbitrage für die Unternehmen - Einschränkung des Spielraums für die nationale Steuerpolitik. In: Mayer, Otto G./ Scharrer, Hans-Eckart (Hrsg.): Internationale Unternehmensstrategien und nationale Standortpolitik. Baden-Baden 1999, S. 53-87.

Schwetzler, B. (1998)
Schwetzler, Bernhard: Die Kapitalkosten von Rückstellungen - zur Anwendung des Shareholder Value-Konzeptes in Deutschland. In: Zeitschrift für Betriebswirtschaftliche Forschung (ZfbF) 1998, S. 678-702.

Schwinger, R. (1992)
Schwinger, Reiner: Einkommens- und konsumorientierte Steuersysteme. Wirkungen auf Investition, Finanzierung und Rechnungslegung. Heidelberg 1995.

Scott, M. FG. (1987)
Scott, M. FG.: A Note On King And Fullerton's Formulae To Estimate The Taxation Of Income From Capital. In: Journal of Public Economics (34) 1987, S. 253-264.

Sievert, O./ Naust, H./ Jochum, D. u.a. (1989)
Sievert, Olaf/ Naust, Hermann/ Jochum, Dieter u.a.: Steuern und Investitionen. Teil 1. Frankfurt, Bern, New York u.a. 1989.

Sievert, O./ Naust, H./ Jochum, D. u.a. (1989a)
Sievert, Olaf/ Naust, Hermann/ Jochum, Dieter u.a.: Steuern und Investitionen. Teil 2. Frankfurt, Bern, New York u.a. 1989.

Sigloch, J. (2000)
Sigloch, Jochen: Unternehmenssteuerreform 2001 - Darstellung und ökonomische Analyse. In: Steuer und Wirtschaft 2000, S. 160-176.

Sinn, H.-W. (1985)
Sinn, Hans-Werner: Kapitaleinkommensbesteuerung. Tübingen 1985.

Sinn, H.-W. (1991)
Sinn, Hans-Werner: The vanishing Harberger triangle. In: Journal of Public Economics (45) 1991, S. 271-300.

Sinn, H.-W. (1991a)
Sinn, Hans-Werner: Taxation and the Cost of Capital: The "Old" View, The "New" View, And Another View. In: Tax Policy and the Economy 1991, S. 25-54.

Sinn, H.-W. (1993)
Sinn, Hans-Werner: Taxation and the Birth of Foreign Subsidiaries. In: Herberg, Horst/ van Long, Ngo (Hrsg.): Trade, welfare, and economic policies: essays in honor of Murray C. Kemp. Ann Arbor 1993, S. 325-352.

Spengel, C. (1995)
Spengel, Christoph: Europäische Steuerbelastungsvergleiche. Deutschland - Frankreich - Großbritannien. Düsseldorf 1995.

Spengel, C. (1999)
Spengel, Christoph: Effective Marginal Tax Rates for US Investors in Germany and Europe. An Analysis of Recent Reforms in Germany. Mannheim 1999 (Zentrum für Europäische Wirtschaftsforschung Discussion Paper No. 99-55).

Stiglitz, J. E. (1985)
Stiglitz, Joseph E.: The General Theory of Tax Avoidance. In: National Tax Journal 1985, S. 325-337.

Swoboda, P. (1967)
Swoboda, Peter: Einflüsse der Besteuerung auf die Ausschüttungs- und Investitionspolitik von Kapitalgesellschaften. In: Zeitschrift für Betriebswirtschaftliche Forschung (ZfbF) 1967, S. 1-16.

Swoboda, P. (1970)
Swoboda, Peter: Die Wirkungen von steuerrechtlichen Abschreibungen auf den Kapitalwert von Investitionsprojekten bei unterschiedlichen Finanzierungsformen. In: Zeitschrift für Betriebswirtschaftliche Forschung (ZfbF) 1970, S. 77-86.

Swoboda, P. (1991)
Swoboda, Peter: Irrelevanz oder Relevanz der Kapitalstruktur und Dividendenpolitik von Kapitalgesellschaften in Deutschland und Österreich nach der Steuerreform 1990 bzw. 1989? In: Zeitschrift für Betriebswirtschaftliche Forschung (ZfbF) 1991, S. 851-866.

Sørensen, P. B. (1994)
Sørensen, Peter Birch: Some Old and New Issues in the Theory of Corporate Income Taxation. In: Finanzarchiv 1994, S. 425-456.

Sørensen, P. B. (1995)
Sørensen, Peter Birch: Changing Views Of The Corporate Income Tax. In: National Tax Journal 1995, S. 279-294.

Wagner, F. W. (1990)
Wagner, Franz W.: Die umgekehrte Maßgeblichkeit der Handelsbilanz für die Steuerbilanz. In: Steuer und Wirtschaft 1990, S. 3-14.

Wagner, F. W. (1995)
Wagner, Franz W.: Leitlinien steuerlicher Rechtskritik als Spiegel betriebswirtschaftlicher Theoriegeschichte. In: Elschen, Rainer/ Siegel, Theodor/ Wagner, Franz W. (Hrsg.): Unternehmenstheorie und Besteuerung. Festschrift zum 60. Geburtstag von Dieter Schneider. Wiesbaden 1995, S. 723-746.

Wagner, F. W. (1999)
Wagner, Franz W.: Die Integration einer Abgeltungssteuer in das Steuersystem - Ökonomische Analyse der Kapitaleinkommensbesteuerung in Deutschland und der EU. In: Der Betrieb 1999, S. 1520-1528.

Wagner, F. W./ Dirrigl, H. (1980)
Wagner, Franz W./ Dirrigl, Hans: Die Steuerplanung der Unternehmung. Stuttgart, New York 1980.

Walz, W. R. (1983)
Walz, W. Rainer: Die steuerrechtliche Herausforderung des Zivilrechts. In: Zeitschrift für Handels- und Gesellschaftsrecht (ZHR) 1983, S. 281-312.

Weichenrieder, A. J. (1995)
Weichenrieder, Alfons J.: Besteuerung und Direktinvestition. Tübingen 1995.

Wenger, E. (1983)
Wenger, Ekkehard: Gleichmäßigkeit der Besteuerung von Arbeits- und Vermögenseinkünften. In: Finanzarchiv 1983, S. 207-252.

Wenger, E. (1985)
Wenger, Ekkehard: Lebenszeitbezogene Gleichmäßigkeit als Leitidee der Abschnittsbesteuerung. In: Finanzarchiv 1985, S. 307-325.

Wenger, E. (1985a)
Wenger, Ekkehard: Einkommensteuerliche Periodisierungsregeln, Unternehmensbesteuerung und optimale Einkommensbesteuerung, Teil I. In: Zeitschrift für Betriebswirtschaft (ZfB) 1985, S. 710-730.

Wenger, E. (1986)
Wenger, Ekkehard: Die Festlegung auf einperiodische Modelle steuerlicher Gleichmäßigkeit - eine Kapitulation vor der Problematik der Kapitaleinkommensbesteuerung In: Finanzarchiv 1986, S. 258-272.

Wenger, E. (1989)
Wenger, Ekkehard: Wirtschaftswachstum, Unternehmensfinanzierung und internationaler Kapitalverkehr unter dem Einfluß der Besteuerung von Vermögenseinkünften. In: Finanzarchiv 1989, S. 181-249.

Wenger, E. (1990)
Wenger, Ekkehard: Das Quellensteuerexperiment von 1987. In: Zeitschrift für Bankrecht und Bankwirtschaft 1990, S. 177-190.

Wenger, E. (1999)
Wenger, Ekkehard: Warum die Finanzwissenschaft bei der Suche nach einer theoretischen Basis für die Einkommensteuer erfolglos bleiben mußte. In: Smekal, Christian/ Sendlhofer, Rupert/ Winner, Hannes (Hrsg.): Einkommen versus Konsum. Ansatzpunkte zur Steuerreformdiskussion. Heidelberg 1999, S. 37-63.

Wissel, H. (1997)
Wissel, Harald: Einkünfteerzielungsabsicht und Einkommensbegriff. Hamburg 1997.

Zodrow, G. R. (1991)
Zodrow, George R.: On The "Traditional" and "New" Views Of Dividend Taxation. In: National Tax Journal 1991, S. 497-509.

B Gesetzestexte und internationale Vereinbarungen

Abgabenordnung (AO) vom 16.3.1976 (BGBl. I S. 613, ber. 1977 I S. 269), zuletzt geändert durch das Steuerbereinigungsgesetz 1999 vom 22.12.1999 (BGBl. I S. 2601).

Aktiengesetz (AktG) vom 6.9.1965 (BGBl. I S. 1089), zuletzt geändert durch Gesetz vom 24.2.2000 (BGBl. I S. 154).

Einkommensteuergesetz 1997 (EStG) in der Fassung der Bekanntmachung vom 16.4.1997 (BGBl. I S. 821), zuletzt geändert durch das Steuerbereinigungsgesetz 1999 vom 22.12.1999 (BGBl. I S. 2601).

Handelsgesetzbuch (HGB) vom 10.5.1897 (RGBl S. 219), zuletzt geändert durch Gesetz vom 24.2.2000 (BGBl. I S. 154).

Körperschaftsteuergesetz 1999 (KStG) in der Fassung der Bekanntmachung vom 22.4.1999 (BGBl. I S. 817), zuletzt geändert durch das Steuerbereinigungsgesetz 1999 vom 22.12.1999 (BGBl. I S. 2601).

OECD-Musterabkommen auf dem Gebiete der Steuern vom Einkommen und Vermögen (OECD-MA), abgedruckt in: Jacobs, Otto H. (Hrsg.): Internationale Unternehmensbesteuerung. Deutsche Investitionen im Ausland. Ausländische Investitionen im Inland. 4., neubearbeitete und erweiterte Auflage: München 1999, S. 1063-1077.

Richtlinie des Rates vom 23.07.1990 [90/435/EWG vom 23.07.1990] über das gemeinsame Steuersystem der Mutter- und Tochtergesellschaften verschiedener Mitgliedstaaten (Mutter-Tochter-Richtlinie), ABl. EG Nr. L 225 vom 20.08.1990, S. 6.

GPSR Compliance

The European Union's (EU) General Product Safety Regulation (GPSR) is a set of rules that requires consumer products to be safe and our obligations to ensure this.

If you have any concerns about our products, you can contact us on ProductSafety@springernature.com

In case Publisher is established outside the EU, the EU authorized representative is:

Springer Nature Customer Service Center GmbH
Europaplatz 3
69115 Heidelberg, Germany

Batch number: 10815974

Printed by Printforce, the Netherlands